Ausführliches Verzeichniß der

Guttentag'schen Sammlung

Deutscher Reichs- und Preußischer Gesetze,

Text-Ausgaben mit Anmerkungen -- Taschenformat,

welche alle wichtigeren Gesetze in absolut zuverlässigen Gesetzestexten und in mustergiltiger Weise erläutert enthält, befindet sich hinter dem Sachregister.

Guttentag'sche Sammlung
Nr. 54. Deutscher Reichsgesetze. Nr. 54.
Text-Ausgaben mit Anmerkungen.

Die Reichsgesetzgebung über den Verkehr mit Nahrungsmitteln, Genußmitteln und Gebrauchsgegenständen.

Mit Anmerkungen und Sachregister

von

Dr. Georg Lebbin,

approbirtem Nahrungsmittel-Chemiker und gerichtlich vereidigten Sachverständigen am Königl. Landgericht I zu Berlin.

Berlin 1900.

J. Guttentag, Verlagsbuchhandlung,
G. m. b. H.

Vorwort.

Machten schon die im Gefolge des Nahrungsmittelgesetzes erlassenen zahlreichen Spezialgesetze den Wunsch lebendig, diese ganz eng zusammenhängenden Bestimmungen in einem Bändchen zu vereinen, so erschien die Verwirklichung dieses Bedürfnisses um so dringender, als zwar das Muttergesetz vom 14. 5. 79 verschiedene, wenn auch im Verhältniß zu seiner Bedeutung nicht gerade zahlreiche Kommentatoren gefunden hat, während die Tochtergesetze (Blei- und Zinkhaltige Gegenstände, Gesundheitsschädliche Farben, Wein, Margarine, Künstliche Süßstoffe, Fleischbeschau) bisher so gut wie gar keine erläuternde Bearbeitung erfahren haben.

Ich habe mich deshalb bemüht, zu den (sieben) Gesetzen nicht nur die zu ihnen ergangenen Ausführungsbestimmungen, Ministerialerlasse u. s. w. so weit wie möglich und für das Verständniß der Gesetze erforderlich, zusammenzutragen, sondern auch die Entscheidungen des Reichsgerichts, soweit sie prinzipieller Natur sind, als wichtigstes Material für die Erläuterung zweifelhafter oder verschiedener Auffassung fähiger Gesetzesstellen heranzuziehen. Von der Heranziehung der Entscheidungen anderer Gerichte habe ich bis auf einige wenige Fälle ganz abgesehen, obgleich der seinerzeit im Reichstage ausgesprochene Wunsch, daß die Strafkammern von der ihnen bei Anwendung der Nahrungsmittelgesetzgebung meist zustehenden Befugniß zur Ueberweisung an die Schöffengerichte im Interesse einer einheitlichen Judikatur möglichst wenig Gebrauch machen möchten, eine nicht überall gleiche Berücksichtigung gefunden hat.

Im Uebrigen habe ich die dem Reichstage jeweilig vorgelegten Begründungen und technischen Erläuterungen neben eigenen Erfahrungen verwerthet.

Um die Uebersichtlichkeit nach Möglichkeit zu erhalten, habe ich die Erläuterung der häufigsten allgemeinen Begriffe aus den Anmerkungen ganz entfernt und zu einem „Allgemeinen Theil" vereinigt der ganzen Gesetzsammlung vorangestellt. Diese Anordnungsweise hat sich mir in anderen Fällen als praktisch erwiesen.

Zum Schlusse verfehle ich nicht, Herrn Rechtsanwalt und Notar L. Volkmar in Berlin für die Durchsicht des Werkchens nach der rein rechtlichen Seite hin ebenso wie für manchen schätzenswerthen Rath auch an dieser Stelle meinen Dank auszusprechen.

Lebbin.

Inhaltsverzeichniß.

Allgemeiner Theil.

Spezieller Theil.

Abkürzungen.

ALR. = Allgemeines Landrecht.

E. = Entscheidungen des Reichsgerichts in Strafsachen, herausgegeben von Mitgliedern des Gerichtshofs.

GVG. = Gerichtsverfassungsgesetz.

L bezieht sich auf das am Schlusse der Einleitung befindliche Litteraturverzeichniß.

NMG. = Nahrungsmittelgesetz.

R. = Rechtsprechung des Deutschen Reichsgerichts in Strafsachen, herausgegeben von Migliedern der Reichsanwaltschaft

RG = Reichsgericht.

RGO. = Reichsgewerbeordnung

RStrGB. od StrGB = Reichsstrafgesetzbuch.

Einleitung.

Die Nahrungsmittelgesetzgebung des Deutschen Reiches hat naturgemäß eine sehr kurze Geschichte.

Wenige Jahre nach der Begründung des Reiches wurde diejenige Behörde geschaffen, welche vorzugsweise berufen ist, bei der Vorbereitung hygienischer Gesetzentwürfe mitzuwirken, das Gesundheitsamt (1876) und bereits im Jahre 1877 hatte es bei allseitiger Erkenntniß, daß die bestehenden Strafbestimmungen nicht ausreichten, um die bei dem allgemeinen industriellen Aufschwung und der größer werdenden Wohlhabenheit der Bevölkerung unausbleiblichen Auswüchse nachdrücklich zu bekämpfen, eine Anzahl hervorragender Männer zu einer Berathung vereinigt.

Zwar war man dem unredlichen Treiben mancher Fabrikanten nicht vollends preisgegeben, aber es war doch schwer, dieselben zur nachdrücklichen Bestrafung zu bringen, da es einerseits des nicht immer zu erbringenden Nachweises einer Vermögensschädigung (§ 263 RStrGB) bedurfte, andererseits die angedrohte Strafe (§ 367, Ziff. 7) zu geringfügig erschien.

Die vor Erlaß des Gesetzes vom 14. 5. 79. zum Schutze der menschlichen Gesundheit gegen Schädigungen durch Nahrungs- oder Genußmittel vorhandenen Strafbestimmungen, die auch jetzt noch herangezogen werden können, sind folgende des Strafgesetzbuches:

§ 324. Wer vorsätzlich Brunnen- oder Wasserbehälter, welche zum Gebrauche Anderer dienen, oder Gegenstände, welche zum öffentlichen Verkaufe oder Verbrauche bestimmt sind, vergiftet oder denselben Stoffe beimischt, von denen ihm bekannt ist, daß sie die menschliche Gesundheit zu zerstören geeignet sind, ingleichen wer solche vergiftete oder mit gefährlichen Stoffen vermischte Sachen wissentlich und mit Verschweigung dieser Eigenschaft verkauft, feilhält oder sonst in Verkehr bringt, wird mit Zuchthaus bis zu zehn Jahren und, wenn durch die Handlung der Tod eines Menschen verursacht worden ist, mit Zuchthaus nicht unter zehn Jahren oder mit lebenslänglichem Zuchthaus bestraft.

§ 263. Wer in der Absicht, sich oder einem Dritten einen rechtswidrigen Vermögensvortheil zu verschaffen, das Vermögen eines Anderen dadurch beschädigt, daß er durch Vorspiegelung falscher oder durch Entstellung oder Unterdrückung wahrer Thatsachen einen Irrthum erregt oder unterhält, wird wegen Betruges mit Gefängniß bestraft, neben welchem auf Geldstrafe bis zu dreitausend Mark, sowie auf Verlust der bürgerlichen Ehrenrechte erkannt werden kann.

Sind mildernde Umstände vorhanden, so kann ausschließlich auf die Geldstrafe erkannt werden.

Der Versuch ist strafbar

Wer einen Betrug gegen Angehörige, Vormünder oder Erzieher begeht, ist nur auf Antrag zu verfolgen

Die Zurücknahme des Antrages ist zulässig.

§ 367. Mit Geldstrafe bis zu einhundertundfunfzig Mark oder mit Haft wird bestraft

1. pp.

7. wer verfälschte oder verdorbene Getränke oder Eßwaaren, insbesondere trichinenhaltiges Fleisch feilhält oder verkauft;

8. pp.

In den Fällen der Nummern 7—9 kann neben der Geldstrafe oder Haft auf Einziehung der verfälschten oder verdorbenen Getränke oder Eßwaaren erkannt werden, ohne Unterschied, ob sie dem Verurtheilten gehören oder nicht

Bereits im Jahre 1878 konnten die verbündeten Regierungen dem Reichstage einen bezüglichen Gesetzentwurf vorlegen, der jedoch nicht zur Verabschiedung gelangte. Unter Berücksichtigung der bei der Berathung des 1878er Entwurfs gemachten Erfahrungen wurde 1879 dem Reichstage ein neuer Gesetzentwurf vorgelegt, dem ebenso wie im Vorjahre im Gesundheitsamt ausgearbeitete „Materialien zur technischen Begründung 2c." beigegeben waren. In diesen Materialien, welche dem damaligen Stand der Wissenschaften entsprachen, besitzen wir auch heute noch in weitem Maße schätzbare, technische Erläuterungen, wenn selbstverständlich auch seitdem die Nahrungsmittelchemie und — — die Fälschungen nicht aufgehört haben, sich weiter zu entwickeln.

Am 20. April 1879 gelangte der Entwurf mit nur wenigen Abänderungen im Reichstag zur Annahme und fand am 14. 5. 79. die kaiserliche Sanktion. Seine rechtliche Wirksamkeit begann demnach gemäß Artikel 2 der Verfassung am 5. Juni desselben Jahres.

Am 1 Oktober 1893 begann gemäß der Kaiserlichen Verordnung vom 24. 6. 93. (RGBl S. 236) seine Wirksamkeit auch in Helgoland.

Hatte das Gesetz vom 14 5 79. im Wesentlichen nur prinzipielle Bestimmungen getroffen und die Ordnung spezieller Materien (§§ 5 u. 6) Kaiserlichen Verordnungen überlassen, so stellt sich doch bald heraus, daß für eine Anzahl von Nahrungs- und Genußmitteln, sowie Gebrauchsgegenständen es nicht genüge, schlechthin ihre Verfälschung 2c. unter Strafe zu stellen, sondern von Gesetzeswegen in prävenirender Weise festzulegen, was in dem einzelnen Falle erlaubt und was verboten sein soll. Denn bei der Schwierigkeit der ganzen Materie, ihrem Umfange und ihrer tief in die materiellen Verhältnisse einschneidenden Bedeutung konnte ihre gerichtliche Behandlung und Erledigung nicht allein von den sich häufig widersprechenden Gutachten der Sachverständigen abhängig gemacht werden.

So entstanden im Jahre 1887 das Gesetz über den Verkehr mit blei- und zinkhaltigen Gegenständen sowie dasjenige über die Verwendung gesundheitsschädlicher Farben bei der Herstellung von Nahrungsmitteln, Genußmitteln und Gebrauchsgegenständen.

1887 folgte das jetzt außer Kraft befindliche Gesetz, betreffend den Verkehr mit Ersatzmitteln für Butter.

1892 erging das sogenannte Weingesetz, dessen Wirksamkeit ebenfalls demnächst beendet sein wird

1897 folgte das neue Reichsgesetz betreffend den Verkehr mit Butter, Käse, Schmalz und deren Ersatzmitteln.

1898 erschien das Gesetz betreffend den Verkehr mit künstlichen Süßstoffen; 1900 endlich brachte das lange ersehnte Gesetz betreffend die Schlachtvieh- und Fleischbeschau, welches allerdings durch die im Reichstag erfahrenen Abänderungen des Charakters als rein-hygienisches Gesetz entkleidet worden ist. Dasselbe Jahr soll, zuverlässigen Nachrichten zufolge, auch das jetzige Weingesetz noch durch ein neues ersetzen.

Alle diese Spezialgesetze, denen bald weitere folgen dürften, sind im Wesentlichen bestimmt, an die Stelle der Gutachten der gewerblich-technischen Sachverständigen die chemische Analyse zu setzen. Die Sorge der Reichsregierung war deshalb bald nach Erlaß des Muttergesetzes v. 14. 5. 79 darauf gerichtet, dem Richter zuverlässige Analytiker und Gutachter zu beschaffen

Bereits 1877 tagte im Gesundheitsamt eine Kommission, welche, nachdem diejenige zur Vorbereitung eines Nahrungsmittelgesetz-Entwurfes die Errichtung einer ausreichenden Zahl technischer Untersuchungsanstalten als dringend erforderlich bezeichnet hatte, die Feststellung eines Normalstatuts für solche Anstalten berieth.

Dieselbe sprach sich dahin aus[1]), daß die Ueberwachung der Nahrungsmittel eine Aufgabe sei, welche hinsichtlich der sie ausführenden Verwaltungsorgane nicht trennbar sei von der Gesundheitspolizei im allgemeinen und daß die technischen Aufgaben der Untersuchungsstationen für den eben genannten Zweck innig zusammenhingen mit gewissen anderen zur Handhabung der Gesundheitspolizei erforderlichen technischen Untersuchungen, z. B. Untersuchung des Wasses, der Luft in den Schulen, der Tapeten u. s. w. Die Stationen müßten amtlichen Charakter haben und ihre sämmtlichen Beamten müßten vereidigt sein. Man hob ferner hervor, daß die Stationen die Thätigkeit mehrerer Sachverständiger, namentlich eines Chemikers, eines Arztes und eines Thierarztes, erheischen, und nahm in Aussicht, daß in ihnen Polizeiorgane zur Ausführung solcher einfacher Prüfungsmethoden, welche sich zu vorläufigen Marktuntersuchungen eignen, technisch ausgebildet werden. Als Aufgaben der Stationen wurden bezeichnet a. Untersuchung der ihren hierzu übergebenen Nahrungs- und Genußmittel in Bezug auf ihre Zusammensetzung und gesundheitliche Beschaffenheit, b. gleiche Untersuchung von Gebrauchsgegenständen, c. Nachuntersuchung des Fleisches und

---

1) L. XI, S. 309.

seiner Fabrikate, falls die Richtigkeit einer ersten Untersuchung bezweifelt wird, d fortgesetzte Untersuchungen der hauptsächlichsten zum Verkaufe ausgestellten Nahrungs- und Genußmittel, e. desgleichen der Trink- und Nutzwässer, der öffentlichen Wasserläufe und der Grundwasserverhältnisse, f. desgleichen der Luft in öffentlichen Lokalen, zunächst in den Schulen.

Auch in der Folge ist die Nothwendigkeit der Errichtung öffentlicher Untersuchungsanstalten wiederholt hervorgehoben worden.

Eine genügende Regelung hat diese Angelegenheit in Süddeutschland besonders gefunden. Namentlich Bayern hat sich die Nahrungsmittelkontrolle angelegen sein lassen. Vgl. die Kgl. Verordnung v. 27. 1. 84 nebst dazu ergangenen Vollzugsbestimmungen und Nachträgen.

Baden erließ durch die Ministerial-Verordnung v. 28. 2. 82 die erforderlichen Bestimmungen.

In Preußen hat man zwar wiederholt durch Ministerial-Erlasse die Schaffung amtlicher Anstalten angeregt (Erlasse v. 2. 8. 79; 31. 7. 80; 14. 7. 82; 26. 7. 93), aber dabei hat es auch meist sein Bewenden gehabt.

Dagegen ist man von Reichswegen dazu geschritten, die immer dringlicher gewordene Sachverständigenfrage zu lösen.

Nachdem aus Handels- und Gewerbekreisen vielfach Klagen laut geworden waren, daß durch die allzu rigorose Auffassung mancher Sachverständiger vielfach ganz unverfängliche Manipulationen als Verfälschungen im Sinne des § 10 NMG. durch die Gerichte bezeichnet würden, macht ein Rundschreiben des Reichskanzlers vom 21. 4 83 an die Bundesregierungen auf die Nothwendigkeit aufmerksam, wie bei der Auswahl der Sachverständigen mit ganz besonderer Sorgfalt verfahren werden müsse.

Da die gerügten Uebelstände jedoch zunahmen statt sich zu verringern, so entschloß man sich, den Gerichten die Auswahl dadurch zu erleichtern, daß man geeignete Chemiker mit entsprechendem Befähigungsnachweis versah.

Im Jahre 1888 trat deshalb wiederum eine Kommission zusammen, die einen Entwurf zu Vorschriften, betreffend die Prüfung von Nahrungsmittelchemikern, ausarbeitete.

Erst 1892 gelangte der Entwurf an den Bundesrath und 1894 erfolgte eine Verständigung der Regierungen über denselben, die dazu führte, daß der vom Bundesrathe am 22. 2. 94 angenommene Entwurf in allen Bundesstaaten gleichmäßig eingeführt wurde.

Seit dem 1. 10. 94 sind die Vorschriften überall in Wirksamkeit. Der Studiengang umfaßt neun Semester. Nach sechs Semestern findet eine sogenannte Vorprüfung statt. Nach weiteren drei Semestern die Hauptprüfung.

Die Bestimmungen über die letztere mögen hier

insoweit folgen, als aus ihnen die Grenzen der Zuständigkeit des Nahrungsmittelchemikers zu ersehen sind.

§ 19 Die technische Prüfung wird in einem mit den erforderlichen Mitteln ausgestatteten Staatslaboratorium abgehalten Es dürfen daran gleichzeitig nicht mehr als acht Kandidaten theilnehmen.

Die Prüfung umfaßt vier Theile Der Prüfling muß sich befähigt erweisen:

1. eine, ihren Bestandtheilen nach dem Examinator bekannte chemische Verbindung oder eine künstliche, zu diesem Zweck besonders zusammengesetzte Mischung qualitativ zu analysiren und mindestens vier einzelne Bestandtheile der von dem Kandidaten bereits qualitativ untersuchten oder einer andern dem Examinator in Bezug auf Natur und Mengenverhältniß der Bestandtheile bekannten chemischen Verbindung oder Mischung quantitativ zu bestimmen;

2. die Zusammensetzung eines ihm vorgelegten Nahrungs- oder Genußmittels qualitativ und quantitativ zu bestimmen,

3. die Zusammensetzung eines Gebrauchsgegenstandes aus dem Bereich des Gesetzes v 14 Mai 1879 qualitativ und nach dem Ermessen des Examinators auch quantitativ zu bestimmen;

4. einige Aufgaben auf dem Gebiete der allgemeinen Botanik (der pflanzlichen Systematik, Anatomie und Morphologie) mit Hülfe des Mikroskops zu lösen.

Die Prüfung wird in der hier angegebenen Reihenfolge ohne mehrtägige Unterbrechung erledigt. Zu einem späteren Theil wird nur zugelassen, wer den vorhergehenden Theil bestanden hat.

Die Aufgaben sind so zu wählen, daß die Prüfung in vier Wochen abgeschlossen werden kann.

Sie werden von den einzelnen Examinatoren bestimmt und erst bei Beginn jedes Prüfungstheils bekannt gegeben. Die technische Lösung der Aufgabe des ersten Theils muß, soweit die qualitative Analyse in Betracht kommt, in einem Tage, diejenige der übrigen Aufgaben innerhalb der vom Examinator bei Ueberweisung der einzelnen Aufgaben festzusetzenden Frist beendet sein.

Die Aufgaben und die gesetzten Fristen sind gleichzeitig dem Vorsitzenden von den Examinatoren schriftlich mitzutheilen.

Die Prüfung erfolgt unter Klausur dergestalt, daß der Kandidat die technischen Untersuchungen unter ständiger Anwesenheit des Examinators oder eines Vertreters desselben zu Ende führt und die Ergebnisse täglich in ein von dem Examinator gegenzuzeichnendes Protokoll einträgt.

§ 20. Nach Abschluß der technischen Untersuchungen (§ 19) hat der Kandidat in einem schriftlichen Bericht den Gang derselben und den Befund zu beschreiben, auch die daraus zu ziehenden Schlüsse darzulegen und zu begründen. Die schriftliche Ausarbeitung kann für die beiden Analysen des ersten Theils zusammengefaßt werden, falls dieselbe Substanz qualitativ und quantitativ bestimmt worden ist; sie hat sich für Theil 4 auf eine von dem Examinator zu bezeichnende Aufgabe zu beschränken. Die Berichte über die Theile 1, 2 und 3 sind je binnen drei Tagen nach Abschluß der Laboratoriumsarbeiten, der Bericht über die mikroskopische Aufgabe (Theil 4) binnen zwei Tagen, mit Namensunterschrift versehen, dem Examinator zu übergeben.

Der Kandidat hat bei jeder Arbeit die benutzte Litteratur anzugeben und eigenhändig die Versicherung hinzuzufügen, daß er die Arbeit ohne fremde Hülfe angefertigt hat.

§ 21. Die Arbeiten werden von den Fachexaminatoren censirt und mit den Untersuchungsprotokollen und Censuren dem Vorsitzenden der Kommission binnen einer Woche nach Empfang vorgelegt

§ 22. Die wissenschaftliche Prüfung ist mündlich. Der Vorsitzende und zwei Mitglieder der Kommission müssen bei derselben ständig zugegen sein. Zu einem Termin werden nicht mehr als vier Kandidaten zugelassen

Die Prüfung erstreckt sich:

1. auf die unorganische, organische und analytische Chemie mit besonderer Berücksichtigung der bei der Zusammensetzung der Nahrungs- und Genußmittel in Betracht kommenden chemischen Verbindungen, der Nährstoffe und ihrer Umsetzungsprodukte, sowie auch die Ermittelung der Aschenbestandtheile und der Gifte mineralischer und organischer Natur;

2. auf die Herstellung und die normale und abnorme Beschaffenheit der Nahrungs- und Genußmittel, sowie der unter das Gesetz vom 14 Mai 1879 fallenden Gebrauchsgegenstände Hierbei ist auch auf die sogenannten landwirthschaftlichen Gewerbe (Bereitung von Molkereiprodukten, Bier, Wein, Branntwein, Stärke, Zucker u. dgl. m) einzugehen;

3 auf die allgemeine Botanik (pflanzliche Systematik, Anatomie und Morphologie) mit besonderer Berücksichtigung der pflanzlichen Rohstofflehre (Droguenkunde u. dergl), sowie ferner auf die bakteriologischen Untersuchungsmethoden des Wassers und der übrigen Nahrungs- und Genußmittel, jedoch unter Beschränkung auf die einfachen Kulturverfahren;

4. auf die den Verkehr mit Nahrungsmitteln, Genußmitteln und Gebrauchsgegenständen regelnden Gesetze und Verordnungen, sowie auf die Grenzen der Zuständigkeit des Nahrungsmittel-Chemikers im Ver-

hältniß zum Arzt, Thierarzt und anderen Sachverständigen, endlich auf die Organisation der für die Thätigkeit eines Nahrungsmittel-Chemikers in Betracht kommenden Behörden.

Den bestandenen Prüflingen wird ein „Ausweis“ von der Landescentralbehörde ertheilt.

Im Anschluß hieran sind dann wiederholt Erlasse ergangen, in Preußen zuletzt am 27. 5 99, welche den Behörden ꝛc. zur Pflicht machen, lediglich solche Chemiker anzustellen, welche im Besitze des Befähigungsnachweises sind

Außer den dem Reichstage jeweilig vorgelegten Begründungen und technischen Materialien haben mir die folgenden Werke vorgelegen und sind auch zum Theil von mir benutzt worden. Die Hinweise darauf sind mit L (Litteraturtabelle) und der Nummer der folgenden Uebersicht versehen.

Litteraturtabelle.

I. Baer, Reichsgesetz betreffend den Verkehr mit Nahrungsmitteln 2c; Erlangen 1879.
II. Fleischmann, Das Margarinegesetz; Breslau 1898.
III. Illing u. Kautz, Handbuch für preußische Verwaltungsbeamte; Berlin 1898
IV. Katz, Reichsgesetz betreffend den Verkehr mit Nahrungsmitteln 2c.; Berlin 1895.
V. Kleinfeller in den Strafrechtlichen Nebengesetzen des Deutschen Reichs, herausgegeben von Stenglein, Appelius u. Kleinfeller; Berlin 1893 nebst Supplementen
VI. Menzen, Reichsgesetz betreffend den Verkehr mit Nahrungsmitteln; Paderborn 1898
VII. Meyer u. Finkelnburg, Das Gesetz betreffend den Verkehr mit Nahrungsmitteln u. s. w.; Berlin 1885.
VIII. Ostertag, Handbuch der Fleischbeschau; Stuttgart 1899.
IX. Pistor, Das Gesundheitswesen in Preußen Berlin 1898.
X. Veröffentlichungen des Kaiserl Gesundheitsamtes, Berlin.
XI. Würzburg, Die Nahrungsmittelgesetzgebung im Deutschen Reiche; Leipzig 1894.
XII. Zinn, Reichsgesetz betreffend den Verkehr mit Nahrungsmitteln; Nördlingen 1885.

Allgemeiner Theil.

1. Feilhalten.

„Der Begriff des im Gesetz wiederholt (§§ 2, 5, 6, 10, 12) gebrauchten Ausdrucks „feilhalten“ wird durch die Forderung der Merkmale des Anpreisens und des zur Schaustellens mehr eingeengt, als durch den Sprachgebrauch und durch die Absicht des Gesetzgebers sich rechtfertigen ließe.

Der Ausdruck bedeutet jedes Bereithalten für das Publikum zum Verkauf; das Anpreisen ist dem Begriffe ganz fremd und darin, daß ein Gegenstand zur Schau gestellt wird, kann zwar der Ausdruck des Willens, ihn zum Verkauf darzubieten, liegen, nothwendig ist dies aber nicht, sowie es umgekehrt auch nicht nothwendig ist, daß das Bereithalten oder das Darbieten eines Gegenstandes zum Verkauf in der Form einer öffentlichen Schaustellung sich manifestire. Viele Gegenstände, die einer sorgfältigen und besonders gearteten Aufbewahrung bedürfen, werden täglich und auch gewerbsmäßig feilgehalten, ungeachtet sie durch die Art der Aufbewahrung den Blicken des Publikums entzogen bleiben und nur dem es verlangenden Kauflustigen vorgezeigt werden. RG. III. Strafsenat v. 8. 2. 82. R. VI, 137.

Derselbe Senat hat am 8. 5. 84 das Feilhalten noch dahin umschrieben, „daß es in einer ausdrücklichen, durch konkludente Handlungen abgegebenen Erklärung bestehe, gewisse, meistens unmittelbar zur Hand befindliche Gegenstände verkaufen zu wollen und zwar in dieser Erklärung nicht gegenüber einer bestimmten Person, sondern gegenüber dem Publikum, und nicht nothwendig, ja nicht einmal regelmäßig unter Ankündigung bestimmter Preise“.

RG. v. 4. 6. 81; R. III, 373, E. IV, 274: „Zum „Feilhalten“ gehört auf Seite des Feilhaltenden nothwendig das Merkmal der Absicht des Verkaufes als subjektives Moment; das äußerlich erkennbare Zugänglichmachen zum Verkaufe bildet für den Begriff des Feilhaltens zwar ein ebenfalls erforderliches objektives Moment, welches regelmäßig jene Absicht (des Verkaufes) kund thun wird. Die Absicht des Verkaufes kann jedoch eine beschränkte, von Voraussetzungen oder Bedingungen abhängig gemachte sein.“

Am 9. 4. 94 endlich sprach das RG. sich dahin aus: „daß nach herrschender Rechtsansicht unter

Feilhalten einer Waare das Bereithalten derselben zum Verkaufe an einer dem Publikum zugänglichen, zum Verkaufe bestimmten Stelle erforderlich sei".

Feilhalten findet noch nicht statt durch bloßes Oeffnen des Ladens vor der Verkaufszeit, weil es nach dem Willen des Verkäufers erst noch von einer Untersuchung der im Laden befindlichen Waaren abhängen sollte, welche zum Verkauf gestellt werden sollen. RG. v. 14. 1. 86. L. X 1886, 410.

Verrichtungen, welche nach Absicht des Geschäftsmannes zu erfolgen haben, ehe die Waare dem Publikum zugänglich zu machen ist, wie das Einbringen von event. krankem Fleisch in den gewöhnlichen Zurichteraum, fallen nicht unter den Begriff des Feilhaltens. RG. v. 11. 5. 86. L. IX 1886, 683

Vgl. ferner RG. vom 4. 5. 83. (E. IV, 137) sowie vom 8. 2. 92 (E. V, 315), welche ebenso wie solche aus allerletzter Zeit mit den Erkenntnissen v. 8. 2. 82 und 8. 5. 84 völlig übereinstimmen.

Unterschied zwischen vollendetem und versuchtem Feilhalten; Vorbereitung dazu.

Vollendung des Feilhaltens liegt vor, wenn die vollständige Bereitschaft zur Abgabe an das Publikum an einer ihm zugänglichen Verkaufsstelle eingetreten ist, ein Versuch, wenn mit der Bereitstellung der Waare zum Verkauf an das Publikum begonnen ist. RG. v. 5. 6. 90. L. X 1891, 304.

Wenn auch im Allgemeinen die Grenzlinie zwischen Vorbereitungs- und Versuchshandlungen keine feste ist und es deshalb in der Regel eine Frage thatsächlicher Natur sein wird, ob eine Handlung in den Kreis dieser oder jener fällt, folgt doch aus dem Wortlaute des § 43 RStrGB. als zweifellose Voraussetzung des strafbaren Versuchs, daß mit der Ausführung wenigstens einer der zum Thatbestand der beabsichtigten Strafthat gehörigen Handlungen der Anfang gemacht ist. RG v. 20. 11. 86. E. XV, 46.

Versuchtes Feilhalten wurde als vorliegend erachtet, als ein Fleischer gesundheitsschädliches Fleisch mit Kenntniß dieser Eigenschaft erworben hatte, in sein Verkaufslokal schaffte und dort zur Beseitigung des üblen Geruchs mit Wasser abwusch. RG. III. Strafsenat v. 15. 2. 81.

Ferner in dem Zerlegen von Fleisch, d. h. Herrichtung zum Verkauf. RG. I v. 1. 11. 81 u. RG. II v. 6. 5 90.

Der bloße Besitz der Waare ist noch kein Versuch des Feilhaltens. RG. III v. 10. 11. 84.

2. Verkaufen.

Zum Begriff des „Verkaufs“ gehört nicht nur das Uebereinkommen der beiden Kontrahenten, des Käufers und Verkäufers, sondern auch die Uebernahme der Verfügungsgewalt durch den Käufer, d. h. der Kaufvertrag muß auch erfüllt sein. RG. v. 26. 9. 92.

Die Ansicht, daß schon derjenige eine Sache „verkauft“ habe, welcher in ausreichender Form einem anderen den Willen zu erkennen gegeben habe, ihm das Eigenthum einer Sache gegen Zahlung eines Preises abzutreten und daß einem solchen „Verkaufe“ gegenüber die Annahme des Angebotes von der anderen Seite den „Kauf“ im engeren Sinne darstelle, verkennt völlig die zweiseitige Natur des rechtlich ein Ganzes bildenden Kaufvertrages, welcher zwar vom Standpunkte des einen Kontrahenten als Verkauf und von demjenigen des anderen als Kauf bezeichnet wird, stets aber die erfolgte Willenseinigung beider Theile zur nothwendigen Voraussetzung hat. RG. v 26. 4. 87. L. X 1887, 634

Vgl. auch RG. v. 21. 3. 93, E. XXIII, 396.

3. Verkehr. In Verkehr bringen.

Verkehr ist nicht blos Handel, sondern jede, auch nicht gewerbsmäßige Thätigkeit, die den Uebergang eines Gegenstandes in den Besitz anderer bewirken soll. Der Begriff ist in möglichst allgemeinem Sinn zu nehmen; er bezeichnet das Weggeben, Annehmen und Zurückgeben, sowie das Anbieten zum Erwerb, einschließlich des bloßen Feilhaltens. Der Begriff darf insbesondere nicht beschränkt werden auf die kaufmännische oder gewerbsmäßige Thätigkeit, welche den Umsatz der Waaren bezweckt; unerheblich ist auch der Unterschied zwischen Groß- und Kleinhandel.

Ein innerer Grund zwischen dem Engrosgeschäft und dem Detailgeschäft zu unterscheiden, liegt überall nicht vor, ganz abgesehen von der Schwierigkeit, die Grenze im einzelnen Falle zu ziehen. Vom sanitären Gesichtspunkte erscheint es in gleichem Grade erforderlich, den Verkehr zwischen dem Produzenten und dem Zwischenhändler, wie den zwischen dem letzteren und dem Konsumenten zu beaufsichtigen. RG. IV. Strafsenat vom 5. 6. 85. R. VII 351.

Die Ueberlassung an Angehörige des eigenen Haushalts (Familienmitglieder, Gesinde &c.) zum Verzehr ist bereits ein „In Verkehr bringen". Urtheile des RG I. Strafsenat v. 8. 5. 82. R. IV, 448. II. Strafsenat v. 27. 10. 82. R IV, 768.

Denn die Feststellung, daß der Angeklagte das Fleisch habe zerlegen und einsalzen lassen, um es in seinem Hausstande für sich und seine Angehörigen als Nahrungsmittel zu verwenden, liegt auf thatsächlichem Gebiet und ist deshalb nicht anzufechten.

Diese Art der Verwendung konnte ohne Rechtsirrthum als ein Inverkehrbringen aufgefaßt werden. Der Begriff desselben ist erfüllt, sobald der Thäter das gesundheitsschädliche Nahrungsmittel an Andere, seien es dies auch nur seine Familienangehörigen oder sein Gesinde zum Genusse abgiebt. Vgl. auch E. VII, 151, 412. RG. 29. 1. 95.

Das Ueberlassen einer trichinöses Fleisch enthaltenden Wurstmischung an einen Gewerbegehülfen zum Zwecke des Abschmeckens ist bereits ein Inverkehrbringen im Sinne des § 12 NMG. RG. IV. Strafsenat v. 16. 1. 85.

Bei Versendung gesundheitsschädlicher Nahrungsmittel sind dieselben solange noch nicht „in Verkehr gebracht", als dem Absender die Verfügung über dieselben noch möglich ist; es liegt nur Versuch vor. RG. I. Strafsenat v. 1. 11. 88. R. X, 611.

Ein Inverkehrbringen liegt vor, wenn dem Willen des Handelnden entsprechend einem Dritten die aktuelle Möglichkeit der Verwendung des Gegenstandes als Nahrungs- oder Genußmittel verschafft worden ist. RG. II. Strafsenat v. 23. 3. 86, E. XIV, 35.

Unter Inverkehrbringen ist auch jedes Ueberlassen ohne Entgelt, also Verschenken, zu verstehen. RG. I v. 13. 12. 80. R. II 634 u. RG. III. Strafsenat v. 10 2. 87.

Ein Inverkehrbringen wird dadurch nicht ausgeschlossen, daß Jemand zur Befriedigung zivilrechtlicher Ansprüche oder Forderungen gesundheitsschädliche Nahrungsmittel weitergiebt, z. B. an den Verkäufer zurückgiebt. RG. 23. 9. 87. R. IX, 462.

Die Duldung selbständiger Entnahme gesundheitsschädlicher Nahrungsmittel durch einen Dritten ist einem Inverkehrbringen gleich zu schätzen. RG. 7. 6. 87. L. X 1888, S. 280.

4. Nahrungs- und Genußmittel.

Lediglich zum menschlichen Gebrauche bestimmte Nahrungs- oder Genußmittel unterliegen den Bestimmungen des NMG. RG. III. Strafsenat v. 2. 10. 80. R. II, 294. RG. v. 2. 7. 81, R. III, 456 u. RG. v. 7. 3. 82. R. IV, 231.

Vgl. auch § 13 des Margarinegesetzes und §§ 4 und 17 des Ges. betreffend die Schlachtvieh- und Fleischbeschau

Unter Nahrungsmitteln sind diejenigen Mittel zu verstehen, welche — sei es in fester oder flüssiger Gestalt — der Ernährung des menschlichen Körpers dienen, auch wenn zu ihrer Genießbarkeit eine vorherige Zubereitung erforderlich ist.

Der Begriff der Genußmittel ist weiter. Er umfaßt alle Mittel bezw. Stoffe, welche, auch ohne der Ernährung zu dienen, von Menschen genossen zu werden pflegen.

Der Begriff von Genießen ist im eigentlichen, nicht im uneigentlichen Sinne zu nehmen. Genußmittel im Sinne des Gesetzes sind nur solche, welche durch die menschlichen Organe dem Körper wirklich zugeführt und mit dem Genusse verbraucht werden. Gegenstände, welche, ohne diesem Erfordernisse zu entsprechen, für die menschlichen Sinne lediglich eine angenehme Empfindung, ein Wohlbehagen, einen Genuß in uneigentlicher Bedeutung hervorrufen, einen „Genuß bereiten", fallen darunter nicht. . . . Blumen gehören nicht zu den Genußmitteln. Das Empfinden des Wohlgeruches, welchen duftende Blumen verbreiten, ist kein Genuß, wie ihn das Gesetz meint; der Genuß des Riechens ist kein Verbrauch der Blume. RG. III. Strafsenat v. 9. 4. 81, R. III 220, E IV, 72; ferner RG. I. Strafsenat v 12. 7. 83; R. V, 514; E. IX, 46.

Wie für den Begriff des Nahrungsmittels ist es auch für den des Genußmittels gleichgültig, ob eine vorhergehende Zubereitung erforderlich ist. RG. I Strafsenat v. 10 7 82; R. IV, 684.

Ferner im selben Sinne RG. v. 16. 4. 88.: „Der allgemeine Sprachgebrauch begreift unter der Bezeichnung Nahrungs- oder Genußmittel auch diejenigen Gegenstände, welche nur erst nach vorgängiger Verarbeitung oder Zubereitung von Menschen genossen werden. Weder der Wortlaut des NMG. noch die Entstehungsgeschichte des letzteren ergeben aber, daß der Gesetzgeber den Begriff des Nahrungs- oder Genußmittels in einem gegen den allgemeinen Sprachgebrauch beschränkten Sinne verstanden hat.

Zur Saat ausgesteckte Kartoffeln, solange sie noch nicht untauglich geworden sind, sind Nahrungsmittel im Sinne des Gesetzes RG. III Strafsenat v. 24. 2. 80. R. I, 385. E I, 223, desgl. ganze Weizenkörner. RG. III. v. 2. 7. 81 (u. hierunter) R. III, 456; ferner RG. v. 11. 12. 88. (L. X 1888, 551.)

Die weitere Beschwerde des Angeklagten stellt in Frage, ob Getreide ein Nahrungsmittel sei, auf welches das Gesetz v. 14. 5. 79 Anwendung zu finden habe, obgleich es erst durch Mahlen und Backen zum Nahrungsmittel werde; es sei nur ein Rohstoff. Allein das Gesetz bezieht sich nicht nur auf das zum Genuß fertig gestellte Nahrungsmittel, sondern auch auf diejenigen Rohstoffe, aus welchen stets oder doch häufig Nahrungsmittel bereitet werden, sofern diese Verwendung nicht durch besondere Umstände ausgeschlossen ist und insofern das Verdorbensein sich auf die Zubereitung des Rohstoffes als Nahrungsmittel übertrüge. Es fällt deshalb auch das Fleisch von Schlachtthieren, obgleich diese erst geschlachtet und zertheilt werden müssen und das Fleisch in der Regel erst der Zubereitung bedarf, unter den Begriff der Nahrungsmittel, ebenso Vegetabilien aller Arten, welche nur in besonderer Form als Nahrungsmittel dienen. RG. v. 1. 6. 93, L. X, Beiheft 3, S. 50.

Desgl. lebende Thiere, wenn sie als Schlachtvieh in den Handel kommen. RG v. 2 12. 86. R. VIII, 721 (auch RG. II. Strafsenat v. 1. 7. 84,

R. VI, 488 und RG. I. Straffenat v. 6. 10. 92, E. XXIII, 242).

Hopfen ist ein Genußmittel, obgleich er zum Zwecke des Genusses erst noch mit anderen Stoffen verbunden werden muß RG. v. 10. 7. 82, R. IV, 684 (s. oben).

Cigarren sind Genußmittel. RG. III. Strafsenat v. 31. 3. 81. R. III, 848.

Blumen sind keine Genußmittel RG. v. 9. 4. 81. R. III, 220 (s. oben).

Brennmaterialien gehören nicht zu den Genußmitteln. RG. I Straffenat v. 12. 7. 83. R. V, 514.

Der Ansicht, daß im Gegensatz zu den Blumen die Parfüms den Genußmitteln zugehören, kann ich nicht beistimmen. Vgl. L. VI, S. 13.

Heilmittel können gleichzeitig den Charakter als Nahrungs- oder Genußmittel besitzen RG. III. Strafsenat v. 13. 7. 81. E. IV, 393 (betrifft Lebensbitterliqueur).

Aus § 12 Ziff. 1 NMG. war ein Kaufmann verurtheilt worden, weil er Brotöl, ein Destillat aus den Rückständen bei Reinigung von Erdöl, das zum Bestreichen der Brote beim Backen behufs Verhinderung des Zusammenbackens der Brole oder Festklebens an den Platten dient und geeignet ist, die menschliche Gesundheit zu beschädigen, in den Handel und Verkehr gebracht und hauptsächlich an Bäcker abgesetzt hatte. Das Reichsgericht erkannte die Anwendung des § 12 Ziff. 1 als rechtsirrig. Angeklagter habe weder das Brot, noch das Brotöl hergestellt, sondern nur mit letzterem gehandelt. Dasselbe habe bei der Herstellung des Brotes eine nebensächliche Verwendung gefunden und sei dadurch weder selbst Nahrungs- oder Genußmittel geworden, noch bestimmt gewesen, als solche zu dienen. Im Gegentheil sei sich Angeklagter bewußt gewesen, daß es dazu nicht geeignet sei. Dadurch, daß Theile des Oels in die Rinde des Brots eingedrungen und mit diesem genossen seien, sei das Oel nicht selbst Nahrungs- oder Genußmittel geworden. Da niemand es dazu bestimmt habe, das Eindringen vielmehr gegen die allgemeine Annahme erfolgt sei, sei das Oel nur diejenige Substanz gewesen, welche das Brot unter Umständen habe gesundheitsschädlich wirken lassen. Das Gift werde aber nie selbst zum Nahrungs- oder Genußmittel. Ferner habe der Angeklagte das Mineralöl nicht als Nahrungs- oder Genußmittel, das Brot aber überhaupt nicht verkauft. Wäre ein nachtheiliger Einfluß festgestellt worden, so hätte er wegen fahrlässiger Körperverletzung oder Tödtung, bei vorsätzlichem Handeln der Bäcker unter Umständen als Gehülfe verfolgt werden können RG. v 17. 9. 96. L. X, Beihefte IV, 122—123.

5. Nachmachen.

Von einem „nachgemachten" Nahrungs- oder Genußmittel kann begrifflich nur die Rede sein, wenn bereits im Verkehrsleben ein als Nahrungs- oder Genußmittel benutzbarer und benutzter Gegenstand vorhanden ist, welcher den Namen trägt, der von dem aus § 10 NMG. Beschuldigten seinem Fabrikate beigelegt wird und welcher, wie im Verkehr bekannt ist und vorausgesetzt wird, regelmäßig aus ganz bestimmten Stoffen besteht und dem eben deshalb bestimmte, seine Eigenschaft als Nahrungs- oder Genußmittel begründende Eigenschaften beiwohnen.

„Nachmachen" ist deshalb die Herstellung eines Nahrungsmittels in der Weise und zu dem Zwecke, daß es ein anderes zu sein scheint, als es in Wirklichkeit ist.

„Nach dem angefochtenen Urtheile steht fest, daß der Angeklagte in der Absicht, seine Abnehmer irre zu führen und in den Glauben zu versetzen, das von ihm verfertigte und als ordinärer rother Schwartenmagen bezeichnete Fabrikat entspreche wie nach seiner äußeren Erscheinung und seiner Bezeichnung auch seiner stofflichen Zusammensetzung nach den Bestandtheilen des unter dieser Bezeichnung nach allgemeiner örtlicher Uebung begriffenen Fabrikats, sowohl Bestandtheile, welche in der Zusammensetzung erwartet werden müßten (Fleisch, Schwarte, Speck), entzogen, als Bestandtheile, welche nach dem Ortsgebrauche und dem Preise nicht erwartet werden müßten (unverdauliche Sehnen und elastische Bänder) zugesetzt habe. Es handelt sich somit keineswegs um eine minder gute oder minder sorgfältige Bereitung, als sie hätte stattfinden können, wie die Revision geltend macht. Der von derselben hervorgehobene Umstand, es seien die Bestandtheile des fraglichen Schwartenmagens von jedem Laien sofort für das erkennbar gewesen, was sie in der That waren, würde, wenn es, wie es nicht der Fall ist, vom Urtheile festgestellt wäre, rechtlich nicht als erheblich erscheinen, da es für den Begriff des Nachmachens ohne Bedeutung ist, ob die täuschenden Mittel leicht und von jedermann oder nur schwer und nur von Sachverständigen zu erkennen sind." RG. I Straffenat v. 15. 5. 82. R. IV, 485. Vgl auch RG. III. Straffenat v. 14. 7. 81. R. III, 486 (s. S. 17). RG. 15. 5. 91, E. XXI, 439.

Ein Nahrungs- oder Genußmittel gilt als nachgemacht, wenn es dem echten nachgebildet ist, so daß es nur den Schein, nicht das Wesen und den Gehalt der echten Waare hat, indem es ganz oder doch wesentlich aus fremdartigen Stoffen künstlich hergestellt ist, also entweder vollständig oder doch der Hauptsache nach aus anderen Stoffen besteht als die echte Waare. RG. v. 24. 2. 82. R. IV, 194.

Der Begriff des „Nachmachens" erfordert nicht, daß die Imitation ein schlechteres Produkt als das Original sei; es ist sogar das Gegentheil möglich. RG. v. 20. 5. 89. L. X 1890, S. 162.

Himbeerliqueur würde dann als nachgemacht anzusehen sein, wenn er entweder lediglich oder der Hauptsache nach aus Sprit, Fruchtäther und Fuchsin hergestellt wäre, sodaß die Beifügung einer geringfügigen Menge natürlichen Himbeersaftes nichts darin geändert hätte. RG. v. 24. 2. 82. R. IV, 194 (s. oben). Vgl auch RG. I. Strafsenat v. 9. 4 91 Jurist. Wochenschr. 1891, Nr. 7 S. 296.

Nachgemachter Cognac wurde als vorliegend angesehen bei einer Flüssigkeit, die ein Gemisch aus Sprit, Essenz, Gerbsäure, Farbstoff ꝛc. enthielt. RG. v. 18. 5. 88 L. X 1889, S. 368.

Als nachgemachtes böhmisches Bier wurde eine Mischung aus 3/4 Lagerbier und 1/4 einfachem Bier anerkannt. RG. v. 20. 5. 89 L. X 1890, S. 162 (s. oben).

Wurst aus Hundefleisch ist eine Nachmachung. RG. II v. 12. 5. 91. E. XXI, 437.

Aufgequollene Kaffeebohnen, um sie als bessere Qualität erscheinen zu lassen sind eine Nachmachung RG. IV v. 5. 2. 94. E. XXV, 117.

Lediglich durch falsche Etikettirung, Benennung oder dergl. braucht keine Nahrungsmittelverfälschung begangen zu sein, diese setzt vielmehr eine Manipulation an der Sache selbst voraus. Eine Nachmachung liegt nur dann vor, wenn die Herstellung zum Zwecke der Täuschung stattgefunden hat.

Die bloße Bezeichnung von Rübenzucker durch einen Händler als Kolonialzucker ist weder eine Nachahmung noch eine Verfälschung.

„Der § 10 Nr. 2 verlangt, daß die verkauften oder unter einer zur Täuschung geeigneten Bezeichnung feilgehaltenen Nahrungs- oder Genußmittel verdorben, nachgemacht oder verfälscht sind" Das „Nachmachen" ist der Akt der Herstellung einer Sache in der Weise und zu dem Zwecke, daß sie eine andere Sache zu sein scheint. Auch die Verfälschung ist ein Akt, der an der Sache selbst vorgenommen sein muß, indem sie durch Entziehen oder Zusatz einer substantiellen Veränderung unterworfen wird. Solche Fälle, in welchen weder ein Gegenstand dem andern (echten) in der Weise nachgebildet worden ist, daß er den Schein, das Aussehen, obschon nicht das Wesen des andern hat, noch die Beschaffenheit der Sache selbst, die verkauft oder feilgeboten wurde, einer Einwirkung unterworfen worden, sondern es ausschließlich um die Bezeichnung desselben sich handelt, gehören also nicht unter die Strafvorschrift des citirten § 10 Nr. 2. Sie können den Thatbestand des Betruges enthalten.

Die Angeklagten haben anstatt des ausgebotenen indischen Zuckers Rübenzucker feilgehalten und verkauft. Eine Verfälschung des indischen oder Rohrzuckers stellt die Anfertigung des Rübenzuckers nicht dar, da die Substanz des ersteren dabei überall nicht in Frage steht. Eine Nachmachung des indischen oder Rohrzuckers kann die Anfertigung des Rübenzuckers allerdings enthalten, aber nicht schon an sich, insofern in dem Rübenzucker ein dem indischen Zucker in gewissen Beziehungen ähnlicher Gegenstand hergestellt wird, sondern nur unter der Voraussetzung, daß die Herstellung den Zweck hat, das Produkt, welches Rübenzucker ist, als indischen Zucker erscheinen zu lassen, und zu diesem Zwecke eine Aehnlichkeit nach Form oder Stoff hervorzubringen, so daß dem Produkt der Anschein des indischen Zuckers verliehen wird. Wäre die normale auf Erzeugung eines falschen Scheins nicht berechnete Produktion des Rübenzuckers dahin gelangt, dem letzteren Eigenschaften zu geben, welche seine Unterscheidung vom indischen Zucker äußerst schwierig machen, so würde solche Art der Herstellung nicht ein Nachmachen in dem Sinne sein, welchen der § 10 Nr 2 mit diesem Worte verbindet, da dieser Begriff das Merkmal der auf Hervorrufung eines falschen Scheines gerichteten Absicht als ein nothwendiges einschließt RG. III. Strafsenat v. 14. 7. 81. R. III, 486. E. IV, 434. Vgl auch RG. III. Strafsenat v 3. 3. 84. R. VI, 166. E. X, 206.

Besonders schwer wird die Entscheidung, ob ein Nachmachen vorliegt, wenn für das qu. Produkt die Eigenschaft einer Neuheit in Anspruch genommen wird. Es bleibt dann zu prüfen, ob nach der gewählten Bezeichnung eine bekannte Waare zu erwarten ist oder ob etwas Neues angenommen werden kann.

Ein unter dem Namen „Amerikanisches Aepfelgelée“, aus Zucker und einer Abkochung von Aepfelabfällen gewonnenes Produkt, wurde als Nachahmung eines sonst hauptsächlich aus Aepfeln bestehenden Präparates erklärt. RG. vom 13. 7. 93. E. XXIV, 240.

6. Verfälschen.

Bei der Berathung des NMG. hat bei allen Faktoren darüber volle Uebereinstimmung geherrscht, daß die durch das Gesetz zu bestrafende Verfälschung von Nahrungs- und Genußmitteln in den beiden Richtungen einer verheimlichten Verschlechterung der ursprünglichen Waare durch Entnehmen oder Zusetzen von Stoffen, und einer scheinbaren Verbesserung einer minder guten oder minder gut gewordenen Waare durch Anwendung künstlicher Mittel auf die Waare selbst, im Gegensatz zur bloßen Etikettirung oder Emballage, begangen werden kann. Der Entwurf von 1878 hatte den jetzigen § 10 dahin gefaßt:

1. wer zum Zwecke der Täuschung im Handel und Verkehr Nahrungs- oder Genußmittel, nachmacht oder mit dem Schein einer besseren Beschaffenheit versieht oder dadurch verschlechtert, daß er sie mittels Entnehmens oder Zusetzens

von Stoffen oder in anderer Weise verfälscht;

2. wer wissentlich Nahrungs- oder Genußmittel, welche verdorben oder nachgemacht oder fälschlich mit dem Schein einer besseren Beschaffenheit versehen oder durch Verfälschung verschlechtert sind, unter Verschweigung dieses Umstandes verkauft oder unter einer zur Täuschung geeigneten Bezeichnung feilhält.

Die Motive des damaligen Entwurfes erörterten, daß strafbare Verfälschung dann vorliege, wenn das der Waare gegebene Aussehen, die Benennung, Bezeichnung, überhaupt der Schein ihrem Wesen nicht entspreche, und dieser Mangel an Uebereinstimmung zwischen beiden Momenten könne entweder dadurch entstehen, daß das künstliche Fabrikat als Naturprodukt ausgegeben, der Waare der Anschein einer besseren Beschaffenheit gegeben werde, als ihrem Wesen entspreche oder dadurch, daß eine Verschlechterung, welche in ihrem Wesen eingetreten sei, verheimlicht, verdeckt, nicht erkennbar gemacht werde, gleichgiltig, ob diese Verschlechterung in einem menschlichen Thun oder in einem natürlichen Prozesse ihre Ursache habe. Beispielsweise versieht nach den Motiven derjenige, welcher rohem, nicht mehr frischem Fleische durch künstliche Mittel den Anschein von frisch geschlachtetem giebt, dasselbe mit dem Anschein einer besseren Beschaffenheit. In demselben Sinne äußerten sich über den Begriff der Verfälschung Vertreter des Bundesrathes und Mitglieder der Kommission Die letztere schlug vor, dem Paragraphen die Fassung zu geben:

1. wer zum Zweck der Täuschung im Handel und Verkehr Nahrungs- oder Genußmittel nachmacht oder dadurch verfälscht, daß er dieselben mittels Entnehmens oder Zusetzens von Stoffen verschlechtert oder den bestehenden Handels- oder Geschäftsgebräuchen zuwider mit dem Schein einer besseren Beschaffenheit versieht;
2. wer wissentlich Nahrungs- oder Genußmittel, welche verdorben oder nachgemacht oder im Sinne der Nr. 1 verfälscht sind, unter Verschweigung dieses Umstandes verkauft oder unter einer zur Täuschung geeigneten Bezeichnung feilhält.

Der neue Entwurf von 1879 legte in dieser Fassung den Paragraphen wieder vor, nur mit Weglassung der Worte „den bestehenden Handels- oder Geschäftsgebräuchen zuwider", nahm also den Begriff der Verfälschung wiederum in dem erwähnten zweifachen Sinne, worin schon frühere Gesetze, namentlich das StrGB. (vgl. §§ 267, 363 über Urkundenfälschung und §§ 146, 147 über Münzfälschung) ihn genommen hatten. Als weiteres

Beispiel einer Verfälschung durch Verleihung des Scheines einer besseren Beschaffenheit findet sich der Fall angegeben, wenn schlechter Milch durch Zusatz von Stoffen das Aussehen guter Milch gegeben werde. Der Entwurf erhielt die Zustimmung der Kommission. Die Schlußworte der Nr 1 des Paragraphen hatten das Bedenken erregt, daß sie in der Richtung mißverstanden werden könnten, als solle ein Akt der Verfälschung auch darin gefunden werden, daß jemand durch den Gebrauch einer irreführenden Etikette oder Emballage der Waare eine bessere Beschaffenheit beilege, ohne die Eigenschaften der Waare selbst zu verändern. Schließlich verzichtete das Plenum des Reichstags auf Definition der Verfälschung, aber nicht, weil die Definition des Entwurfs zu weit gehe, sondern theils aus dem eben erwähnten Bedenken eines möglichen Mißverständnisses der Schlußworte der Nr. 1, theils aus Abneigung vor gesetzlichen Definitionen überhaupt, theils aus Besorgniß, daß, wenn man hier eine Definition gebe, während andere Gesetze sie nicht gegeben hätten, die Praxis der Gerichte zu unbegründeten Schlüssen möchte verleitet werden Demnach ist kein Zweifel daran gestattet, daß die Verfälschung nach § 10 des Gesetzes in den hervorgehobenen beiden Arten des Verfahrens bestehen kann.

Sowohl diese Arten der Verfälschung als auch die, welche durch Hervorrufung des Scheins einer besseren Beschaffenheit begangen wird, setzt eine bestimmte Norm der Waare voraus, von welcher abgewichen wird, da der Hauptzweck des § 10 ein wirthschaftlicher und dahin gerichtet ist, der Unlauterkeit im Verkehr durch Täuschung der Abnehmer eines Nahrungs- oder Genußmittels entgegenzuwirken, muß jene Norm, sobald es sich um bereits zum Abschluß gelangte Geschäfte handelt, vorzugsweise aus der Intention der Parteien, also daraus entnommen werden, welche Eigenschaften der Waare bei reellem Verkehr unter den Umständen, die bei dem einzelnen abgeschlossenen Geschäft obwalteten, zu erwarten gewesen wären. Auch fällt unter den Begriff der Verfälschung dasjenige Verfahren nicht, welches durch bekannte als bekannt vorauszusetzende, an sich nicht verwerfliche Geschäftsgebräuche hergebracht ist, sofern es nicht der Vereinbarung im konkreten Fall widerspricht; der Abnehmer einer Waare kann sich nicht als hintergangen bezeichnen, wenn er dasjenige erhalten hat, was er unter den gegebenen Umständen zu erwarten berechtigt war, und er ist, abgesehen von ausdrücklicher Vereinbarung, nicht berechtigt, eine andere Interpretation seines Geschäfts mit dem Abgeber oder eine andere Art der Herstellung der Waare zu erwarten, als sie dem soliden Geschäftsherkommen entspricht. Andererseits darf er sich aber auf das letztere, wenn es ihm günstig ist, auch seinerseits berufen, solange er nicht in eine Abweichung von demselben eingewilligt hat. RG. III. Straffenat v. 18. 2. 82. R. IV, 171; E. VI, 51.

Die Feststellung, daß eine Frucht (Reine Claude) in Folge Zusatzes von Blaustein als Nahrungs- oder Genußmittel verfälscht werde, unterliegt keinen rechtlich begründeten Bedenken. Ein Verfälschen von Nahrungs- oder Genußmitteln im Sinne des Gesetzes (§ 10 a. a. O.) liegt alsdann vor, wenn entweder mit der ursprünglichen Waare durch Entnehmen oder Zusetzen von Stoffen eine äußerlich nicht erkennbare Verschlechterung vorgenommen, oder einer minder gut gewordenen Waare durch Anwendung künstlicher Mittel der Schein einer besseren Waare gegeben ist. RG. II. Straffenat v. 21. 4. 85. R. VII, 239.

Die Revision bestreitet die Anwendbarkeit des § 10, 2 um deswillen, weil die Vermischung des Weizengrieses mit Maisgries die Waare nicht zu einer verfälschten mache. Dem widerspreche schon der Umstand, daß eine so gemischte Waare ein auch im reellen Handelsverkehr vorkommender und als Nahrungsmittel begehrter Artikel sei. . . .

Auch wenn ferner die vom Angeklagten gelieferte Waare ein im reellen Handel vorkommender und als Nahrungsmittel begehrter Artikel war, kann sie unter den § 10 Nr. 2 fallen, sofern sie derjenige Artikel nicht war, auf welchen die Bestellung des Käufers und die Lieferungsverpflichtung des Verkäufers ging, sondern sich dieser Bestellung gegenüber als eine gefälschte Waare darstellt. Daß sie als Nahrungsmittel unbrauchbar oder schädlich gewesen sein müsse, ist als Merkmal des Thatbestandes in den § 10 nicht aufgenommen; zwar bildete die Sorge für die menschliche Gesundheit das Hauptmotiv des Gesetzes v. 14. 5. 79, es ist jedoch von den gesetzgebenden Faktoren und in den Motiven desselben bestimmt und oftmals anerkannt worden und wird durch den Wortlaut der §§ 10 und 11 im Vergleich mit dem der §§ 5, 12, 13, 14, 15 bestätigt, daß durch jene Paragraphen auch ein Schutz gegen die im Verkehr mit Nahrungs- und Genußmitteln zu Tage tretende Unredlichkeit geschaffen werden sollte, gegen welche man die Betrugsstrafen nicht als ausreichend ansah, da der für Verhängung derselben nothwendige Beweis des Kausalzusammenhanges zwischen Vorspiegelung, Fälschung oder Unterdrückung wahrer Thatsachen, Irrthumserregung und Vermögensbeschädigung öfters zu schwierig, auch eine Vermögensschädigung häufig nicht vorhanden sei; es sollte daher die Strafbestimmung des § 367 Nr. 7 StrGB. ausgedehnt und verschärft werden (vgl Motive zu § 10 S. 18 u. 19).

Daß eine Fälschung, wie der § 10 sie voraussetzt, auch durch Vermischung einer Waare mit einer anderen von geringerem Werth vorgenommen werden kann, leidet keinen Zweifel; der Entwurf von 1878 wollte die Fälschung geradezu als „Verschlechterung durch Entnahme oder Zusetzen von Stoffen", die Kommission in ähnlicher Weise definiren, und dieses wurde nur deshalb aufgegeben, weil man die Gerichte nicht durch Definitionen beschränken wollte. RG II. Strafsenat v 13. 11. 80. R. II, 506. E. III, 234.

Der Zusatz von Farbstoffen zu Wurst oder anderen Fleischwaaren fällt unter den Begriff der Verfälschung. Es ist nicht erforderlich, daß der Zusatz gesundheitsgefährlich oder ekelerregend ist. RG. III. Strafsenat v 18. 2 82 R IV, 172. E. VI, 51

Das Rothfärben der Kiemen bei Fischen, um ihnen den Anschein einer frischeren Waare zu geben, ist eine Verfälschung im Sinne des § 10, obgleich die stoffliche Zusammensetzung des Fischfleisches dadurch nicht berührt wird. RG. III. Strafsenat v. 2. 12. 81. R. III, 761. E V, 178.

Ein mit Anilinfarbstoffen aufgefärbter Himbeersaft braucht nicht nothwendig als Verfälschung erscheinen, insbesondere dann nicht, wenn ihm dadurch nicht der Anschein einer besseren Beschaffenheit, höheren Fruchtgehaltes oder größeren Werthes verliehen werden soll. RG II. Strafsenat v. 26. 5. 82. R IV, 519

Zusatz irgend welcher dritter Stoffe neben Hopfen und Gerstenmalz zur Bierfabrikation in Bayern ist mit Rücksicht auf das Gesetz über den Malzaufschlag als Verfälschung des „echten Bayrischen Bieres" anzusehen. RG. I. Strafsenat v. 18. 12 82. R. IV, 876 E VII, 314 und RG. I. Strafsenat v. 15. 12. 84. R. VI, 819.

Der Zusatz von unreinem (unvergährbare Substanzen enthaltendem und die Bildung von Fuselöl ermöglichendem) Traubenzucker bei der Bierbereitung ist ungeachtet des Umstandes, daß das Brausteuergesetz v. 31. 3. 72 Traubenzucker als Malzsurrogat nennt, eine Bierverfälschung. RG. II Strafsenat v. 4. 3 84. R. VI, 170.

Der Zusatz von Farbstoff zu bayrischem Bier ist eine Verfälschung im Sinne des § 10. RG. I. Strafsenat v. 30. 3. 85. R. VII, 203 RG III. Strafsenat v. 11. 6. 85. R. VII, 374.

Klärungsmittel für Bier, die an sich unschädlich sind, insbesondere die Substanz des Getränkes in keiner Weise zu alteriren vermögen und auch dem Getränke nicht den Schein einer besseren als der wirklichen Qualität verleihen, können nicht als Verfälschungsmittel im Sinne des NMG. angesehen werden. Sie können auch gegebenen Falls die charakteristische Beschaffenheit als „bayrisches Bier" nicht in Frage stellen. RG. I. Strafsenat v. 5. 7. 83 R. V, 495. E. VIII, 434. Vgl. auch RG. I. Strafsenat v 21. 5. 85. R. VII, 316.

Die Anwendung von Salicylsäure zur Konservirung von Bierhefe, um diese vor Zersetzung zu behüten, ist in Bayern unzulässig (§ 7 des Malzaufschlaggesetzes). Das mit solcher Hefe hergestellte Bier wird sich in der Regel, aber nicht nothwendiger Weise als verfälscht im Sinne des § 10 qualifiziren RG. I Strafsenat v. 15. 12. 84. R. VI, 819.

Natron als Bierentsäuerungsmittel ist unzulässig, sofern durch die quantitativen Verhältnisse eine Veränderung des normalen Bieres herbeigeführt wird RG I Strafsenat v. 21 5. 85. R. VII, 314. RG. I. Strafsenat v. 30. 11. 85. R. VII, 705.

Die Verfälschung im Sinne des § 10 NMG. ist, wie sich aus der Entstehungsgeschichte der Vorschrift klar ergiebt und wie dies vom RG. bereits in zahlreichen Urtheilen dargelegt wurde, nicht auf Veränderung eines Nahrungs- oder Genußmittels durch Stoffe anderer Art beschränkt, sondern begreift jede auf Täuschung berechnete Veränderung der normalen Beschaffenheit desselben, durch welche entweder dem Genußmittel der Schein einer besseren, als seiner wirklichen Beschaffenheit, verliehen oder dessen normale Beschaffenheit verschlechtert wird. Der Begriff einer bestimmten Art von Nahrungs- oder Genußmitteln setzt regelmäßig als wesentliches Merkmal einen gewissen Grad ihrer Brauchbarkeit voraus, die mit „Güte" bezeichnet werden kann. Jede wesentliche Veränderung der Sache, welche diese Qualität der Sache herabsetzt, somit eine Verschlechterung enthält, über welche im Handel und Verkehr getäuscht werden soll, fällt unter den Begriff der Fälschung. Die Grenze für die Zulässigkeit einer Veränderung ergiebt sich aus der Beschaffenheit der Waare, welche der Abnehmer nach dem Maßstabe des reellen Verkehrs zu fordern berechtigt ist. Eine Behandlung der Waare, welche auf bekanntem, an sich nicht verwerflichem Geschäftsgebahren beruht, wird an sich nicht als Fälschung erscheinen, wogegen Veränderungen, in Folge deren der Abnehmer eine Waare erhält, deren Qualität unter die normale herabgesunken ist und deren Abgabe er bei einem soliden Geschäftsbetriebe als ausgeschlossen annehmen kann, unbedenklich unter den Fälschungsbegriff zu subsumiren sind. Welcher Art die Stoffe sein sollen, durch deren Beimengung eine Verschlechterung des Produktes bewirkt wird, bestimmt das Gesetz nicht und unterscheidet insbesondere nicht zwischen Verschlechterung bezw Verfälschung durch gleichartige oder durch fremdartige Stoffe. Es ist darum nicht abzusehen, warum eine als Verfälschung anzusehende Verschlechterung der normalen Beschaffenheit nicht durch Beimengung verdorbener in unzulänglichem Maaße minderwerthiger Stoffe gleicher Art sollte bewirkt werden können.

[In casu war von der Vorinstanz ein Bierpantscher freigesprochen gewesen, der das Neigenbier abziehen und später mit frischem Bier verschneiden ließ.] RG. I. Straffenat v. 1. 10. 85. R. VII, 546 E. XII, 406. Vgl. auch RG. II. Straffenat v. 29. 11. 89. Beilage z. Reichsanzeiger 1890, Nr. 2 S. 148.

Zugabe von Weinneigen zu Wein ist Verfälschung. LG. Frankfurt a/O. v. 29. 11. 92.

Zusatz von altem, verschimmeltem Brot zu frischem Brotteig ist eine Verfälschung. RG. v. 12. 4. 94.

Einem im gebrannten Zustande verkauften Kaffee war 1 Theelöffel Ocker auf 150 Pfund zugesetzt; es erfolgte Freisprechung von der Anschuldigung einer Verletzung des § 10 ı NMG. Das Reichsgericht führte aus, es sei zwar richtig, daß der Begriff der Verfälschung eines Nahrungs- oder Genußmittels auch erfüllt werde, wenn der Waare der Schein einer besseren Beschaffenheit verliehen werde. Unter dieser Beschaffenheit sei aber nicht das bloße Aussehen der Waare ohne Rücksicht auf deren eigenes Wesen zu verstehen, sondern es müsse das äußere Ansehen den Schluß auf ein besseres Wesen, auf eine Qualität, die mehrwerthig sei, als die in Wirklichkeit vorhandene, berechtigt erscheinen lassen. Der Ocker sei zugesetzt worden, um die Verflüchtigung des Aromas durch die Poren der Kaffeebohnen zu verhindern, andererseits um dem Kaffee ein besseres gleichmäßiges Aussehen zu geben. Der erste Zweck würde, wenn erreicht, den Kaffee nur verbessern und komme hier nicht in Frage. Aus der zweiten Erwägung aber könne nur der Schluß gezogen werden, daß nicht über Wesen und Werth des Kaffees getäuscht, sondern nur das Aussehen an sich habe verbessert werden sollen und verbessert worden sei. Daß der Vorderrichter von dieser Ansicht ausgehe, sei sowohl daraus zu entnehmen, daß er dem Kaffee in seinem ursprünglichen Zustande ein unansehnliches, zerstückeltes Aeußere beilege und hervorhebe, daß nur um dieses Aeußere zu verbessern, nicht also um dem Kaffee den Anschein besserer Qualität zu verleihen, die Portoriko- und Gualemala-Kaffees bereits gefärbt exportirt würden, als auch aus der ferneren Ausführung, daß der Werth des Kaffees überhaupt nicht nach dem Aussehen, sondern nach dem Geruch und Geschmack zu beurtheilen sei. Die staatsanwaltliche Revision ziehe mit Unrecht den Schluß, daß, wenn die Färbung des Kaffees vorgenommen sei, um der Waare ein besseres gleichmäßiges Aussehen zu geben, schon deshalb ihr der trügerische Anschein einer höherwerthigen und besseren Beschaffenheit habe verliehen werden sollen. Zuzugeben sei, daß, weil es sich darum handele, ob der Waare der Schein einer besseren Beschaffenheit verliehen, der Standpunkt des kaufenden Publikums wenn auch nicht entscheide, so doch zu berücksichtigen sei. Nicht zu übersehen sei aber gleichzeitig, daß für den Thatbestand der fraglichen Strafvorschrift auch das Bewußtsein des Thäters erforderlich sei, daß er nicht bloß das äußere Ansehen der Waare verändert, sondern auch durch die Aenderung der Waare selbst in ihrem Wesen und Werthe einen besseren Schein beigelegt habe, als beides in Wirklichkeit vorhanden gewesen sei RG. v. 11. 2. 95. L. X, Beihefte IV 101.

Der Zusatz eines an und für sich zur Zubereitung gehörenden Stoffes in einem Stadium, in welchem das nicht mehr ordnungsgemäß ist, wie der von Wasser zu fertigem Bier, ist eine Verfälschung. RG. I v. 10. 1 93. E. XXIII, 383.

Erforderniß für die Feststellung des Begriffs der Verfälschung von Nahrungs- oder Genußmitteln im Sinne des § 10 NMG. ist, daß der Waare der Schein einer besseren Beschaffenheit verliehen werde, als sie in Wirklichkeit besitzt; es ist deshalb nothwendig, daß die Einwirkung auf die Waare zum Zwecke ihrer besseren Verkäuflichkeit eine solche ist, daß durch sie der Schein eines besseren, mehrwerthigen Wesens der Waare hervorgerufen wird. Von diesen Gesichtspunkten ist auch das Vorderurtheil ausgegangen, denn es stellte fest, daß unter dem brasilianischen Kaffee, um den es sich handelt, viele dürre Bohnen befindlich, daß diese nicht vollständig gut seien und deshalb das von dem Angeklagten bewirkte Färben des Kaffees mit Ocker (3 Eßlöffel auf 120 Pfund) und Oel den Zweck verfolgt hat, dem Kaffee den Schein einer besseren, nämlich die gleichmäßige Färbung besserer Sorten zu geben, daß ferner die dürren Bohnen in dem brasilianischen Kaffee stets etwa 10 bis 15 Prozent ausgemacht hätten und diese nicht voll gleichwerthig seien mit den nicht dürren Bohnen, und daß endlich durch das Färben auch den dürren Bohnen der Anschein normaler Beschaffenheit gegeben werde. Ebensowenig ist ein Rechtsirrthum in der Folgerung einer Täuschungsabsicht des Angeklagten ersichtlich. Die von letzterem gewählte Bezeichnung des Kaffees mit W. 8, W. 6 u. s. w. hat die Wiener Röstart, d. h. reinen Kaffee, kenntlich machen sollen. Ob die Täuschung in jedem Falle gelungen, ist gleichgültig; das Handeln zum Zwecke der Täuschung genügt. Dadurch ferner, daß der Angeklagte die theueren Sorten garnicht gefärbt, der geringsten Sorte aber, der sogen. Triage, eine erheblich größere Menge Farbstoff zugesetzt hat, ist der minderwerthigen Sorte der Schein des höheren Werthes verliehen und nichts steht entgegen, daraus zu schließen, daß diese Täuschung auch bezweckt sei. Das vom Angeklagten zu seinen Gunsten angezogene Urtheil des Reichsgerichts vom 11. Februar 1895 (s. oben) anlangend, so beruht dasselbe auf der Feststellung, daß die Ockerfärbung in einer Menge von 1 Theelöffel auf 150 Pfund Kaffee den ausschließlichen Zweck verfolgt habe, das Aussehen des Kaffees zu bessern, nicht aber ihm den Schein einer besseren Qualität zu verleihen, auch ist dort von minderwerthigen dürren Bohnen keine Rede gewesen. RG. v. 4. 3 95. L. X Beihefte IV 101—103.

Werde eine Waare durch die mit ihr vorgenommenen Veränderungen verbessert und somit mehrwerthig gemacht, so könne von einer Verfälschung nicht mehr die Rede sein, da ihr nicht der Schein einer besseren Beschaffenheit, sondern in Wirklichkeit ein besseres Wesen beigelegt sei. Daß mit der Einwirkung auf die Waare bezweckt werde, sie besser verkäuflich zu machen, sei für sich allein nicht entscheidend. Es müsse vielmehr hinzutreten, daß der Käufer durch das bessere Aussehen zu der Annahme eines besseren Wesens, als die Waare in Wirklichkeit besitze, bestimmt sei. Da im vorliegenden Falle das Urtheil festgestellt habe, daß der Angeklagte durch seine Brennmethode die Qualität des Kaffees verbessert, den Zusatz von Ocker aber nur gemacht habe, um den Kaffee verkäuflich zu machen, lediglich um ihm eine bessere Farbe zu verleihen, so liege seiner Freisprechung ein Irrthum über den Begriff der Verfälschung nicht zu Grunde.

Anders liege die Sache bei einem andern Angeklagten. Derselbe habe bei sogenanntem Fabrik-Menado, d. h. Kaffee, welcher in den Seeplätzen wegen schlechterer Beschaffenheit oder weil er mit Seewasser getränkt zur Erzielung eines besseren Aussehens durch Erhitzung in einer Trommel aufgequollen worden sei, durch Brennen die Aufquellung wieder beseitigt und bei dieser Einwirkung den Kaffee, um ihn verkäuflich zu machen, mit Ocker gefärbt Welches der weitere Zweck der Färbung dieser minderwerthigen und ohne Färbung unverkäuflichen Kaffeesorte gewesen, ob nicht besonders die Verdeckung der schlechteren Beschaffenheit des Fabrik-Menado bezweckt gewesen, gehe aus dem Urtheil nicht klar hervor. Was die aus dem Preise, zu dem der Kaffee verkauft sei, geschlossene Annahme des Vorderrichters, daß der Angeklagte nicht beabsichtigt hätte, dem Kaffee den Anschein einer besseren Qualität zu geben, anlange, so schließe die Thatsache, daß ein Kaufmann seine Waare für einen der Qualität entsprechenden Preis verkaufe, noch keineswegs den bei der Herstellung verfolgten Zweck aus, den Käufer in den Irrthum zu versetzen, daß er eine bessere als die wirklich vorhandene Qualität erhalte, zumal dann nicht, wenn die Waare sonst überhaupt nicht verkäuflich sei. Es erfolgte Zurückweisung der Sache an die Vorinstanz. RG. v. 7. 3. 95 ibidem.

Zusatz von Mehl oder Stärke zu Wurstwaaren kann eine Nahrungsmittelverfälschung sein. Bei aus verschiedenen Stoffen zusammengesetzten Nahrungsmitteln kann die als normal anzusehende Zusammensetzung durch den Geschäftsgebrauch beeinflußt werden. Aber dieser letztere wird nie einseitig, nur nach den Wünschen oder Gewohnheiten des Produzenten, sondern zugleich mit Berücksichtigung der berechtigten Erwartungen des Publikums zu bilden und darum auch mit Rücksicht auf diese verschiedenen Faktoren zu ermitteln sein. Wo das Publikum herkömmlich gewohnt ist, daß den begriffsmäßig ursprünglichen Stoffen stets bestimmte fremde Stoffe zugemischt werden und diese Beimischung der fremden Stoffe eine durch allgemeines Herkommen geduldete war, erscheint wohl regelmäßig die Fälschung wie die Absicht einer solchen ausgeschlossen. Es darf aber, wie schon die Motive zum Gesetze v. 14 5. 79 hervorheben, unter Handel- und Geschäftsgebrauch nicht jede üblich gewordene, vielleicht auf Täuschung berechnete Manipulation, sondern nur der in dem soliden, reellen, ehrlichen Verkehr üblich gewordene, aus der Natur dieses Verkehrs sich ergebende Gebrauch verstanden werden. RG. I. Strafsenat v. 7. 1. 87. E. XV, 161 Vgl. auch RG. I. Strafsenat v. 29. 9. 86. R. VIII, 552, sowie ferner RG II. Strafsenat v. 4. 10. 83 und RG. III. Strafsenat v. 21. 12. 82. L VI S. 81 u 82.

Zusatz von Pferdefleisch zu Mett- oder Schlackwürsten ist eine Verfälschung.

Es ist thatsächlich festgestellt, daß im Handel und Verkehr als Schlack- oder Mettwürste diejenigen gelten, welche lediglich aus Rind- oder Schweinefleisch hergestellt sind, sowie daß der Angeklagte zu den von ihm verfertigten Schlack- und Mettwürsten minderwerthige Pferdebestandtheile zugesetzt und sie dann unter Verschweigung dieser Thatsache als reelle Würste für den gewöhnlichen Marktpreis reeller Würste in den Handel gebracht hat. Kammergericht v. 11. 11. 86. Johow VII, 232. L. X 1888, S. 571.

. **Eine Verfälschung kann auch dadurch begangen**

werden, daß gewisse Bestandtheile bei der Herstellung von Nahrungs- oder Genußmitteln nicht genügend entfernt werden, z. B Wasser in der Butter, so daß der Effekt derselbe wird, als wenn Butter mit normalem Wassergehalt durch Wasserzusatz verfälscht wird. RG. IV. Strafsenat v. 24./31. 1. 88. R. X, 64. E XVII, 99.

Eine Tabackverfälschung kann auch dadurch herbeigeführt werden, daß die unbrauchbaren, nikotinfreien, holzigen Theile der Tabackpflanze mit braunem Farbstoff versehen und dem Taback zugemischt werden, also die brauchbaren Theile einer Pflanze mit den unbrauchbaren versetzt werden. RG. III. Strafsenat v. 4. 6. 81. R III, 376. E. IV, 311.

7. Verdorben sein.

„Nach dem Vorgange des § 345[5] des preuß. StrGB. findet sich der Ausdruck schon im § 367[7] des deutschen StrGB. in der Zusammenstellung mit „verfälscht", im Gesetze vom 14. Mai 1879 in der Zusammenstellung mit den Worten „verfälscht" und „nachgemacht". Der Ausdruck „verfälscht" weist auf eine absichtliche, in der Wegnahme oder dem Zusatze von Stoffen bestehende, eine Verschlechterung bewirkende menschliche Handlung; im Gegensatz hierzu der Ausdruck „verdorben" auf eine Eigenschaft, die nicht in Folge einer absichtlichen unter den Begriff der Verfälschung fallenden menschlichen

Handlung entstanden. Das positive Moment des Verdorbenseins besteht in einer Veränderung des ursprünglich vorhanden gewesenen oder des normalen Zustandes des Nahrungs- oder Genußmittels zum Schlechteren mit der Folge verminderter Tauglichkeit und Verwerthbarkeit zu einem bestimmten Zweck. In Beziehung auf welchen Zweck diese Verminderung eingetreten sein muß, ergiebt sich aus der bei Erlaß des Gesetzes vom 14. Mai 1879 vom Gesetzgeber gehegten Absicht, welche in erster Linie dahin ging, die menschliche Gesundheit vor gewissen, aus dem Verkehr mit Nahrungs- und Genußmitteln und mit gewissen Gebrauchsgegenständen erwachsenen und ferner befürchteten Gefahren besser zu schützen, als es nach der bis dahin geltenden Gesetzgebung (vgl. besonders §§ 263, 367[7] des StrGB.) möglich gewesen war. Ist durch jene Verschlechterung eines Nahrungs- oder Genußmittels das letztere gesundheitsgefährlich geworden, und hat der Verkäufer ꝛc. desselben dies gewußt oder fahrlässigerweise nicht gewußt, so greifen die §§ 12, 13, 14 des Gesetzes Platz; die §§ 10, 11 beziehen sich auf ein Verdorbensein, welches entweder objektiv nicht geeignet ist, Gefahr für die menschliche Gesundheit herbeizuführen, oder bei welchem diese Gefährdung wenigstens außerhalb derjenigen Kenntniß geblieben ist, die beim Verkäufer vorhanden war oder bei genügender Achtsamkeit und Aufmerksamkeit vorhanden gewesen sein würde. Minder tauglich und verwerthbar muß, nach der bezeichneten Absicht des Gesetzes, das Nahrungs- oder Genußmittel für den Zweck geworden sein, dem es als solches zu dienen hatte, also für den Zweck der Ernährung bezw. des Genusses. Für die Beantwortung der Frage, in welchen Fällen, namentlich auch bei welchem Grade eingetretener Verschlechterung die §§ 10, 11 anwendbar sind, kommt der weitere Zweck des Gesetzes in Betracht, der aus eigennützigen Motiven entspringenden Unreellität im Verkehr entgegen zu wirken; der Kauflustige soll über die wirkliche Beschaffenheit der Waare nicht im Unklaren gelassen werden; die Strafbarkeit der Handlung des Verkäufers ist dadurch bedingt, daß derselbe dem Kauflustigen die wirkliche Beschaffenheit derselben verschwiegen oder verborgen und denselben hierdurch verleitet hat, etwas zu kaufen, was er, wenn er seine Beschaffenheit gekannt, nicht als ein ihm passendes Nahrungs- oder Genußmittel erachtet haben würde. Als zum Genuß ungeeignet oder minder geeignet, mit anderen Worten, als verdorben, müssen auch diejenigen Gegenstände bezeichnet werden, deren Genuß in Folge einer Veränderung der beschriebenen Art Ekel erregt und zwar nicht bloß bei dieser oder jener einzelnen Person, nach dem individuellen Geschmack derselben, sondern nach der gemeinen Anschauung oder doch nach der Anschauung derjenigen

Bevölkerungsklasse, welcher der Kauflustige angehört.

Weitergehende Einschränkungen des Begriffs des Verdorbenseins, als die aus dem Vorstehenden sich ergebenden, finden im Gesetz und auch in dem üblichen Sprachgebrauch keine Stütze. Es ist insbesondere unbegründet, daß, wenn ein Gegenstand als verdorben gelten solle, die in ihm eingetretene Verschlechterung auf innerer Zersetzung beruhen müsse. Sie kann vielmehr auch in einer bloß quantitativen Veränderung der Bestandtheile bestehen, aus denen der Gegenstand zusammengesetzt ist, und diese Veränderung kann auch die Folge einer menschlichen Handlung sein, vorausgesetzt, daß die letztere nicht unter den Begriff der Verfälschung fällt. Es ist sehr wohl möglich, daß eine Sache, auch ein Nahrungs- oder Genußmittel, durch einen Zufall von außen her oder durch ein menschliches Versehen, verdorben wird, ohne daß im einen oder andern Fall ein chemischer Zersetzungsprozeß verursacht worden wäre. Ebenfalls möglich ist es, daß durch Erkrankung eines Thieres, oder durch Infizirung desselben mit Parasiten, die nicht nothwendig eine Erkrankung zur Folge zu haben braucht, das Fleisch des Thieres für die menschliche Ernährung und den menschlichen Genuß verdorben wird, auch wenn eine Gefährdung der menschlichen Gesundheit dabei nicht zu befürchten, oder wenn sie ursprünglich zu befürchten war, durch geeignete Mittel wieder beseitigt worden ist. Auch in Fällen dieser Art handelt es sich, wenn die Abweichung vom Normalen, die das Wesen des Verdorbenseins ausmacht, bestimmt werden soll, vor allem um die Bestimmung des Normalen selbst, wofür der vermuthliche Wille der den Verkauf schließenden Parteien, die Erwartung, welche der Käufer nach den Umständen des Falls hinsichtlich der Beschaffenheit der Waare hegen durfte, als Ausgangspunkt zu dienen hat. Einen positiven Anhalt dafür, daß die Definition des Begriffs „verdorben" durch den Instanzrichter zu eng ist, liefert der § 367 [7] des StrGB. Das trichinenhaltige Fleisch wird darin, wie aus dem Worte „insbesondere" hervorgeht, als ein Beispiel zu dem Hauptsatze „wer verfälschte oder verdorbene Eßwaaren feilhält oder verkauft" angeführt; da nun das Behaftetsein mit Trichinen sich keinenfalls als eine „Verfälschung" des Fleisches darstellt, kann es nur als ein Beispiel für das „Verdorbensein" desselben angeführt sein, ungeachtet sich dabei an innere Zersetzung nicht denken läßt. Zwar gehört jetzt mit noch lebenden Trichinen behaftetes Fleisch nach dem Gesetze vom 14. Mai 1879 nicht unter die verdorbenen Nahrungsmittel der §§ 10, 11, sondern unter die gesundheitsgefährlichen der §§ 12 bis 14, aber bloß deshalb, weil der Verkauf dieses letzteren unter eine schwerere Strafe gestellt worden ist; daß sich dagegen der Sprachgebrauch des Gesetzgebers in Beziehung auf das Wort „verdorben" seit Erlaß des StrGB. bis zum Erlaß des Gesetzes vom 14. Mai 1879 geändert haben sollte, dafür ist nicht der geringste Grund ersichtlich.

Eine ungerechtfertigte Beschränkung dieses Begriffs durch den vorigen Richter liegt ferner darin, daß die Ungenießbarkeit des Nahrungsmittels gefordert wird, wenn es als verdorben gelten solle. Da die Ungenießbarkeit nicht gleichbedeutend mit Gesundheitsgefährlichkeit genommen worden ist, läßt sie sich nur als Unmöglichkeit des Genusses verstehen. Gesetz und allgemeiner Sprachgebrauch wenden aber den Ausdruck „verdorben" nicht ausschließlich auf den denkbar höchsten Grad der Abweichung vom Normalen an, lassen vielmehr verschiedene Stufen der Verderbniß zu und verkennen nicht, daß auch bei verdorbenen Nahrungsmitteln die Möglichkeit des Genusses bestehen bleiben kann. So ist z. B. trichinenhaltiges Fleisch nach dem Vorstehenden verdorbenes, zugleich auch gesundheitsgefährliches, aber nicht ungenießbares Fleisch." RG. III. Straffenat v 5. 10. 81. E V, 290. R III, 594.

Ein Nahrungsmittel erscheint dann als verdorben, wenn es in Folge von Veränderungen des normalen Zustandes nach allgemeiner Ansicht zum Genusse von Menschen ungeeignet ist. Dies steht hinsichtlich des Fleisches bezw. Fettes jener Kuh nicht fest. Zur Versetzung in die Kategorie verdorbenen Fleisches berechtigt nicht der bloße Umstand, daß das Thier, von welchem das Fleisch rc. herrührt, ohne Schlachtung gestorben ist. Entscheidend hierfür ist auch nicht ein bloßer bezüglich des etwaigen Vorhandenseins einer inneren Krankheit aus der Ununtersuchtheit der Kuh vor ihrer Zertheilung sich ergebender Verdacht, da das Gesetz nicht schon an den bloßen Verdacht mangelhafter Beschaffenheit oder an die Unterlassung der Beobachtung gewisser Vorschriften oder Regeln zur Prüfung der Mangellosigkeit den Begriff des Verdorbenseins geknüpft hat und auch nicht etwa die allgemeine Anschauung schon hierin ein Verdorbensein desselben erblickt. RG. I Straffenat v. 12. 1. 82. E. V, 343.

Rechtlich steht demnach nichts entgegen, das Fleisch ungeborener Kälber, welches, durch den Tod der Mutter in seinem natürlichen Entwickelungsprozesse zum normalen Fleische gehindert, auf einer Stufe geringeren Nahrungswerthes im Verhältniß zum letzteren steht und dem Publikum angeboten und verkauft wird, wenn auch nicht als geeignet, die menschliche Gesundheit zu beschädigen im Sinne des § 12, Ziff. 1, so doch als verdorbenes Kalbfleisch zu erachten und, wenn die übrigen Voraussetzungen des gedachten § 10, Ziff. 2 zutreffen, diesen zur Anwendung zu bringen. RG. II. Straffenat v. 3. 1. 82. R. IV, 8. E. V, 287. Vgl auch RG. III. Straffenat v. 27. 9. 83 R. V, 552.

Nicht jede quantitative Veränderung bezw. Verringerung des normalen Nährwerthes eines Nahrungsmittels kann mit dem Prädikat „verdorben" bezeichnet werden. Insbesondere hat Fleisch diese Eigenschaft nicht nothwendig schon dann, wenn es mager oder sehr mager und vielleicht nicht in demselben Maße nahrhaft ist, wie Fleisch von größerem Fettgehalt, weil diese Eigenschaft auch in der mangelhaften Ernährung oder in dem hohen Alter eines völlig gesunden Thieres ihren Grund haben kann. RG. III. Straffenat v. 9. 7. 83. R. V, 510.

Für Fleisch giebt Ostertag (L. VIII S 103) folgende Definition des Verdorbenseins:

„Verdorben im Sinne des NMG. ist alles Fleisch, welches, ohne gesundheitsschädlich zu sein,

a) erhebliche Veränderungen seiner Substanz zeigt, oder
b) von Thieren stammt, welche mit einer erheblichen Krankheit belastet waren."

Ein Gegenstand ist verdorben, wenn sein Genuß Ekel erregt, und zwar nicht bloß etwa bei dieser oder jener einzelnen Person nach deren individuellem Geschmack, sondern nach der allgemeinen Anschauung oder doch nach der Anschauung derjenigen Bevölkerungsklasse, welcher die Kauflustigen angehören. Von diesem Gesichtspunkt ist es für nicht rechtsirrthümlich erachtet, das ausgesottene Fett von einem finnigen Schweine, auch wenn nicht gerade feststeht, daß gerade in den verarbeiteten Felttheilen sich Finnen befunden haben, für verdorben zu erachten, indem davon ausgegangen wird, daß dasselbe, wenn es auch als Nahrungsmittel an und für sich nicht ungeeignet ist, doch vermöge des dabei verwendeten Grundstoffes und des dadurch im kaufenden Publikum bestehenden Widerwillens oder Ekels dagegen, bei Kenntniß des wahren Sachverhalts entweder gar nicht gekauft oder wenigstens nicht mit dem bei normaler Herkunft dafür zuzubilligenden Preis bezahlt würde (Urth. II v. 25. 3. 84).

Eine bloße Ansicht des Publikums, daß ein Nahrungsmittel minderwerthig oder mindertauglich zur Nahrung sei, während es möglich bleibt, daß dasselbe in Wahrheit gleichen Nahrungswerth und gleiche Tauglichkeit zur Nahrung, wie ein normales, besitzt, genügt zur Annahme der Eigenschaft des Verdorbenseins nicht. Soweit es überhaupt auf die Ansicht des Publikums ankommt, kann dieselbe nur in Verbindung mit einer objektiven Eigenschaft des Nahrungsmittels, wodurch eine die Benützung desselben zur Nahrung beeinträchtigende Wirkung thatsächlich herbeigeführt wird, entscheiden (Urth. III v. 28. 9. 85).

Dasselbe Urtheil spricht sich dahin aus, es sei zur Erfüllung des Thatbestandes nothwendig, daß die verdorbene Beschaffenheit zur Zeit des Verkaufs zugegen sei.

Verdorbensein im Sinne des § 10² des Gesetzes vom 14. Mai 1879 ist auch dann anzunehmen, wenn die Abweichungen von der normalen Beschaffenheit ihren Grund in einer vor dem Schlachten vorhanden gewesenen Krankheit haben und mit Werthverminderung und Ekelerregung bei dem Publikum im allgemeinen verbunden sind (Urth. IV v. 2 11 86). Es handelte sich um den Verkauf einer krank geschlachteten Kuh, deren Eingeweide und Innenseite der Rippen, nicht das Fleisch selbst, beim Ausweiden voll von Tuberkeln waren, als gesundes, unverdorbenes Fleisch nach Entfernung der „ekelerregenden Geschwüre".

Eine Reichsgerichtsentscheidung v. 5. 10. 89 besagt: Das positive Moment des Verdorbenseins besteht in einer Veränderung des ursprünglich vorhanden gewesenen oder des normalen Zustandes des Nahrungs- oder Genußmittels zum schlechteren mit der Folge verminderter Tauglichkeit und Verwerthbarkeit zu einem bestimmten Zwecke.

Der bloß in der Vorstellung der Konsumenten beruhende Ekel ohne *objektive Grundlage verdient keine Berücksichtigung.* Nur eine objektiv ekelerregende Beschaffenheit eines Nahrungsmittels ist geeignet, den Begriff des Verdorbenseins zu erfüllen. *Die frühere Verbindung des Fleisches mit ekelerregenden Theilen schafft an sich noch nicht die erforderliche objektive Grundlage.* „Den Anschauungen des Publikums ist allerdings zunächst Rechnung zu tragen, der Gerichtshof war aber der Meinung, daß im konkreten Falle, wo es sich um Personen handelt, die ihr Fleisch beim Abdecker holen, die Annahme eines Ekels seitens dieser Käufer, die ein tadelloses Fleisch zu erhalten nicht erwarten können, nicht gerechtfertigt sei. Es ist also nicht gerechtfertigt, wenn der bloße frühere Zusammenhang des verkauften Fleisches mit einem ekelerregenden Fleische nach Lage der Sache als genügend erachtet worden ist, um die später getrennten und verkauften Theile *als eklig oder gar verdorben* anzusehen" (Urth. I 94), durch L. VIII S. 94.

Neuerdings hat das Reichsgericht in einem Urtheile vom 5. 2. 95 (E. Bd. XXVI) den Begriff des Verdorbenseins im Sinne des § 367^{7} des StrGB. analog demjenigen im Sinne des § 10^{2} des NMG. durch folgende Ausführungen interpretirt: „Als verdorben im Sinne des einen und des anderen der oben angezogenen Gesetze gelten Nahrungsmittel, die entweder nach ihrer fertigen Herstellung oder bereits in ihrem Entwickelungsstadium nachtheilige Veränderungen erlitten haben, durch welche ihre Tauglichkeit und Verwerthbarkeit entweder g a n z a u f g e h o b e n o d e r i m V e r g l e i c h e z u d e m n o r m a l e n Z u s t a n d e g e m i n d e r t w o r d e n i s t. . . . A l l e i n i n s o w e i t d a s V e r d o r b e n s e i n e i n e r z u m V e r k a u f e g e b r a c h t e n W a a r e n u r a u s d e r A b w e i c h u n g v o n d e m N o r m a l e n h e r g e l e i t e t w e r d e n s o l l, m u ß d e r v e r m u t h l i c h e W i l l e d e r d e n V e r k a u f s c h l i e ß e n d e n P e r s o n e n, d i e E r w a r t u n g, w e l c h e n a c h d e n U m s t ä n d e n d e s F a l l e s d e r K ä u f e r h i n s i c h t l i c h d e r B e s c h a f f e n h e i t d e r W a a r e h e g e n d u r f t e, f ü r d i e B e s t i m m u n g d e s N o r m a l e n a l s m a ß g e b e n d a n g e s e h e n w e r d e n. Da nun nach den hier (im vorliegenden Falle) getroffenen Feststellungen das von dem Angeklagten verkaufte Fleisch zum Genusse für Menschen nicht überhaupt untauglich war, eine Abweichung von dem normalen Zustande nur insofern vorlag, als das Fleisch weniger haltbar war u n d d i e K ä u f e r v o n d e m T h a t u m s t a n d e, i n w e l c h e m d i e M i n d e r u n g d e r H a l t b a r k e i t i h r e n G r u n d h a t t e, i n K e n n t n i ß gesetzt worden waren, eine bessere Beschaffenheit der gekauften Waaren also nicht erwarten konnten, so fehlt es an der nothwendigen Voraussetzung für die Annahme des Verdorbenseins . ." L. VIII S. 108.

Specieller Theil.

I.

Gesetz, betreffend
den Verkehr mit Nahrungsmitteln, Genußmitteln und Gebrauchsgegenständen

vom 14. Mai 1879.

(Reichsgesetzblatt 1879 S. 145.)

Wir Wilhelm, von Gottes Gnaden Deutscher Kaiser, König von Preußen ꝛc.

verordnen im Namen des Reichs, nach erfolgter Zustimmung des Bundesraths und des Reichstags, was folgt:

§ 1.

Der Verkehr[1]) mit Nahrungs-[2]) und Genußmitteln,[2]) sowie mit Spielwaaren, Tapeten, Farben,[3]) Eß-,[4]) Trink-[4]) und Kochgeschirr[4]) und mit Petroleum[5]) unterliegt der Beaufsichtigung nach Maßgabe dieses Gesetzes.[6])

1) Siehe den allgemeinen Theil S. 1.

2) desgl. S. 8.

3) Siehe Ges. v. 5. 7. 87.

4) Siehe Ges. v. 25. 6. 87.

5) Vgl. Kaiserliche Verordnung v. 24. 2. 82.

6) Nach den Bestimmungen der §§ 1, 2 und 10 des NMG. v 14 5. 1879 erscheint es unzweifelhaft, daß die Verkaufslokale der Konsumvereine, selbst wenn in denselben die Waaren nur für Mitglieder feilgehalten werden, ebenso unter diese Bestimmung fallen, wie die Geschäftslokale der freien Gewerbetreibenden. Erlaß der Minister d. Innern u. der Medizinalangelegenheiten v. 8. 4. 91. L. IX Bd. II, 20.

Die Aufsicht erstreckt sich nicht auf die dem Verordnungsrecht (§ 5 u. 6) vorbehaltenen Punkte.

§ 2.

Die Beamten der Polizei[1]) sind befugt, in die Räumlichkeiten, in welchen Gegenstände der in § 1 bezeichneten Art feilgehalten[2]) werden, während der üblichen Geschäftsstunden,[3]) oder während die Räumlichkeiten dem Verkehr geöffnet sind, einzutreten.

Sie sind befugt, von den Gegenständen der in § 1 bezeichneten Art, welche in den angegebenen Räumlichkeiten sich befinden, oder welche an öffentlichen Orten, auf Märkten, Plätzen, Straßen oder im Umherziehen verkauft oder feilgehalten werden, nach ihrer Wahl Proben zum Zwecke der Untersuchung gegen Empfangsbescheinigung zu entnehmen.[4]) Auf Verlangen ist dem Besitzer ein Theil der Probe amtlich verschlossen oder versiegelt

zurückzulassen. Für die entnommene Probe ist Entschädigung in Höhe des üblichen Kaufpreises zu leisten.[5])

1) Siehe § 4.

2) Siehe den allgemeinen Theil S. 1.

3) Die Grenzen der üblichen Geschäftszeit lassen sich im Gesetze nicht bestimmen. Sie sind allein nach der in dem konkreten Geschäft herrschenden Gewohnheit zu bestimmen. Sollte während der „üblichen Geschäftsstunden" das Geschäft geschlossen sein, so darf der Polizeibeamte gleichwohl eintreten, ebenso wie ihm der Eintritt gestattet ist, wenn das Geschäft zu „nicht üblichen" Stunden offen ist.

Alle Räume, in denen Waaren feilgehalten werden, stehen den Beamten offen Das Durchsuchungsrecht bleibt in den Grenzen der StrPO.

4) Der Beamte darf die Proben selbst entnehmen und ist bei der Auswahl derselben auf keine Rücksichten anwiesen Er ist verpflichtet, eine Empfangsbescheinigung auszustellen. Die Höhe der Entschädigung wird sich nicht nach dem Verkaufs- sondern dem Einkaufswerthe richten, da der Geschäftsinhaber lediglich vor Schaden bewahrt werden soll und der Polizeibeamte nicht als Käufer erscheint.

Die Entschädigung braucht erst gezahlt zu werden, wenn durch event. Untersuchung festgestellt ist, daß die Waare einwandsfrei ist, da es sich event. um einzuziehende Gegenstände handeln kann.

Der eingesiegelte Theil der Probe ist mitzuvergüten. L. V, 326.

Vgl. auch das Ges. v 29 6. 87.

§ 3.

Die Beamten der Polizei sind befugt, bei Personen, welche auf Grund der §§ 10, 12, 13 dieses

Gesetzes zu einer Freiheitsstrafe verurtheilt sind, in den Räumlichkeiten, in welchen Gegenstände der in § 1 bezeichneten Art feilgehalten werden, oder welche zur Aufbewahrung oder Herstellung[1]) solcher zum Verkaufe[2]) bestimmter Gegenstände dienen, während der in § 2 angegebenen Zeit Revisionen vorzunehmen.

Diese Befugniß beginnt mit der Rechtskraft des Urtheils und erlischt mit dem Ablauf von drei Jahren, von dem Tage an gerechnet, an welchem die Freiheitsstrafe verbüßt, verjährt oder erlassen ist.

1) Im Gegensatz zu § 2 ist hier die Befugniß auch auf die Herstellungsräume ausgedehnt.

2) Die im § 3 zugestandene Revisionsbefugniß erstreckt sich nur auf zum Verkauf bestimmte Gegenstände. Der Begriff des „Verkehrs“ und „In Verkehr bringends“ ist wesentlich weiter. Siehe S. 5.

§ 4.

Die Zuständigkeit der Behörden und Beamten zu den in §§ 2 und 3 bezeichneten Maßnahmen richtet sich nach den einschlägigen landesrechtlichen[1]) Bestimmungen.

Landesrechtliche Bestimmungen, welche der Polizei weitergehende Befugnisse als die in §§ 2 und 3 bezeichneten geben, bleiben unberührt.

1) Der Entwurf des Gesetzes hatte hier das Wort „landesgesetzliche“ gebraucht. Um jedoch auch äußerlich zum zweifellosen Ausdruck zu bringen, daß alle im Ver-

ordnungswege 2c. ergangenen Bestimmungen den „gesetzlichen“ im engeren Sinne gleichgestellt sein sollen, wurde „landesrechtliche“ dafür gesetzt.

§ 5.

Für das Reich können durch Kaiserliche Verordnung mit Zustimmung des Bundesraths zum Schutze der Gesundheit Vorschriften erlassen werden, welche verbieten:[1])

1. bestimmte Arten der Herstellung, Aufbewahrung und Verpackung von Nahrungs- und Genußmitteln, die zum Verkaufe bestimmt sind;
2. das gewerbsmäßige Verkaufen und Feilhalten von Nahrungs- und Genußmitteln von einer bestimmten Beschaffenheit oder unter einer der wirklichen Beschaffenheit nicht entsprechenden Bezeichnung;
3. das Verkaufen und Feilhalten von Thieren, welche an bestimmten Krankheiten leiden, zum Zwecke des Schlachtens, sowie das Verkaufen und Feilhalten des Fleisches von Thieren, welche mit bestimmten Krankheiten behaftet waren;
4. die Verwendung bestimmter Stoffe und Farben zur Herstellung von Bekleidungsgegenständen, Spielwaaren, Tapeten, Eß-, Trink- und Kochgeschirr, sowie das gewerbsmäßige Verkaufen und Feilhalten von Gegen-

ständen, welche diesem Verbote zuwider hergestellt sind;[2])

5. das gewerbsmäßige Verkaufen und Feilhalten von Petroleum von einer bestimmten Beschaffenheit.[3])

1) Die Kaiserlichen Verordnungen können zwar dem Buchstaben nach keine positiven Bestimmungen treffen, sondern nur Verbote erlassen. Thatsächlich ist eine solche Beschränkung jedoch nicht vorhanden, da eben bei einer bestimmten Anordnung alles übrige als verboten zu gelten hat. Vgl. auch Gewerbeordnung § 6 Abs. 2 und die auf Grund derselben erlassenen Kaiserlichen Verordnungen.

2) An Stelle der auf Grund dieser Bestimmung erlassenen Kaiserlichen Verordnung ist das Ges. v. 5. 7. 87 getreten.

3) Vgl. die Verordnung v. 24. 2. 82.

§ 6.

Für das Reich kann durch Kaiserliche Verordnung mit Zustimmung des Bundesraths das gewerbsmäßige Herstellen, Verkaufen und Feilhalten von Gegenständen, welche zur Fälschung von Nahrungs- oder Genußmitteln bestimmt sind, verboten oder beschränkt werden.[1])

1) Auf Grund dieser Bestimmung ist bisher nur die Verordnung v. 1. 2. 91 (s. d. Anhang) erschienen.

§ 7.

Die auf Grund der §§ 5, 6 erlassenen Kaiserlichen Verordnungen sind dem Reichstag, sofern er versammelt ist, sofort, anderenfalls bei dessen nächstem Zusammentreten vorzulegen. Dieselben sind außer Kraft zu setzen, soweit der Reichstag dies verlangt.[1])

1) Einer besonderen Bestätigung durch den Reichstag bedarf es nicht.

Verlangt der Reichstag die Außerkraftsetzung einer Verordnung, so tritt die Wirkung erst mit der bez. Verordnung ein; der Reichstag selbst kann die Ungültigkeitserklarung nicht beschließen.

Strafbestimmungen.

§ 8.[1])

Wer den auf Grund der §§ 5, 6 erlassenen Verordnungen zuwiderhandelt, wird mit Geldstrafe bis zu einhundertfünfzig Mark oder mit Haft bestraft.

Landesrechtliche Vorschriften dürfen eine höhere Strafe nicht androhen.

1) Zuständig zur Aburtheilung sind die Schöffengerichte.

§ 9.

Wer den Vorschriften der §§ 2—4 zuwider den Eintritt in die Räumlichkeiten, die Entnahme einer Probe oder die Revision verweigert, wird mit Geldstrafe von fünfzig bis zu einhunderfünfzig Mark oder mit Haft bestraft.[1])

1) Die Strafbestimmung des § 9 betrifft nur den passiven Widerstand. Im übrigen kommen gemäß § 73 StrGB. die härteren Strafandrohungen der §§ 113 ff.

StrGB. in Anwendung. Wie lange sich der Polizeibeamte in den qu. Räumen aufhalten will, ist seinem eigenen Ermessen überlassen.

Siehe die Anm. zu § 8.

§ 10.[1])

Mit Gefängniß bis zu sechs Monaten und mit Geldstrafe bis zu eintausendfünfhundert Mark oder mit einer dieser Strafen wird bestraft:[2])

1. wer zum Zwecke der Täuschung[3]) im Handel und Verkehr[4]) Nahrungs-[5]) oder Genußmittel[5]) nachmacht[6]) oder verfälscht;[7])
2. wer wissentlich[8]) Nahrungs[5]) oder Genußmittel,[5]) welche verdorben[9]) oder nachgemacht[6]) oder verfälscht[7]) sind, unter Verschweigung dieses Umstandes verkauft[10]) oder unter einer zur Täuschung[3]) geeigneten Bezeichnung feilhält.[11])

1) a. Die §§ 10 und 11 behandeln die Lebensmittelverfälschung ohne Gefährdung der menschlichen Gesundheit. Ihre Anwendbarkeit hat zur Voraussetzung, daß eine Täuschung stattgefunden. War dem Empfänger der Waare ihre Beschaffenheit bekannt, so liegt eine strafbare Handlung nicht vor. Vgl. RG. v. 29. 9. 94. L. VIII, 90.

b. Zuständig zur Aburtheilung sind die Strafkammern, doch ist Ueberweisung an die Schöffengerichte zulässig. GVG. § 75, Ziffer 14.

Der Versuch ist nicht strafbar.

c) Wegen des Verhältnisses des § 10 zu §§ 263 u. 367,7 RStrGB. vgl. RG. v. 14. 7. 81, bei Nachmachen allgem. Theil S. 17 u. RG. v. 9. 5. 92. E. VI, 268.

2) Ein preußischer Runderlaß der Minister des Handels, des Innern und der Medizinalangelegenheiten v. 14. 9. 83 hat auf Vorstellungen mehrerer Handelskammern ausgeführt, daß die Auslegung des § 10 NMG. sich nicht ausschließlich auf die dem Gesetzentwurf beigegeben gewesenen „Materialien", welche von ganz anderen Gesichtspunkten als denen des Handels und Gewerbes ausgingen, stützen durfe. Die Regierungspräsidenten sollten die ihnen nachgeordneten Polizeiorgane instruiren, daß vor der Einleitung von Strafverfolgungen in allen zweifelhaften Fällen die gewerblichen und Handelsinteressen zu berücksichtigen seien, zugleich aber auch, daß es nicht in der Absicht liege, die Verfolgungen wirklich gesundheitsschädlicher Verfälschungen einzuschränken. Der Justizminister hat die Justizbehörde mit gleicher Anweisung versehen.

3) Die Täuschung setzt im Gegensatz zum Betruge keine Vermögensschadigung oder gewinnsüchtige Absicht voraus.

Nach einem Urtheile des Reichsgerichts ist außer der Fabrikation eines nachgemachten oder verfälschten Nahrungs- oder Genußmittels nicht die Vornahme einer weiteren Handlung, sondern der Zweck, den die Handlung der Fabrikation verfolgt, also ein inneres Moment, entscheidend. Ferner ist es nicht erheblich, wem gegenüber, ob etwa einem bestimmten Abnehmer oder ob überhaupt dem unmittelbaren Abnehmer gegenüber die Täuschungsabsicht bestanden hat, es genügt, daß sie überhaupt bestanden hat.

„Diesen Zweck (der Täuschung) verfolgt die Fabrikation nicht bloß dann, wenn der unmittelbare Abnehmer des nachgemachten oder verfälschten Nahrungs- oder Genußmittels über die wahre Beschaffenheit desselben in Unkenntniß gelassen wird, sondern auch dann, wenn sie bewußtermaßen dazu dient, trotz einer Aufklärung des unmittelbaren Abnehmers über die Beschaffenheit der

Waaren das aus der Ha..d dieses Abnehmers — sei es unmittelbar oder mittelbar — Nahrungs- oder Genußmittel erwerbende Publikum zu täuschen Damit wird der Fabrikant nicht straffällig für eine fremde Handlung, wie denn auch behufs seiner unter § 10, Ziffer 1 fallenden Strafbarkeit gar keine Handlung einer Person außer ihm erfordert wird, sondern er ist straffällig für eine eigene Handlung, die aber den in § 10, Ziffer 1 bezeichneten inneren Charakter trägt Ob derselbe vorhanden und aus welchen Umständen derselbe zu entnehmen ist, fällt in das Gebiet der thatsächlichen Feststellung." In dem vorliegenden Falle handelte es sich um Nachmachung von Wein, und es war vom Gericht angenommen worden, die Angeklagten hätten mit dem Bewußtsein gehandelt, es werde der durch sie fabrizirte Kunstwein von ihren Abnehmern den Kunden derselben als echter Wein verkauft werden.

RG. v. 17 1. 81 E. III, 274. R. II, 735. Durch L XI, 52—53

4) Siehe den allgemeinen Theil S 5.

5) desgl. S. 8.

6) desgl. S. 12.

7) desgl S. 18

8) Vgl. das Urtheil des RG. v. 5 10. 81 im allgemeinen Theil, S. 36 ff

9) Siehe den allgemeinen Theil S. 36

10) desgl. S. 5.

11) desgl S. 1.

§ 11.

Ist die im § 10 Nr. 2 bezeichnete Handlung aus Fahrlässigkeit [1]) begangen worden, so tritt Geldstrafe bis zu einhundertfünfzig Mark oder Haft ein.

1) Die Fahrlässigkeit wird entweder in einer falschen Gesetzesauslegung zu finden sein, also z. B. in einer

Verkennung der Begriffe Verfälschen, Nachmachen zc. oder, im Gegensatz zur „Wissentlichkeit" des § 10 in der Nichterfüllung seiner Pflicht, sich über die von ihm verkauften oder feilgehaltenen Waaren genügende Kenntniß zu verschaffen. Für das Vorhandensein einer Fahrlässigkeit ist es nicht entscheidend, ob durch Gesetz oder Verordnung eine Handlung geboten ist. RG. III v. 15. 2. 82. L VIII, S 99

Wegen des Verhältnisses zu § 367,7 RStrGB. vgl RG. II. Strafsenat v 9. 5. 82. E. VI, 268; R. IV, 451.

Der Versuch ist nicht strafbar.

§ 12.[1])

Mit Gefängniß, neben welchem auf Verlust der bürgerlichen Ehrenrechte erkannt werden kann, wird bestraft:[2])

1. wer vorsätzlich[3]) Gegenstände, welche bestimmt sind, Anderen als Nahrungs-[4]) oder Genußmittel[4]) zu dienen, derart herstellt, daß der Genuß derselben die menschliche Gesundheit zu beschädigen geeignet ist, ingleichen, wer wissentlich Gegenstände, deren Genuß die menschliche Gesundheit zu beschädigen[5]) geeignet ist, als Nahrungs-[4]) oder Genußmittel[4]) verkauft,[6]) feilhält[7]) oder sonst in Verkehr bringt;[8])
2. wer vorsätzlich Bekleidungsgegenstände, Spielwaaren, Tapeten, Eß-, Trink-[9]) oder Kochgeschirr[10]) oder Petroleum[11]) derart herstellt, daß der bestimmungsgemäße oder vorauszusehende Gebrauch[12]) dieser Gegenstände die

menschliche Gesundheit zu beschädigen geeignet ist, ingleichen, wer wissentlich solche Gegenstände verkauft,[6]) feilhält[7]) oder sonst in Verkehr bringt.[8])

Der Versuch ist strafbar.

Ist durch die Handlung eine schwere Körperverletzung oder der Tod eines Menschen verursacht worden, so tritt Zuchthausstrafe bis zu fünf Jahren ein.

1) Ueber das Verhältniß der §§ 12 u. 13 NMG. zu § 324 StrGB. äußerte sich das Reichsgericht am 11. 5. 88 dahin, daß die §§ 12 und 13 sich bezüglich ihres objektiven Thatbestandes als Erweiterung und Ausdehnung des § 324 erweisen, weshalb auch der subjektive Dolus bei Verletzung der §§ 12, 13 nicht auf den engen Rahmen des § 324 und der §§ 12, 13 allerdings insofern die gleichen, als für diesen in beiden Fällen die Kenntniß der Gefährlichkeit bezw. Gesundheitsschädlichkeit der benutzten Stoffe und die trotzdem erfolgte Herstellung oder Veräußerung der fraglichen Stoffe gefordert werde.

2) Zuständig zur Aburtheilung sind die Strafkammern der Landgerichte. § 73 GVG.

3) Vorsätzlich = Wissentlich. Die Wissenschaft der Schädlichkeit ist dem Verkäufer bezw. Verfertiger nachzuweisen. Das Moment der Täuschung ist im Gegensatz zu § 10 nicht erforderlich.

4) Vgl. den allgemeinen Theil S 8

5) Zu beachten bleibt der in den §§ 12 und 13 gemachte Unterschied zwischen Schädigung der Gesundheit (§ 12) und Zerstörung derselben (§ 13). Nach Meyer u Finkelnburg ist das technische Kriterum einer bloßen Gesundheitsbeschädigung darin zu finden, daß dieselbe vorübergeht, ohne schwere oder gar dauernde

Störungen in den körperlichen oder geistigen Verrichtungen nach sich zu ziehen, während man einem Gegenstande die Eigenschaft, die Gesundheit zu zerstören, beilegen wird, wenn der Genuß desselben den Tod oder die im § 224 RStrGB. bezeichneten oder solche Folgen haben kann, welche an Wichtigkeit mit jenen in gleiche Linie zu stellen sind.

Die Gesundheitsschädlichkeit ist eine objektive Eigenschaft und deshalb unabhängig davon zu beantworten, ob in einem bestimmten Falle eine Gesundheitsschädigung möglich war oder eingetreten ist.

Von Einfluß ist, ob ein Nahrungs- oder Genußmittel die schädliche Wirkung bei bestimmungsmäßigem bezw. üblichem Gebrauch hat. Ist die Gefahr nicht bei allen gebräuchlichen Zubereitungsarten ausgeschlossen, so ist der Verkäufer strafbar. Außergewöhnliche Arten müssen dagegen die Verkäufer entlasten. Wollte z. B. Jemand rohe, mit Parasiten behaftete Leber essen, so thäte er das auf eigene Gefahr. Der Verkäufer würde nur gegen den § 10 verstoßen. RG. 9. 6 80. E. II, 178.

Zu berücksichtigen bleibt auch, daß in manchen Fällen der Genuß gewisser Quantitäten erforderlich ist, um eine Gesundheitsschädlichkeit zu bedingen. Ist nur der übermäßige Genuß schädlich, dann liegt auch der Thatbestand des § 12 nicht vor.

Unerheblich bleibt es, ob der Hersteller an sich unschädliche Stoffe durch die Zubereitung zu schädlichen gestaltet oder ob ein von vornhein für die menschliche Gesundheit schädlicher Stoff mit unschädlichen Ingredienzen verarbeitet wird. Ausschlaggebend ist nur die Beschaffenheit des fertigen Produktes. RG. 27. 10. 82. E. VII, 151.

Ob die Gesundheitsschädlichkeit mit oder ohne menschliches Zuthun eingetreten ist, bleibt für die Anwendung des § 12 gleichgiltig.

Eine ekelhafte Beschaffenheit ist noch nicht gleichbedeutend mit der Gesundheitsgefährlichkeit.

Die letztere ist eine objektive Eigenschaft, welche dem Gegenstande anhaften muß, und nicht abhängig gemacht werden kann von dem je nach dem Geschmacke, der Bildungsstufe und dem Wohlstande des einzelnen Käufers verschiedenen Grade der Abneigung und des Widerwillens gegen dessen Genuß. RG. II. Straffenat v. 5. 2. 82. E. VI, 256. R. IV, 231. Vgl. auch RG IV v. 8. 12. 93, L. VIII, S 98.

Im Uebrigen bleibt, wie bei § 10, Voraussetzung, daß die inkriminirte Beschaffenheit des betreffenden Nahrungsmittels bereits zur Zeit des Verkaufs 2c. vorhanden war. Vgl das Erkenntniß v. 28. 9. 85, im allgemeinen Theil bei „Verdorben sein" mitgetheilt.

6) Siehe den allgemeinen Theil S. 5.

7) desgl. S. 1. 8) desgl. S. 5.

9) Siphons sind keine Trinkgeschirre im Sinne des NMG RG. III. Senat v. 20. 3. 90. E. XX, 333. Vgl. das Ges v. 25. 6. 87.

10) Siehe auch das Ges. v. 25. 6. 87.

11) Hierüber ist die im Anhang zu diesem Gesetz abgedruckte Verordnung v. 24. 2 82 ergangen.

12) Der Verkäufer ist nicht für Verwendungen verantwortlich, welche nur bei einem Verschulden des Gebrauchenden oder sogar nur im Falle einer kriminellen That vorkommen können. RG. 1. Straffenat v. 19. 2. 85

§ 13.[1])

War in den Fällen des § 12 der Genuß[2]) oder Gebrauch[3]) des Gegenstandes die menschliche Gesundheit zu zerstören[4]) geeignet, und war diese Eigenschaft dem Thäter bekannt, so tritt Zuchthausstrafe bis zu zehn Jahren, und wenn durch die Handlung der Tod eines Menschen verursacht worden ist,

Zuchthausstrafe nicht unter zehn Jahren oder lebenslängliche Zuchthausstrafe ein.

Neben der Strafe kann auf Zulässigkeit von Polizeiaufsicht erkannt werden.

1) Zuständig zur Aburtheilung sind die Schwurgerichte.

2) § 12, Abs. 1; } vgl auch Anmerkg 12 zum vor-
3) § 12, Abs. 2; } hergehenden Paragraphen.

4) Vgl. Anmerkg. 5 zu § 12.

§ 14.

Ist eine der in den §§ 12, 13 bezeichneten Handlungen aus Fahrlässigkeit[1]) begangen worden, so ist auf Geldstrafe bis zu 1000 Mark oder Gefängnißstrafe bis zu sechs Monaten und, wenn durch die Handlung ein Schaden an der Gesundheit eines Menschen verursacht worden ist, auf Gefängnißstrafe bis zu einem Jahre, wenn aber der Tod eines Menschen verursacht worden ist, auf Gefängnißstrafe von einem Monat bis zu drei Jahren zu erkennen.[2])

1) Siehe die Anmerkg. zu § 11.

2) Zuständig sind die Strafkammern; Ueberweisung ist zulässig.

§ 15.

In den Fällen der §§ 12—14 ist neben der Strafe auf Einziehung der Gegenstände zu erkennen, welche den bezeichneten Vorschriften zuwider hergestellt, verkauft, feilgehalten oder sonst in Verkehr gebracht sind, ohne Unterschied, ob sie dem

Verurtheilten gehören oder nicht; in den Fällen der §§ 8, 10, 11 kann auf die Einziehung erkannt werden.

Ist in den Fällen der §§ 12—14 die Verfolgung oder die Verurtheilung einer bestimmten Person nicht ausführbar, so kann auf die Einziehung selbständig erkannt werden.

§ 16.[1])

In dem Urtheil oder dem Strafbefehl kann [2]) angeordnet werden, daß die Verurtheilung auf Kosten des Schuldigen öffentlich bekannt zu machen sei.

Auf Antrag des freigesprochenen Angeschuldigten hat[2]) das Gericht die öffentliche Bekanntmachung der Freisprechung anzuordnen; die Staatskasse trägt die Kosten, insofern dieselben nicht dem Anzeigenden ufaerlegt worden sind.

In der Anordnung ist die Art der Bekanntmachung zu bestimmen,

Sofern in Folge polizeilicher Untersuchung von Gegenständen der im § 1 bezeichneten Art eine rechtskräftige strafrechtliche Verurtheilung eintritt, fallen dem Verurtheilten die durch die polizeiliche Untersuchung erwachsenen Kosten znr Last. Dieselben sind zugleich mit den Kosten des gerichtlichen Verfahrens festzusetzen und einzuziehen.

1) Absatz 3 ist durch Ges. v. 29. 6. 87 hinzugekommen.

2) Während die Publikation eines verurtheilenden Erkenntnisses durch das Gericht angeordnet werden kann, muß das freisprechende publizirt werden, sofern

der Angeschuldigte es beantragt. Eine besondere Frist ist hierfür nicht bestimmt.

Eine Publikation auf Grund polizeilichen Strafbefehls (§ 11) ist ausgeschlossen.

Unzulässig wird die Publikation, wenn die Verurtheilung aus § 10, Ziffer 1 in idealer Konkurrenz mit § 263 RStrGB erfolgt. RG. v. 3. 5. 84. E. X, 206.

§ 17.

Besteht für den Ort der That eine öffentliche Anstalt zur technischen Untersuchung von Nahrungs- und Genußmitteln, so fallen die auf Grund dieses Gesetzes auferlegten Geldstrafen, soweit dieselben dem Staate zustehen, der Kasse zu, welche die Kosten der Unterhaltung der Anstalt trägt.

Urkundlich unter Unserer Höchsteigenhändigen Unterschrift und beigedrucktem Kaiserlichem Insiegel.

Gegeben Berlin, den 14. Mai 1879.

(L. S.) **Wilhelm.**

Fürst v. Bismarck.

Anhang zum Gesetz v. 14. 5. 1879.

a) Gesetz, betreffend die Abänderung des Gesetzes über den Verkehr mit Nahrungsmitteln, Genußmitteln und Gebrauchsgegenständen vom 14. Mai 1879. (RGBl. S. 145) vom 29. Juni 1887. (Reichs-Gesetzblatt 1887 Nr. 22 S. 276.)

Wir Wilhelm, von Gottes Gnaden Deutscher Kaiser, König von Preußen rc. verordnen im Namen des Reichs, nach erfolgter Zustimmung des Bundesraths und des Reichstags, was folgt:

Der § 16 des Gesetzes, betreffend den Verkehr mit Nahrungsmitteln, Genußmitteln und Gebrauchsgegenständen, vom 14. Mai 1879 (Reichs-Gesetzbl. S. 145) erhält folgenden Zusatz:

> Sofern in Folge polizeilicher Untersuchung von Gegenständen der im § 1 bezeichneten Art eine rechtskräftige strafrechtliche Verurtheilung eintritt, fallen dem Verurtheilten die durch die polizeiliche Untersuchung erwachsenen Kosten zur Last. Dieselben sind zugleich mit den Kosten des gerichtlichen Verfahrens festzusetzen und einzuziehen.

Urkundlich unter Unserer Höchsteigenhändigen Unterschrift und beigedrucktem Kaiserlichen Insiegel.

Gegeben Berlin, den 29. Juni 1887.

(L. S.) **Wilhelm.**

von Boetticher.

b) Kaiserliche Verordnung über das gewerbsmäßige Verkaufen und Feilhalten von Petroleum vom 24. Februar 1882. (Reichs-Gesetzblatt 1882 S. 40.)

Wir Wilhelm, von Gottes Gnaden Deutscher Kaiser, König von Preußen ꝛc., verordnen im Namen des Reichs, auf Grund des § 5 des Gesetzes vom

14 Mai 1879, betreffend den Verkehr mit Nahrungsmitteln, Genußmitteln und Gebrauchsgegenständen, nach erfolgter Zustimmung des Bundesraths, was folgt:

§ 1.

Das gewerbsmäßige Verkaufen und Feilhalten von Petroleum, welches unter einem Barometerstande von 760 mm, schon bei einer Erwärmung auf weniger als 21 Grade des hunderttheiligen Thermometers entflammbare Dämpfe entweichen läßt, ist nur in solchen Gefäßen gestattet, welche an in die Augen fallender Stelle auf rothem Grunde in deutlichen Buchstaben die nicht verwischbare Inschrift „Feuergefährlich" tragen.

Wird derartiges Petroleum gewerbsmäßig zur Abgabe in Mengen von weniger als 50 kg feilgehalten oder in solchen geringeren Mengen verkauft, so muß die Inschrift in gleicher Weise noch die Worte: „Nur mit besonderen Vorsichtsmaßregeln zu Brennzwecken verwendbar" enthalten.

§ 2.

Die Untersuchung des Petroleums auf seine Entflammbarkeit im Sinne des § 1 hat mittelst des Abel'schen Petroleumprobers unter Beachtung der von dem Reichskanzler wegen Handhabung des Probers zu erlassenden näheren Vorschriften zu erfolden.[1]).

Wird die Untersuchung unter einem anderen Barometerstande als 760 mm vorgenommen, so ist derjenige Wärmegrad maßgebend, welcher nach einer vom Reichskanzler zu veröffentlichenden Umrechnungstabelle unter dem jeweiligen Barometerstande dem im § 1 bezeichneten Wärmegrade entspricht.

1) Diese Bekanntmachung ist unter dem 20. 4. 1882 erfolgt.

Dieselbe enthält lediglich die technische Anleitung zur Ausführung der Untersuchungen und wird deshalb hier nicht abgedruckt.

§ 3.

Diese Verordnung findet auf das Verkaufen und Feilhalten von Petroleum in den Apotheken zu Heilzwecken nicht Anwendung.

§ 4.

Als Petroleum im Sinne dieser Verordnung gelten das Rohpetroleum und dessen Destillationsprodukte.

§ 5.

Diese Verordnung tritt mit dem 1. Januar 1883 in Kraft.

Urkundlich unter Unserer Höchsteigenhändigen Unterschrift und beigedrucktem Kaiserlichen Insiegel.

Gegeben Berlin, den 24. Februar 1882.

Wilhelm.

von Boetticher.

c) **Verordnung, betreffend das Verbot von Maschinen zur Herstellung künstlicher Kaffeebohnen vom 1. Februar 1891.** (Reichs-Gesetzblatt 1891 S. 11.)

Wir Wilhelm, von Gottes Gnaden Deutscher Kaiser, König von Preußen ꝛc. verordnen im Namen des Reichs auf Grund des § 6 des Gesetzes, betreffend den Verkehr mit Nahrungsmitteln ꝛc. vom 14. Mai 1879, nach erfolgter Zustimmung des Bundesraths, was folgt:

Das gewerbsmäßige Herstellen, Verkaufen und Feilhalten von Maschinen, welche zur Herstellung künstlicher Kaffeebohnen dienen, ist verboten.

Gegenwärtige Verordnung tritt mit dem Tage ihrer Verkündigung in Kraft.

Urkundlich unter Unserer Höchsteigenhändigen Unterschrift und beigedrucktem Kaiserlichem Insiegel.

Gegeben Berlin im Schloß,
den 1. Februar 1891.

(L. S.) **Wilhelm.**

von Boetticher.

Veranlassung zu dieser Verordnung gaben im Handel befindliche Kunstprodukte, besonders „Gassens Kunstkaffee". Mit diesem beschäftigte sich speziell der Ministerialerlaß v. 14. 6. 89. (L. IX 1889, 538) und der vom 3. 1. 90. (ibidem 1890, S. 217). auch die Bekanntmachung des Regierungs-Präsidenten von Oppeln v. 19. 1. 90. (L. X 1891, 312). Vgl. auch L. IX Bd. II. S. 127 u. 128.

II.

Gesetz, betreffend
den Verkehr mit blei- und zinkhaltigen Gegenständen.

Vom 25. Juni 1887.
(Reichsgesetzblatt 1887, S. 273.)

§ 1.[1])

Eß-,[2]) Trink-[3]) und Kochgeschirr, sowie Flüssigkeitsmaße[4]) dürfen nicht

1. ganz oder theilweise aus Blei oder einer in 100 Gewichtsteilen mehr als 10 Gewichtstheile Blei enthaltenden Metalllegirung hergestellt,
2. an der Innenseite mit einer in 100 Gewichtstheilen mehr als einen Gewichtstheil Blei enthaltenden Metalllegirung verzinnt oder mit einer in 100 Gewichtstheilen mehr als 10 Gewichtstheile Blei enthaltenden Metalllegirung gelöthet,
3. mit Email oder Glasur[5]) versehen sein, welche bei halbstündigem Kochen mit einem in 100 Gewichtstheilen 4 Gewichtstheile Essigsäure enthaltenden Essig an den letzteren Blei abgeben.

Auf Geschirre und Flüssigkeitsmaße aus bleifreiem Britanniametall findet die Vorschrift in Ziffer 3 betreffs des Lothes nicht Anwendung.

Zur Herstellung von Druckvorrichtungen zum Ausschank[6]) von Bier, sowie von Siphons[3]) für kohlensäurehaltige Getränke und von Metalltheilen für Kinder-Saugflaschen dürfen nur Metalllegirungen verwendet werden, welche in 100 Gewichtstheilen nicht mehr als einen Gewichtstheil Blei enthalten.

1) Das ganze Gesetz findet nur Anwendung, soweit es sich um für den menschlichen Bedarf bestimmte Gegenstände handelt. Vgl. RG. v. 2. 7. 81. R. III, 456. Die durch das Gesetz im Wesentlichen betroffenen Gegenstände und Gewerbe finden sich in brauchbarer Zusammenstellung in der im Anhang zu diesem Gesetz mitgetheilten Bekanntmachung des Polizeipräsidenten zu Berlin v. 20. 12. 88.

2) Auf starkbleihaltige (38,85 %) Löffel aus Frankreich macht der Runderlaß mehrerer Minister v. 14. 1. 95 aufmerksam. I.. IX, 41.

3) Hierzu ist jedoch zu bemerken, daß das RG. III. Straffenat am 20. 3. 90 (E. XX, 333) ausgeführt hat, daß Syphons nicht Trinkgeschirre im Sinne des § 12 NMG. sind. Während also die Herstellung, der Verkauf und Feilhalten solcher und ähnlicher Gegenstände strafbar ist, giebt das Gesetz keine Handhabe zum Einschreiten gegen denjenigen, der sich ihrer bloß als Abgabegefäße bedient, den Syphon 2c. also weder herstellt, noch feilhält oder mitverkauft.

4) Ob die Flüssigkeitsmaße etwa aus anderen Gesetzen nicht als solche anerkannt werden (Aichung!) ist hier unerheblich. Es kommt nur auf den thatsächlichen Gebrauch an.

5) Da nur in Ziff. 2 auf die Innenseite der Geschirre verwiesen ist, so müssen auch Außenglasuren und Emails den Anforderungen genügen.

6) Da nur dem Ausschank dienende Druckleitungen genannt sind, so bleiben die anderweitig benutzten, z. B. bei der Herstellung in Brauereien außer Betracht.

§ 2.

Zur Herstellung von Mundstücken für Saugflaschen, Saugringen und Warzenhütchen darf blei- oder zinkhaltiger Kautschuk nicht verwendet sein.

Zur Herstellung von Trinkbechern und von Spielwaren, mit Ausnahme der massiven Bälle, darf bleihaltiger Kautschuk nicht verwendet sein.

Zu Leitungen[1]) für Bier,[2]) Wein[2]) oder Essig[2]) dürfen bleihaltige Kautschukschläuche[3]) nicht verwendet werden.

1) Auf Faßhähne ist nach einem Erlaß des Handelsministers v. 9. 11. 91 (Min.Bl. S. 229) weder das Ges. v. 25. 6. 87 noch das NMG. anwendbar, so daß die Polizeibehörden auf Grund des § 10, II, 17 ALR. zum Verbot derselben aufgefordert werden.

2) Ob die genannten Genußmittel den strengen Anforderungen des NMG. genügen, dürfte für die Anwendbarkeit des Abs. 3 gleichgiltig sein.

3) Die Herstellung blei- oder zinkhaltiger Kautschukschläuche an sich ist nicht verboten, nur die Verwendung zu den genannten Zwecken.

§ 3.

Geschirre und Gefäße[1]) zur Verfertigung von Getränken und Fruchtsäften dürfen in denjenigen Theilen, welche bei dem bestimmungsgemäßen oder vorauszusehenden Gebrauche mit dem Inhalt in unmittelbare Berührung kommen, nicht den Vorschriften des § 1 zuwider hergestellt sein.

Konservenbüchsen[2]) müssen auf der Innenseite den Bedingungen des § 1 entsprechend hergestellt sein.

Zur Aufbewahrung von Getränken dürfen Gefäße nicht verwendet sein, in welchen sich Rückstände von bleihaltigem Schrote[3]) befinden. Zur Packung[4]) von Schnupf- und Kautabak, sowie Käse dürfen Metallfolien nicht verwendet sein, welche in 100 Gewichtstheilen mehr als einen Gewichtstheil Blei enthalten.

1) Während als Gefäße alle diejenigen Gegenstände aufzufassen sind, welche zum Aufbewahren von Flüssigkeiten geeignet bezw gebräuchlich sind, hat man unter Geschirren alles sonst noch benutzte Geräth zu verstehen.

2) Konservenbüchsen entfallen unter Abs. 1 u. 3. Bezüglich der Löthung derselben vgl den Anhang zu diesem Gesetz.

3) Das Reinigen von Flaschen mit Schrot ist eine weitverbreitete Methode; es handelt sich hier um aus Fahrlässigkeit nicht entfernte Schrotkörner.

4) Der Begriff der Packung setzt keine unmittelbare Berührung voraus.

§ 4.[1])

Mit Geldstrafe bis zu einhundertfünfzig Mark oder mit Haft wird bestraft:

1. wer Gegenstände der im § 1, § 2 Absatz 1 und 2, § 3 Absatz 1 und 2 bezeichneten Art

den daselbst getroffenen Bestimmungen zuwider gewerbsmäßig[2]) herstellt;[4])

2. wer Gegerstände, welche den Bestimmungen im § 1, § 2 Absatz 1 und 2 und § 3 zuwider hergestellt, aufbewahrt oder verpackt sind, gewerbsmäßig[2]) verkauft[3]) oder feilhält;[4])
3. wer Druckvorrichtungen, welche den Vorschriften im § 1 Absatz 3 nicht entsprechen, zum Ausschank von Bier oder bleihaltige Schläuche[5]) zur Leitung von Bier, Wein oder Essig gewerbsmäßig[2]) verwendet.

1) Zuständig zur Aburtheilung sind die Schöffengerichte.

2) Nur die gewerbsmäßige Uebertretung der Ziff. 1—3 ist strafbar. Nach RG. I. Straffenat v. 8. 4. 95 (s. Lebbin, Verkehr mit Heilmitteln und Giften, S. 242) ist darunter jede fortgesetzte, auf Erwerb gerichtete Thätigkeit zu verstehen.

3) Siehe den Allgemeinen Theil S. 5.

4) Siehe den Allgemeinen Theil S. 1.

5) Gemeint sind die Kautschukschläuche des § 2 Abs. 3.

§ 5.

Gleiche Strafe trifft denjenigen, welcher zur Verfertigung von Nahrungs- und Genußmitteln[2]) bestimmte Mühlsteine unter Verwendung[1]) von Blei oder bleihaltigen Stoffen an der Mahlfläche[2]) herstellt[1]) oder derartig hergestellte Mühlsteine zur Verfertigung von Nahrungs- oder Genußmitteln verwendet.[3])

1) Unter Herstellen wird man hier nicht nur die eigentliche Herstellung des Steines, sondern auch die Montirungsarbeiten zu verstehen haben

2) An anderen Seiten als der Mahlfläche können sich Bestandtheile beliebiger Art befinden.

3) Hierzu ergingen in den einzelnen Bundesstaaten inhaltlich gleiche Erlasse. Vgl. den im Anhang mitgetheilten Preuß Erlaß, betreffend die Verwendung von Blei in Getreidemühlen v. 31. 7. 97.

§ 6.

Neben der in den §§ 4 und 5 vorgesehenen Strafe kann[1]) auf Einziehung der Gegenstände, welche den betreffenden Vorschriften zuwider hergestellt, verkauft, feilgehalten oder verwendet sind, sowie der vorschriftswidrig hergestellten Mühlsteine erkannt werden.

Ist die Verfolgung oder Verurtheilung einer bestimmten Person nicht ausführbar, so kann auf die Einziehung selbständig erkannt werden.

1) Die Einziehung ist fakultativ. Die Person des Besitzers braucht mit der des Verurtheilten nicht identisch zu sein.

§ 7.

Die Vorschriften des Gesetzes, betreffend den Verkehr mit Nahrungsmitteln, Genußmitteln und Gebrauchsgegenständen, vom 14. Mai 1879 (Reichs-Gesetzbl. S. 145) bleiben unberührt. Die Vorschriften in den §§ 16, 17 desselben finden auch bei Zuwiderhandlungen gegen die Vorschriften des gegenwärtigen Gesetzes Anwendung.

§ 8.

Dieses Gesetz tritt am 1. Oktober 1888 in Kraft.[1])

Urkundlich unter Unserer Höchsteigenhändigen Unterschrift und beigedrucktem Kaiserlichen Insiegel.

Gegeben Berlin, den 25. Juni 1887.

(L. S.) **Wilhelm.**

von Boetticher.

1) Hierzu erging das hierunter folgende Gesetz v. 22. 3. 1888.

Anhang zum Gesetz v. 25. 6. 1887.

a) Gesetz, betreffend die Abänderung des Gesetzes über den Verkehr mit blei- und zinkhaltigen Gegenständen vom 25. Juni 1887 (Reichs-Gesetzbl. S. 273). Vom 22. März 1888. (RGBl. 1888 Nr. 13 S. 113.)

Wir Friedrich, von Gottes Gnaden Deutscher Kaiser, König von Preußen rc verordnen im Namen des Reichs, nach erfolgter Zustimmung des Bundesraths und des Reichstags, was folgt:

Die Vorschrift im § 8 des Gesetzes, betreffend den Verkehr mit blei- und zinkhaltigen Gegenständen, vom 25. Juni 1887 (Reichsgesetzbl. S. 273) wird dahin abgeändert, daß die Bestimmungen im § 4 Nr. 2, § 9 desselben Gesetzes auf das Feilhalten und Verkaufen von Konserven erst vom 1. Oktober 1889 ab Anwendung finden.

Urkundlich unter unserer Höchsteigenhändigen Unterschrift und beigedrucktem Kaiserlichen Insiegel.

Gegeben Charlottenburg, den 22. März 1888.

(L. S.) **Friedrich.**

von Boetticher.

b) Bekanntmachung des Polizeipräsidenten in Berlin vom 20. 12. 1888.

Seit dem 1. Oktober l. J. ist das Reichsgesetz vom 25. Juni 1887, betr. den Verkehr mit blei- und zinkhaltigen Gegenständen, mit der Ergänzung vom 22. März 1888, betr. die §§ 4 zu 2, 6 und 8 des ersteren in Kraft getreten.

Im Interesse der betheiligten Gewerbtreibenden bringe ich im Folgenden hierdurch im Allgemeinen diejenigen Erzeugnisse zur öffentlichen Kenntniß, welche durch die neuen gesetzlichen Bestimmungen getroffen werden, und weise auch im allgemeinen auf diejenigen Gewerbe hin, welche derartige Gegenstände herstellen oder in den Verkehr bringen.

Unter die Bestimmungen des Gesetzes vom 25. Juni 1887 fallen seit dem 1. Oktober d. J.:

§ 1. Teller, Schüsseln, Löffel, Becher, Kannen aus bleihaltigen Legierungen, Flüssigkeitsmaße (sämmtliche Maße, welche heute z. B. die Destillateure zum Ausschank von Spirituosen benutzen), Biergläser mit Metalldeckeln, wie sie in jeder Glashandlung stehen, die beliebten Steingutkrüge mit Metalldeckeln, die fast ausnahmslos entsprechende Legierungen enthalten.

§ 1². Sämmtliche sogenannten verzinnten Kochgeschirre, die weißen Metallgeschirre jeder Küche (Wasserschöpfer, Theekessel, Kasserolen, Fischkocher, Blechlöffel, Reibeeisen, kurz die Mehrzahl der weißen blanken Metallgeräthe der Küche).

Ferner jedes von einem Klempner gelöthete Geräth, da Weißblech sich nicht anders als durch Löthen für den praktischen Gebrauch dichten läßt.

§ 1³. Emaillirte und glasirte Geschirre. Hierher gehört sowohl emaillirtes Eisengeschirr — wie gußeiserne Töpfe, Pfannen 2c., emaillirtes Blechgeschirr, Eimer, Kessel, Milchgefäße 2c., endlich glasirtes irdenes Geschirr 2c., kurz die fremdartigsten Gegenstände.

§ 1[5] a. die Metalltheile der Bierdruckleitungen.
b. die sogenannten Siphonverschlüsse für Selterwasser- und Brauselimonaden
c. Metallröhren und Verschlüsse an Kindersaugflaschen.

§ 2. Kautschukgegenstände, wie Saugflaschenpfropfen, Saugringe, Warzenhütchen, Trinkbecher, Spielwaaren, Kautschukschläuche für Bier, Wein und Essig, welche theils bleifrei, theils blei- und zinkfrei sein sollen.

§ 3. Unter anderem mit Bleiglasur versehene Thongefäße.

§ 3[2]. In Weißblechverpackung im Handel befindliche, trockene und feuchte Conserven, sowohl pflanzlicher, wie thierischer Art, z. B kondensirte Milch, Kindermehl jeder Art, Fleischkonserven (Corned Beef 2c), Cakes aller Art, Fische, wie Appetit-Silds, Delikateßheringe 2c., Krebse, Hummern, Krabben, Gemüse 2c.

§ 3[3]. Unvorsichtiges Flaschenreinigen mittelst Schrot, unter Zurücklassung von Schrotrückständen in den Flaschen, also auch von Bleistreifen an der inneren Fläche der Flasche.

Die Verpackung von Schnupftabak, Kautabak und Käse, in mehr als 1 % Blei enthaltende Zinnfolie.

§ 5. Das Ausgießen von schadhaften Mühlsteinen mit Blei.

Daraus ergiebt sich, daß etwa folgende Gewerbebetriebe auf die Befolgung der neuen gesetzlichen Bestimmungen ihre Aufmerksamkeit richten müssen:

Zu § 1. Zinngießereien, Verzinnungsanstalten, Klempnereien (besonders betreffs der Löthung), Blechbüchsen und Kästenfabriken, Emaillirwerke, Töpfereien, Fabriken für Bierdruckgeräthe, sowie alle Verkaufsgeschäfte und Händler, welche Gegenstände der einschlagenden Art feilbieten oder verkaufen.

Zu § 2. Gummiwaarenfabriken und Handlungen mit derartigen Erzeugnissen, also auch Handlungen, welche derartige Spielwaaren feilhalten; letztere dürfen aus bleihaltigem Kautschuk nicht bestehen.

Zu § 3. Conservenfabriken und sämmtliche Geschäfte, welche solche verkaufen; die Strafbarkeit des Zuwiderhandelns tritt aber zufolge des eingangs erwähnten Ergänzungsgesetzes erst mit dem 1. Oktober 1889 ein. Ferner Tabak- und Cigarrenfabriken wie Handlungen; Käsereien und Käsehandlungen; Bier- und Weinhandlungen u. dgl. m.

Zu § 5. Mühlen.

u. s. w.

Der Polizeipräsident.

c) Preußischer Ministerialerlaß vom 31. 7 1897 betreffend die Verwendung von Blei in Getreidemühlen.

Bei Gelegenheit von Erhebungen über Massenerkrankungen durch bleihaltiges Mehl ist eine große Anzahl von Getreidemühlen ermittelt worden, in denen die Hauen der Mühlsteine immer noch mit Blei befestigt werden, obgleich dadurch die Gefahr der Herstellung bleihaltigen, gesundheitsgefährlichen Mehles entstehen kann. Da die Hauen ohne technische Schwierigkeiten auch durch Alaun, Cement, Schwefel, Holzkeile und Gips befestigt werden können, so erscheint es angezeigt, die veraltete Vorgießung mit Blei zu verbieten. Aus Billigkeitsrücksichten ist indessen den betheiligten Müllern, von denen namentlich die Besitzer kleinerer Betriebe in Folge dieses Verbots gezwungen sein werden, bessere und härtere Steine als die bisher benutzten anzuschaffen, zu gestatten, die noch vorhandenen Steine mit Bleibefestigung aufzubrauchen, was innerhalb Jahresfrist zu geschehen pflegt.

Euer . . . ꝛc. ersuchen wir hiernach, für die Provinz . . . . . . eine Polizeiverordnung folgenden Inhaltes zu erlassen:

„Zur Befestigung der Hauen in Mühlsteinen darf in Mühlen, die Getreide zum Genuß für Menschen oder Thiere verarbeiten, kein Blei verwendet werden.

Vorhandene derartige Bleibefestigungen müssen bis zum Schluß des Jahres 1898 entfernt werden."

Zugleich sind die Regierungspräsidenten, denen die Befugniß zur ausnahmsweisen Befreiung von den Vorschriften vorzubehalten ist, zu beauftragen, die Müller auf die Gefahr einer Vermischung der Bleiabfälle mit dem Mahlgute und auf die strafrechtlichen Folgen der Herstellung und des Vertriebes bleihaltigen, gesundheitsgefährlichen Mehles aufmerksam zu machen und die Gewerbeaufsichtsbeamten anzuweisen, auf den Betrieb der Mühlen, wo noch mit Blei befestigte Hauen vorhanden sind, besonders zu achten und die ordnungsmäßige Beschaffenheit der Befestigung gelegentlich zu kontrolliren.

Der Minister der 2c. Medizinalangelegenheiten.	Der Minister für Handel und Gewerbe.

An die Königl. Oberpräsidenten und den Königl. Regierungspräsidenten zu Sigmaringen.

d) **Betreffend Löthen der Konservenbüchsen ergingen in den einzelnen Bundesstaaten inhaltlich gleiche Erlasse, die preußischen folgen hier:**

1. vom 28. 7. 98.

Der Hamburger Senat hat zur Sprache gebracht, daß die Bestimmungen des Gesetzes, betr. den Verkehr mit blei- und zinkhaltigen Gegenständen, vom 25 Juni 1887 (R.-G.-Bl. S. 273), in Bezug auf Konservenbüchsen, die mit einer mehr als 10 % Blei enthaltenden Metallegirung zwar nur von außen gelöthet sind, jedoch auf der Innenseite eingedrungene Theile dieser Löthmasse aufweisen, nicht überall eine gleichmäßige Auslegung fänden Während an einzelnen Orten derartige Konservenbüchsen unbeanstandet zum Verkehr zugelassen würden, werde an anderen Orten die Herstellung und die Verwendung solcher Büchsen als ein Verstoß gegen das erwähnte Gesetz angesehen und strafrechtlich verfolgt.

Um den hieraus insbesondere für die betheiligten Handelskreise sich ergebenden Uebelständen abzuhelfen, hat der Senat die Herbeiführung einer gleichmäßigen Handhabung des Gesetzes und zwar im Sinne der strengeren, von den hamburgischen Behörden bisher vertretenen Auffassung in Anregung gebracht.

Ew. . . . . ersuchen wir um Auskunft, welche Wahrnehmungen etwa in dem dortigen Bezirke schon gemacht worden sind und ob sich gleichfalls eine Rechtsunsicherheit in Folge widersprechender Erkenntnisse der Gerichte oder abweichender Auffassungen der Polizeibehörden sowie ein Bedürfniß nach Abhülfe geltend gemacht hat.

Wir bemerken noch, daß die in Frage stehende Angelegenheit auch in der „Zeitschrift für öffentliche Chemie (Centralblatt für Nahrungs- und Genußmittel-Chemie sowie Hygiene)" — IV Jahrgang 1898 I. Heft S. 6 ff. — und in dem 1897 im Druck erschienenen Bericht des Hamburger hygienischen Instituts über die Nahrungsmittelkontrole in Hamburg bis zum Jahre 1896 - Seite 99 ff — besprochen ist.

2. vom 27. 12. 99.

Die Technik in der Herstellung von Konservenbüchsen hat in neuerer Zeit solche Fortschritte gemacht, daß Konservenbüchsen mit Löthmasse, welche von außen in das Innere gedrungen ist, nur noch selten vorkommen. Durch das mehr und mehr zur Anwendung gelangende Falzverfahren lassen sich die in Frage stehenden Gefäße derart herstellen, daß nur noch an einer einzigen Naht ein Verschluß mittelst Löthmasse erforderlich ist. Selbst wenn aber bei der Außenlöthung mittelst einer Legirung, welche mehr Blei enthält, als für Innenlöthungen zulässig ist, kleine Theile der Löthmasse an einer zufällig durchlässigen Stelle in das Innere der Büchse eindringen, ist eine ernstliche Gefährdung der menschlichen Gesundheit durch den Inhalt solcher Konservenbüchsen nicht gegeben. In der Herstellung und in dem Vertriebe solcher Büchsen kann auch kein Verstoß gegen das Gesetz, betr. den Verkehr mit blei- und zinkhaltigen Gegenständen, vom 25. Juni 1887 (R.-G.-Bl S. 273) erblickt werden.

Mit Bezug auf den Erlaß vom 28. Juli v. J. — M. d. g. A. M. 7117, M. d. Inn. II. 11 638, M. f. H. u. G. C. 5572 — wird hiervon Kenntniß gegeben, um eine gleichmäßige Behandlung der in Frage stehenden Buchsen im Sinne vorstehender Auffassung herbeizuführen.

e) Betreffs **bleihaltiger Metallpfeifen** sind in Folge einer Anregung des Reichsamts des Innnern inhaltlich gleiche Erlasse in den einzelnen Bundesstaaten ergangen (in Preußen am 8. 4. 98 (Minist. Bl. f. d. ges. innere Verwltg. S. 90), in Sachsen am 10. 3. 98, in Württemberg am 10. 3. 98 u. s. w). Der preußische Erlaß lautet:

Zuverlässigen Nachrichten zufolge wird seit einiger Zeit ein ziemlich umfangreicher Handel mit Metallpfeifen getrieben, welche einen der menschlichen Gesundheit schädlichen Bleigehalt aufweisen. Zumeist sollen diese Erzeugnisse die sich ihrer Billigkeit wegen eines großen Absatzes erfreuen, aus dem Auslande stammen.

Theils finden sie als Signalpfeifen, vorwiegend im Verkehrsgewerbe, im Eisenbahnbetriebe sowie bei Jagden Verwendung, theils sind sie zu Kinderspielzeugen bestimmt. Neuerdings bilden sie eine sehr beliebte Beigabe zu Knabenanzugen Wie vorgenommene Untersuchungen ergeben haben, enthalten manche dieser Pfeifen bis zu 86 % Blei, während nach sachverständiger Aeußerung ein Gehalt von 10 % Blei, wie ihn das Gesetz betreffend den Verkehr mit blei- und zinkhaltigen Gegenständen vom 25 6. 87 (R.-G.-Bl S. 273) für Eß-, Trink- und Kochgeschirr, sowie fur Flüssigkeitsmaaße äußersten Falles zuläßt, als die höchste zulässige Grenze auch hier zu betrachten ist.

Insoweit diese Pfeifen als Kinderspielzeuge in Betracht kommen, bieten die §§ 12 und 15 des NMG. geeignete Handhaben, um gegen den Verkehr mit gesundheitschädlichen Erzeugnissen dieser Art einzuschriten

Nach verschiedenen Mittheilungen sind neuerdings außer solchen Kinderpfeifen vielfach auch andere Spielsachen als stark bleihaltig gefunden worden. Es ist dies namentlich von Koch- und Eßgeschirr für Puppenküchen (Tassen, Schüssel, Teller, Schalen, Eßbestecke) sowie von Blasinstrumenten für Kinder (Trompetchen, Schreihähnen, Torpedoflöten, insbesondere deren Mundstücken) berichtet worden.

Sie wollen daher die mit dem Vollzuge des NMG. betrauten Behörden anweisen, ihre besondere Aufmerksamkeit dem Verkehre mit diesen Gegenständen zuzuwenden, von Zeit zu Zeit sich Proben der einschlägigen Waaren nach Maaßgabe des § 2 des NMG. zu beschaffen, einer sachverständigen Prüfung unterwerfen zu lassen und für den Fall, daß ein gesundheitschädlicher Bleigehalt sich ergiebt, strafrechtliches Einschreiten herbeizuführen.

Insoweit die Pfeifen als Signalinstrumente oder zu ähnlichen wirthschaftlichen Zwecken Verwendung finden, wird ein unmittelbares Einschreiten gegen den Verkehr mit diesen gesundheitsschädlichen Fabrikaten nicht angängig sein, weil die Bestimmungen des NMG. und des Gesetzes vom 25. 6. 87 in diesem Falle nicht zutreffen.

Es erscheint aber rathsam, im Wege öffentlicher Warnungen sowie durch entsprechende Verständigung der Ihnen nachgeordneten Behörden, in deren Bereich Metallpfeifen als Signalinstrumente Verwendung finden, den Gebrauch von Pfeifen, welche einen der menschlichen Gesundheit schädlichen Zusatz von Blei enthalten, thunlichst zu verhüten. Wir ersuchen, das zu diesem Zwecke Erforderliche zu veranlassen.

III.

Gesetz, betreffend die Verwendung gesundheitsschädlicher Farben bei der Herstellung von Nahrungsmitteln, Genußmitteln und Gebrauchsgegenständen.

Vom 5. Juli 1887.

(Reichsgesetzblatt 1887 S. 277.)

§ 1.

Gesundheitsschädliche Farben dürfen zur Herstellung von Nahrungs- und Genußmitteln, welche zum Verkauf bestimmt sind, nicht verwendet werden.

Gesundheitsschädliche Farben im Sinne dieser Bestimmung[1]) sind diejenigen Farbstoffe und Farbzubereitungen, welche Antimon, Arsen, Baryum, Blei, Cadmium, Chrom, Kupfer,[3]) Quecksilber, Uran, Zink, Zinn, Gummigutti, Korallin, Pikrinsäure enthalten.

Der Reichskanzler ist ermächtigt, nähere Vorschriften über das bei der Feststellung des Vorhandenseins von Arsen und Zinn anzuwendende Verfahren zu erlassen.[2])

1) Vgl. die Bestimmung des § 10.

2) Hiervon ist in der Bekanntmachung des Reichskanzlers v 10. 4. 88 (Centralbl. f. d D R Nr. 25) Gebrauch gemacht. Der Abdruck der rein technischen Anleitung unterbleibt hier.

3) Ueber die Verwendung des Kupfers zur Grünfärbung der Konserven (sog Reverdissage) ergingen in den einzelnen Bundesstaaten gleichlautende Erlasse.

§ 2.

Zur Aufbewahrung oder Verpackung von Nahrungs- und Genußmitteln, welche zum Verkauf bestimmt sind, dürfen Gefäße, Umhüllungen[1]) oder Schutzbedeckungen, zu deren Herstellung Farben der im § 1 Absatz 2 bezeichneten Art verwendet sind, nicht benutzt werden.

Auf die Verwendung von

schwefelsaurem Baryum (Schwerspath, blanc fixe),

Barytfarblacken, welche von kohlensaurem Barym frei sind,

Chromoxyd,
Kupfer, Zinn, Zink und deren Legirungen als Metallfarben,[2])
Zinnober,[3])
Zinnoxyd,
Schwefelzinn als Musivgold,
sowie auf alle in Glasmassen,[4]) Glasuren oder Emails eingebrannte Farben und auf den äußeren Anstrich von Gefäßen aus wasserdichten Stoffen

findet diese Bestimmung nicht Anwendung.

1) Auf die unmittelbare Berührung kommt es nicht an.
2) sogen. Broncefarben.
3) Wegen zinnoberhaltiger Lichte s. den Anhang.
4) Gemahlene Gläser, welche selbst wieder als Farbe dienen sollen, fallen nicht unter die Ausnahme.

§ 3.

Zur Herstellung von kosmetischen Mitteln,[1]) (Mitteln zur Reinigung, Pflege oder Färbung der Haut, des Haares oder der Mundhöhle), welche zum Verkauf bestimmt sind, dürfen die im § 1 Absatz 2 bezeichneten Stoffe nicht verwendet[2]) werden.

Auf schwefelsaures Baryum (Schwerspath, blanc fixe), Schwefelcadmium, Chromoxyd, Zinnober, Zinkoxyd, Zinnoxyd, Schwefelzink, sowie auf Kupfer, Zinn, Zink und deren Legirungen in Form von Puder findet diese Bestimmung nicht Anwendung.

1) Es handelt sich hier nur um Mittel, welche am gesunden Körper Anwendung finden sollen oder denen keine Heilwirkung beigelegt wird.

Für Heilmittel kann eine gesetzliche Beschränkung der Bestandtheile nicht gegeben werden. Ueber den Verkehr damit s. Kaiserl. Verordnung v. 27 1. 90 u. Nachträge; vgl. auch Lebbin, Verkehr mit Heilmitteln und Giften, Berlin 1900, August Hirschwald.

Andererseits unterliegen die wirklichen Kosmetika (s. d. Definition des § 3) nur den Bestimmungen dieses Gesetzes und sind deshalb bezüglich ihrer Verkehrsfreiheit unabhängig von der Form. Wegen etwaiger Kollisionen mit dem Verkehrsbegriff Gift vgl. die auf Grund des Bundesrathsbeschlusses v. 29. 11. 94 ergangenenen Landespolizeiverordnungen, auch das oben citirte Werkchen des Verfassers.

Auf die Brauchbarkeit des betreffenden Mittels für den angegebenen Zweck kommt es nicht an, sondern nur auf die Zweckbestimmung.

2) Ein Verwenden solcher Stoffe findet auch dann statt, wenn sie nicht direkt, sondern als Bestandtheile dritter Körper einem Kosmetikum einverleibt werden.

§ 4.

Zur Herstellung von zum Verkauf bestimmten Spielwaaren (einschließlich der Bilderbogen, Bilderbücher und Tuschfarben für Kinder), Blumentopfgittern und künstlichen Christbäumen dürfen die im § 1 Absatz 2 bezeichneten Farben nicht verwendet werden.

Auf die im § 2 Absatz 2 bezeichneten Stoffe, sowie auf

Schwefelantimon und Schwefelcadmium als Färbemittel der Gummimasse,

Bleioxyd in Firniß,

Bleiweiß als Bestandtheil des sogenannten Wachsgusses, jedoch nur, sofern dasselbe nicht ein Gewichtstheil in 100 Gewichtstheilen der Masse übersteigt,

chromsaures Blei (für sich oder in Verbindung mit schwefelsaurem Blei) als Oel- oder Lackfarbe oder mit Lack- oder Firnißüberzug,

die in Wasser unlöslichen Zinkverbindungen, bei Gummispielwaaren jedoch nur, soweit sie als Färbemittel der Gummimasse, als Oel- oder Lackfarben oder mit Lack- oder Firnißüberzug verwendet werden,

alle in Glasuren oder Emails eingebrannten Farben

findet diese Bestimmung nicht Anwendung.

Soweit zur Herstellung von Spielwaaren die in den §§ 7 und 8 bezeichneten Gegenstände verwendet werden, finden auf letztere lediglich die Vorschriften der §§ 7 und 8 Anwendung.

§ 5.

Zur Herstellung von Buch- und Steindruck[1]) auf den in den §§ 2, 3 und 4 bezeichneten Gegenständen dürfen nur solche Farben nicht verwendet werden, welche Arsen enthalten.

1) Es kommt natürlich nicht darauf an, ob die Farbe durch die gewöhnlichen Lettern oder einen Stein oder

dergl. übertragen wird, sondern das Verbot erstreckt sich auf alle analogen mechanischen Verfahren.

§ 6.

Tuschfarben[1]) jeder Art dürfen als frei von gesundheitsschädlichen Stoffen beziehungsweise giftfrei nicht verkauft[2]) oder feilgehalten[3]) werden, wenn sie den Vorschriften im § 4 Absatz 1 und 2 nicht entsprechen.[4])

1) Tuschfarben sind Wasserfarben bezw. Gummi- oder Honigfarben in Form von Steinen. Oel-, Lack- u. s. w. Farben sind keine Tuschfarben.

2) Siehe den Allgemeinen Theil S. 5.

3) desgl. S. 1.

4) § 4 Abs. 1 verbietet jede Herstellung unter Verwendung gesundheitsschädlicher Farben überhaupt, soweit Spielwaaren, also auch Tuschfarben für Kinder, in Betracht kommen

§ 6 gestattet auch den Vertrieb giftiger Tuschfarben, sofern sie nur nicht als „giftfrei" oder „frei von gesundheitsschädlichen Stoffen" bezeichnet werden und nicht für Kinder bestimmt sind.

Uebrigens schreibt § 17 des in Anm. 1 zu § 3 citirten Bundesrathsbeschlusses v 29. 11. 94 und die in Folge dessen ergangenen bundesstaatlichen Bestimmungen eine präcise Bezeichnung solcher giftiger Farben positiv vor.

§ 7.

Zur Herstellung von zum Verkauf bestimmten Tapeten, Möbelstoffen, Teppichen, Stoffen zu Vorhängen oder Bekleidungsgegenständen, Masken, Kerzen,[1]) sowie künstlichen Blättern, Blumen und

Früchten dürfen Farben, welche Arsen enthalten, nicht verwendet werden.[2])

Auf die Verwendung arsenhaltiger Beizen oder Fixirungsmittel zum Zweck des Färbens oder Bedruckens von Gespinsten oder Geweben findet diese Bestimmung nicht Anwendung. Doch dürfen derartig bearbeitete Gespinnste oder Gewebe zur Herstellung der im Absatz 1 bezeichneten Gegenstände nicht verwendet werden, wenn sie das Arsen in wasserlöslicher Form oder in solcher Menge enthalten, daß sich in 100 Quadratcentimeter des fertigen Gegenstandes mehr als 2 Milligramm Arsen vorfinden. Der Reichskanzler ist ermächtigt, nähere Vorschriften über das bei der Feststellung des Arsengehalts anzuwendende Verfahren zu erlassen.[3]) [4])

1) Wegen zinnoberhaltiger Kerzen vgl. den Anhang.

2) Vgl. § 10.

3) Vgl. Anm. 2 zu § 1.

4) Während von den Farben, welche zur Herstellung im Abs. 1 genannter Gegenstände benutzt werden sollen, Arsenfreiheit bis auf die durch § 10 zugelassenen Spuren gefordert wird, ist eine solche Bedingung für die Fixirungsmittel bezw. Beizen nicht gestellt. Das Fabrikationsverfahren muß jedoch so beschaffen sein, daß es das Arsen bis auf 2 Milligramm wasserunlösliches Arsen in 100 Quadratcentimeter Stoff wieder entfernt; wasserlösliche Arsenverbindungen sind ganz ausgeschlossen.

§ 8.

Die Vorschriften des § 7 finden auch auf die Herstellung von zum Verkauf bestimmten Schreibmaterialien,[1]) Lampen und Lichtschirmen sowie Lichtmanschetten Anwendung.

Die Herstellung der Oblaten unterliegt den Bestimmungen im § 1, jedoch sofern sie nicht zum Genusse[2]) bestimmt sind, mit der Maßgabe, daß die Verwendung von schwefelsaurem Baryum (Schwerspath, blanc fixe), Chromoxyd und Zinnober gestattet ist.

1) Schreibmaterialien sind alle beim Schreiben zu benutzenden Gegenstände; Papier aller Art, Linienbogen, Federhalter, Bleistifte, Siegellack, Dinten 2c.

2) Auf zum Genusse bestimmte Oblaten finden nicht nur die uneingeschränkten Bestimmungen des § 1, sondern event. auch die des § 12 NMG. Anwendung.

§ 9.

Arsenhaltige Wasser- oder Leimfarben[1]) dürfen zur Herstellung des Anstrichs von Fußböden, Decken, Wänden, Thüren, Fenstern der Wohn-[2]) oder Geschäftsräume, von Roll-, Zug- oder Klappläden oder Vorhängen, von Möbeln und sonstigen häuslichen Gebrauchsgegenständen[3]) nicht verwendet werden.

1) Harz-, Oel- oder Lackfarben dürfen demnach, auch wenn sie arsenhaltig sind, zu den genannten Zwecken verwendet werden.

2) Geschlossene Wagen aller Art dürften gleichfalls hierher gehören

3) Auch Gemälde von Künstlerhand sind dem Gesetze unterworfen, sofern sie in Wohn- oder Geschäftsräumen Aufstellung finden sollen

§ 10.

Auf die Verwendung von Farben, welche die im § 1 Absatz 2 bezeichneten Stoffe nicht als konstituirende[1]) Bestandtheile, sondern nur als Verunreinigungen, und zwar höchstens in einer Menge enthalten, welche sich bei den in der Technik gebräuchlichen Darstellungsverfahren nicht vermeiden läßt, finden die Bestimmungen der §§ 2 bis 9 nicht Anwendung.

1) Unter konstituirenden Bestandtheilen sind nothwendige, nicht ohne Veränderung des Charakters der Farbe durch andere Stoffe zu ersetzende Bestandtheile zu verstehen.

§ 11.

Auf die Färbung von Pelzwaaren[1]) finden die Vorschriften dieses Gesetzes nicht Anwendung.

1) Da ein Unterschied zwischen gefärbten natürlichen Fellen und künstlichen Fellen nicht gemacht ist, so kommt auch den letzteren die Ausnahme des § 11 zu Gute.

§ 12.[1])

Mit Geldstrafe bis zu einhundertundfünfzig Mark oder mit Haft wird bestraft:

1. wer den Vorschriften der §§ 1 bis 5, 7, 8 und 10 zuwider Nahrungsmittel, Genußmittel[2]) oder Gebrauchsgegenstände[3]) herstellt, aufbewahrt oder verpackt, oder derartig hergestellte, aufbewahrte oder verpackte Gegenstände gewerbsmäßig[4]) verkauft[5]) oder feilhält;[6]) [7])
2. wer der Vorschrift des § 6 zuwiderhandelt;

3. wer der Vorschrift des § 9 zuwiderhandelt, imgleichen wer Gegenstände, welche dem § 9 zuwider hergestellt sind, gewerbsmäßig verkauft oder feilhält.[5]) [6])

1) Zuständig zur Aburtheilung sind die Schöffengerichte.

2) Siehe den Allgemeinen Theil S. 8.

3) In Betracht kommen nur die in den citirten Paragraphen namhaft gemachten Gebrauchsgegenstände.

4) Vgl Anm 2 zu § 4 des Ges v. 25 6 87 S. 74. Die Gewerbsmäßigkeit wird nur fur das Verkaufen oder Feilhalten gefordert, nicht fur das Herstellen, Aufbewahren oder Verpacken

5) Siehe den Allgemeinen Theil S. 5.

6) desgl S 1.

7) Ein eigenthumliches Manko enthält das Gesetz betreffs der kosmetischen Mittel.

§ 3 verbietet die Herstellung derselben unter Benutzung der im § 1 Abs. 2 genannten Stoffe und § 12 Nr. 1 verbietet das gewerbsmäßige feilhalten und verkaufen derselben.

Vergessen ist dagegen die gewerbsmäßige Verwendung derselben, so daß beispielsweise ein Friseur, der zwar bleihaltige nicht selbst hergestellte Haarfärbemittel seinen Kunden applicirt, aber nicht verkauft, auf Grund dieses Gesetzes nicht belangt werden kann, sondern zutreffenden Falles nur auf Grund des § 230 RStrB

§ 13.

Neben der im § 12 vorgesehenen Strafe kann[1]) auf Einziehung der verbotswidrig hergestellten, aufbewahrten, verpackten, verkauften oder feilgehaltenen Gegenstände erkannt werden, ohne Unterschied, ob sie dem Verurtheilten gehören oder nicht.

Ist die Verfolgung oder Verurtheilung einer bestimmten Person nicht ausführbar, so kann auf die Einziehung selbständig erkannt werden.

1) Die Einziehung ist fakultativ

§ 14.

Die Vorschriften des Gesetzes, betreffend den Verkehr mit Nahrungsmitteln, Genußmitteln und Gebrauchsgegenständen, vom 14. Mai 1879 (Reichs-Gesetzbl. S. 145) bleiben unberührt. Die Vorschriften in den §§ 16, 17 desselben finden auch bei Zuwiderhandlungen gegen die Vorschriften des gegenwärtigen Gesetzes Anwendung.

§ 15.

Dieses Gesetz tritt mit dem 1. Mai 1888 in Kraft; mit demselben Tage tritt die Kaiserliche Verordnung, betreffend die Verwendung giftiger Farben, vom 1. Mai 1882 (Reichs-Gesetzbl. S. 55) außer Kraft.

Urkundlich unter Unserer Höchsteigenhändigen Unterschrift und beigedrucktem Kaiserlichen Insiegel.

Gegeben Bad Ems, den 5 Juli 1887.

(L. S) **Wilhelm.**

von Boetticher.

Anhang zum Farbengesetz.

a) Betreffend die Grünung der Gemüsekonserven ergingen in den einzelnen Bundesstaaten inhaltlich gleiche Erlasse.

Der preußische vom 20. 10 96 folgt hier:

Durch § 1 des Gesetzes, betr. die Verwendung gesundheitsschädlicher Farben bei der Herstellung von Nahrungsmitteln, Genußmitteln und Gebrauchsgegenständen vom 5. Juli 1887 (RGB S. 277), ist die künstliche Grünung von Gemüsekonserven unter Anwendung von Kupfer untersagt Für dieses Verbot ist die Ueberzeugung maßgebend gewesen, daß der Genuß kupferhaltiger Nahrungsmittel unter allen Umständen Schädigungen für die menschliche Gesundheit mit sich bringe. Nach dem Ergebniß neuerer im Kaiserlichen Gesundheitsamt ausgeführten Untersuchungen kommt indessen den Kupfersalzen eine Giftwirkung in so erheblichem Umfange, wie dies früher angenommen wurde, nicht zu. Insbesondere kann von den nicht ätzenden Kupferverbindungen, die hauptsächlich für die Grünung von Gemüsekonserven in Betracht kommen, behauptet werden, daß mit ihrer Einverleibung in geringen Mengen die Gefahr einer Vergiftung nicht verbunden ist. Unter diesen Umständen erscheint es angängig, einem Seitens der Konservenfabrikanten schon seit längerer Zeit gehegten Wunsch entgegenzukommen und das Färben ihrer Erzeugnisse mit Kupferverbindungen innerhalb bestimmter Grenzen wieder zu gestatten. Von den betheiligten Industriellen wird hierauf um so mehr Werth gelegt, als sie in der Wiederzulassung dieses Färbeverfahrens das einzige Mittel erblicken, durch welches die Lieferung einer den Anforderungen der Konsumenten entsprechenden, gefällig aussehenden Waare ermöglicht und die Konkurrenzfähigkeit der inländischen Erzeugnisse mit den Fabrikaten des Auslandes, woselbst das Kupfern der Konserven ungehindert erfolgen könne, wiederhergestellt wird. Es ist deshalb in Aussicht genommen, alsbald eine entsprechende Abänderung der oben erwähnten Bestimmung des Reichsgesetzes vom 5 Juli 1887 herbeizuführen. Mit Rücksicht hierauf erscheint es erwünscht, daß für die nächste Zeit ein allzu scharfes Vorgehen der Behörden im Fall der etwaigen Entdeckung kupferhaltiger Gemüsekonserven vermieden wird und insbesondere vor der Einleitung von Strafverfolgungen eine eingehende Prüfung des Sachverhaltes erfolgt. Es empfiehlt sich dies auch deshalb, weil nach dem Ergebnisse zuverlässiger Untersuchungen geringe Mengen Kupfer sehr häufig schon als natürlicher Bestandtheil in Gemüsen, Früchten und ähnlichen Bodenerzeugnissen sich vorfinden, und weil bei der Zubereitung in kupfernen oder kupferhaltigen Gefäßen Spuren von Kupfer, selbst bei tadellos blanker Oberfläche der Gefäße, unvermeidlich in die betreffenden Nahrungsmittel hineingelangen, so daß nicht in jedem Falle, wo Gemüsekonserven als kupferhaltig befunden werden, ohne Weiteres die Annahme gerechtfertigt ist, daß ein unzulässiger, künstlicher Zusatz von Kupfer zu Färbungszwecken stattgefunden hat.

b) Betreffs zinnoberhaltiger Kerzen enthält das Gesetz v. 5. 7. 87 zwar kein Verbot, es ist jedoch zu beachten, daß (Zinnober ist Schwefelquecksilber) Kerzen zc, die mit quecksilber-, arsen- oder antimonhaltigen Farben versetzt sind, beim Verbrennen sehr giftige Dämpfe liefern. Manche Polizeiverwaltungen haben warnend darauf hingewiesen (Berlin, Dresden).

IV.

Gesetz, betreffend den Verkehr mit Wein, weinhaltigen und weinähnlichen Getränken.

Vom 20. April 1892.

(Reichs-Gesetzblatt 1892 S. 597.)

Wir Wilhelm, von Gottes Gnaden Deutscher Kaiser, König von Preußen ꝛc. verordnen im Namen des Reichs, nach erfolgter Zustimmung des Bundesraths und des Reichstags, was folgt:

§ 1.

Die nachbenannten Stoffe,[1]) nämlich:

lösliche Aluminiumsalze (Alaun und dergl.),
Baryumverbindungen,
Borsäure,
Glycerin,
Kermesbeeren,
Magnesiumverbindungen,
Salicylsäure,
unreiner (freien Amylalkohol enthaltender) Sprit,
unreiner (nicht technisch reiner) Stärkezucker,
Strontiumverbindungen,
Theerfarbstoffe

oder Gemische, welche einen dieser Stoffe enthalten, dürfen Wein,[2]) weinhaltigen oder weinähnlichen[3])

Getränken, welche bestimmt sind, Anderen als Nahrungs-[4]) oder Genußmittel[4]) zu dienen, bei oder nach der Herstellung nicht zugesetzt werden.

1) Die Stoffe dürfen überhaupt nicht zur Anwendung gelangen, auch dann nicht, wenn die betreffenden Getränke mit entsprechender Deklaration verkauft oder feilgehalten werden. Vgl. § 4, welcher das Moment der Täuschung voraussetzt.

2) Unter „Wein" ist hierbei nur das aus den Trauben des Weinstockes durch alkoholische Gährung gewonnene Erzeugniß verstanden (Motive S. 8.) Die ebenfalls in den Motiven S. 18 mitgetheilte, auf viele durch das Reichsgericht bestätigte Entscheidungen der Instanzgerichte gestützte Definition: ein Getränk, welches ohne jeden Zusatz aus Traubensaft durch alkoholische Gährung bereitet ist, kann nach § 3 dieses Gesetzes nicht mehr aufrecht erhalten werden.

3) Nicht nur „Wein" im Sinne dieses Gesetzes (§ 3), sondern auch alle weinhaltigen und weinähnlichen Getränke unterliegen den Vorschriften der §§ 1 und 2, also namentlich: Schaumwein, Obstwein, Kunstweine (Rosinenwein, Tresterwein 2c.), auch wenn diese Getränke unter ihrer richtigen Bezeichnung und Deklaration der verbotenen Zusätze in Verkehr gebracht werden sollten.

4) Vgl. den Allgemeinen Theil S. 8.

§ 2.

Wein,[1]) weinhaltige und weinähnliche Getränke,[2]) welchen, den Vorschriften des § 1 zuwider, einer der dort bezeichneten Stoffe zugesetzt ist, dürfen weder feilgehalten,[3]) noch verkauft[4]) werden.

Dasselbe[5]) gilt für Rothwein, dessen Gehalt an Schwefelsäure in 1 l Flüssigkeit mehr beträgt, als sich in 2 g neutralen schwefelsauren Kaliums vorfindet. Diese Bestimmung findet jedoch auf solche Rothweine nicht Anwendung, welche als Dessertweine[7]) (Süd-, Süßweine) ausländischen Ursprungs in den Verkehr kommen.[5])

1) 2) Siehe § 1

3) 4) 5) Siehe den Allgemeinen Theil S 1 u. 5.

6) Die Fassung ist eigenthümlich. Das Gesetz will sagen, daß für Rothwein zu den Beschränkungen der § 1 und § 2, Abs. 1 noch diejenigen des § 2, Abs. 2 hinzukommt, welche aber nicht die Herstellung sondern nur das Feilhalten und Verkaufen betrifft. Die Bestimmung selbst bezieht sich auf das Gipsen der Weine.

7) Nur die rothen Dessertweine dürfen die gezogenen Grenzen überschreiten. Weiße Dessertweine, ebenso rothweinähnliche, rothweinhaltige Getränke sowie rothe Kunstweine werden durch den Abs. 1 nicht betroffen.

Zur Begriffsbestimmung der Dessert- und Süßweine bemerken die Motive (S. 35) folgendes:

Unter Dessertweinen sind im allgemeinen solche Weine zu verstehen, welche an Alkohol bezw an Alkohol und Zucker reich sind und sich dabei durch eine Feinheit des Geschmacks auszeichnen.

Danach würde z. B. ein Sherry oder Madeira als Dessertwein anzusehen sein, während der auch in Deutschland als Verschnittwein viel Verwendung findende Benicarlo als Dessertwein nicht gelten könnte, da derselbe zwar einen hohen Alkoholgehalt zeigt, allein durch Feinheit des Geschmackes sich nicht auszeichnet.

Als Süßweine gelten insbesondere solche an Alkohol verhältnißmäßig reiche Weine, welche nach vollendeter Gährung, also als fertige Weine, einen ausgeprägt süßen Geschmack zeigen.

Eine scharfe für alle Fälle giltige Begriffsbestimmung läßt sich kaum geben. Im Zweifelsfalle wird die er-

7*

fahrene Zunge des Weinkenners und nicht die chemische Analyse den Ausschlag geben müssen.

§ 3.

Als Verfälschung oder Nachmachung des Weines[1]) im Sinne des § 10 des Gesetzes, betreffend den Verkehr mit Nahrungsmitteln, Genußmitteln und Gebrauchsgegenständen, vom 14. Mai 1879 (Reichsgesetzbl. S. 145) ist nicht anzusehen:[2])[3])

1. die anerkannte Kellerbehandlung einschließlich der Haltbarmachung des Weines,[4]) auch wenn dabei Alkohol oder geringe Mengen von mechanisch wirkenden Klärungsmitteln (Eiweiß, Gelatine, Hausenblase u. dergl.) von Kochsalz, Tannin, Kohlensäure, schweflicher Säure oder daraus entstandener Schwefelsäure in den Wein gelangen; jedoch darf die Menge des zugesetzten Alkohols bei Weinen, welche als deutsche in den Verkehr kommen, nicht mehr als 1 Raumtheil auf 100 Raumtheile Wein betragen;

2. die Vermischung (Verschnitt) von Wein mit Wein;[5])

3. die Entsäuerung mittelst reinen gefällten kohlensauren Kalks;[6])

4. der Zusatz von technisch reinem Rohr-, Rüben- oder Invertzucker, technisch reinem Stärkezucker, auch in wässeriger Lösung;[7]) jedoch darf durch den Zusatz wässeriger Zuckerlösung der Gehalt des Weines an Extraktstoffen und Mineralbestandtheilen nicht unter die bei ungezuckertem Wein des Wein-

baugebiets, dem der Wein nach seiner Benennung entsprechen soll, in der Regel beobachteten Grenzen herabgesetzt werden.[8])

1) Nur vom „Weine" selbst (vgl. § 1 Anm. 2) ist hier die Rede. Auf andere ähnliche Zubereitungen, insbesondere auf Obstweine sollen die Bestimmungen der §§ 3 und 4 nach den „Motiven" keine Anwendung haben, da die Herstellung dieser Getränke nach besonderem Verfahren erfolgt und nach den für „Weine" maaßgebenden Grundsätzen nicht beurtheilt werden kann.

2) Die zu allgemeine Fassung des § 10 NMG. hat betreffs der Weinverfälschungen vielfach zu Unzuträglichkeiten geführt. Der § 3 dieses Gesetzes hebt nun zwar den § 10 NMG. für Weine keineswegs auf, aber er giebt doch im Vereine mit § 4 eine eng umschriebene, kasuistische Definition für den Begriff der Weinverfälschung.

Wegen der allgemeinen Begriffe des Verfälschens und Nachmachens, vgl. den allgemeinen Theil Seite 12 und 18.

3) Nach den Motiven sollen die §§ 3 u. 4 keineswegs als erschöpfend gelten, nur diejenigen Bereitungsarten, für welche sich ein praktisches Bedürfniß nach gesetzlicher Klarstellung geltend gemacht hatte, sind darin berührt. Im Uebrigen (d. h. von den in den §§ 3 u. 4 nicht berührten Fällen) bleibt es nach wie vor der richterlichen Würdigung überlassen, ob eine Verfälschung im Sinne des § 10 NMG. vorliegt oder nicht.

§ 12 NMG. bleibt durch das ganze Weingesetz unberührt.

4) Die Kellerbehandlung muß „anerkannt" sein, um den Schutz des § 3 Ziffer 1 zu gewähren. Als solche gelten diejenigen Hantirungen, welche als das Ergebniß einer langjährigen Erfahrung oder einer allgemein als wirthschaftlich zulässig erachteten neuen wissenschaftlichen oder praktischen Errungenschaft in einer Weingegend oder

anderwärts mehr oder weniger geübt werden und zu Bedenken in gesundheitlicher Beziehung keinen Anlaß geben.

Im Einzelnen führten die „technischen Erläuterungen" des Entwurfs auf:

a) das Ausschwenken der Flaschen mit Alkohol, vorausgesetzt, daß die dadurch bedingte Erhöhung des Alkoholgehaltes sich in den Grenzen der Ziffer 1 hält;
b) die Zugabe von Alkohol zu süßen Weinen zur Erhöhung der Haltbarkeit, aber nur bei außerdeutschen Weinen;
c) künstliche Klärung (Schönung), sofern dazu mechanisch wirkende, d. h. solche Mittel verwendet werden, welche durch ihre eigne in unlöslicher Form erfolgende Abscheidung aus dem Wein die trübenden Theilchen mit zu Boden reißen, ohne daß dadurch die Zusammensetzung des Weines in beachtenswerther Weise geändert wird;
d) Zusatz geringer Mengen von Kohlensäure, um das Absetzen zu verhindern;
e) Verwendung schwefliger Säure zum Ausschwefeln der Fässer, zur Haltbarmachung angebrochener Gebinde, sowie zur Unterbrechung der Gährung bei Weinen, denen ein gewisser Zuckergehalt erhalten bleiben soll. Vgl auch § 11.

5) Der Verschnitt kann auch so erfolgen, daß verschiedene Wein*arten* miteinander gemischt werden, z B. Weißwein und Rothwein

6) Diesen Prozeß nennt man Chaptalisiren.

7) Sogenanntes Gallisiren.

Aus den in den Motiven entwickelten Grundsätzen in Verbindung mit den einschlagenden Vorschriften des Nahrungsmittelgesetzes ergiebt sich bezüglich des Verkehrs mit gallisirtem Wein folgende Rechtslage:

1. gezuckerter Wein, dessen Gehalt an Extraktstoffen rc. sich innerhalb der im § 3 Nr. 4 des Entwurfs an-

gegebenen Grenzen hält, gilt als unverfälscht, er kann daher ohne unterscheidenden Zusatz unter den für Wein üblichen Bezeichnungen feilgehalten und verkauft werden;

2. das vorsätzliche Verkaufen und Feilhalten von Wein der unter Nr. 1 erwähnten Art unter Bezeichnungen, welche die Annahme zu erwecken geeignet sind, der Wein sei ungezuckert, ist verboten;

3. gezuckerter Wein, bei welchem die vorgeschriebenen Grenzen nicht eingehalten sind, gilt als verfälscht im Sinne des § 10 des NMG.; demgemäß ist die Herstellung eines solchen Getränkes in der Absicht, es demnächst als Wein ohne Kennzeichnung der Zuckerung in den Verkehr zu bringen, sowie der Verkauf desselben unter Verschweigung der Zuckerung strafbar;

4. Wein, welcher einen Zusatz von Zucker nicht erhalten hat, kann unter den für Wein üblichen Bezeichnungen auch dann feilgehalten und verkauft werden, wenn sein Gehalt an Extrakt ꝛc. die gemäß § 3 Nr. 4 festgesetzten Grenzen nicht erreicht.

8) Extraktstoffe heißen die beim Verdampfen des Weines hinterbleibenden nichtflüchtigen Bestandtheile; Mineralbestandtheile sind die beim Verbrennen der Extraktstoffe übrig bleibenden Aschentheile.

§ 4.[1])

Als Verfälschung des Weines im Sinne des § 10 des Gesetzes vom 14. Mai 1879 ist insbesondere[2]) anzusehen die Herstellung von Wein unter Verwendung

1. eines Aufgusses von Zuckerwasser auf ganz oder theilweise ausgepreßte Trauben;[3])

2. eines Aufgusses von Zuckerwasser auf Weinhefe;[4])

3. von Rosinen, Korinten, Saccharin oder anderen als den im § 3 Nr. 4 bezeichneten Süßstoffen, jedoch unbeschadet der Bestimmung im Absatz 3 dieses Paragraphen;[5])

4. von Säuren oder säurehaltigen Körpern oder von Bouquetstoffen;[6])

5. von Gummi oder anderen Körpern, durch welche der Extraktgehalt erhöht wird, jedoch unbeschadet der Bestimmungen im § 3 Nr. 1 und 4.[7])

Die unter Anwendung eines der vorbezeichneten Verfahren hergestellten Getränke oder Mischungen derselben mit Wein[8]) dürfen nur unter einer ihre Beschaffenheit erkennbar machenden oder einer anderweiten, sie von Wein unterscheidenden Bezeichnung (Tresterwein, Hefenwein, Rosinenwein, Kunstwein oder dergl.) feilgehalten[9]) oder verkauft[10]) werden.[11])

Der bloße Zusatz von Rosinen zu Most oder Wein gilt nicht als Verfälschung bei Herstellung von solchen Weinen, welche als Dessertweine[12]) (Süd-, Süßweine) ausländischen Ursprungs in den Verkehr kommen.

1) Vgl. Anm. 1, 2 u. 3 zu § 3.

2) Der Ton liegt auf dem Wort „insbesondere" und soll andeuten, daß andere Verfälschungsarten keineswegs straflos bleiben sollen.

3) Tresterwein; sogenanntes Petiotisiren.

4) Hefenwein.

5) Rosinenwein.

6) Kunstwein.

7) Die in § 3 Ziffer 1 u. 4 zugelassenen Verfahren bedingen auch eine Erhöhung des Extraktgehaltes, aber nur als unbeabsichtigte Nebenwirkung.

8) Auch zum Verschnitt sind die unter § 4 fallenden Produkte nicht zugelassen, sofern das fertige Getränk als „Wein“ gelten soll.

9) Siehe den Allgemeinen Theil S. 1.

10) desgl. S. 5.

11) Wenn die geforderte unzweideutige Bezeichnung nicht angewendet wird, dann liegt (im Gegensatz zu den im § 3 gestatteten Manipulationen) eine Täuschung vor und ist damit der Thatbestand des § 10 NMG. erfüllt.

12) Vgl Anm. 7 zu § 2

§ 5.

Die Vorschriften in den §§ 3 und 4 finden auf Schaumwein nicht Anwendung.

Der Schaumwein ist überhaupt ein Kunstprodukt, dessen Natur Zusätze verschiedenster Art erfordert. Desgl. Obstweine (§ 1 Anm. 1).

Durch § 6 und das Ges v. 6. 7 98 ist jedoch der Zusatz von Sacharin u. dergl. wieder verboten.

§ 6.

Die Verwendung von Saccharin und ähnlichen Süßstoffen bei der Herstellung von Schaumwein oder Obstwein einschließlich Beerenobstwein ist als Verfälschung im Sinne des § 10 des Gesetzes vom 14. Mai 1879 anzusehen.

Der § 6 ist durch den § 3 des Ges. v. 6. 7. 98 überholt. Siehe dort.

§ 7.[1])

Mit Gefängniß bis zu sechs Monaten und mit Geldstrafe bis zu eintausendfünfhundert Mark oder mit einer dieser Strafen wird bestraft:

1. wer den Vorschriften der §§ 1 oder 2 vorsätzlich zuwiderhandelt;
2. wer wissentlich Wein, welcher einen Zusatz der im § 3 Nr. 4 bezeichneten Art erhalten hat, unter Bezeichnungen feilhält[2]) oder verkauft,[3]) welche die Annahme hervorzurufen geeignet sind, daß ein derartiger Zusatz nicht gemacht ist.[4])

1) Zuständig zur Aburtheilung sind die Strafkammern der Landgerichte; jedoch ist gemäß GVG. § 75 Nr. 14 Ueberweisung an die Schöffengerichte zulässig

2) Siehe den Allgemeinen Theil S. 1.

3) desgl. S. 5.

4) Die einfache Bezeichnung als „Wein" oder nach der Provenienz ist gestattet, dagegen fällt unter Ziffer 2 eine Angabe wie „reiner Naturwein".

§ 8.[1])

Ist die im § 7 Nr. 1 bezeichnete Handlung aus Fahrlässigkeit[2]) begangen worden, so tritt Geldstrafe bis zu einhundertfünfzig Mark oder Haft ein.

1) Zuständig zur Aburtheilung sind die Schöffengerichte; GVG § 27 Nr. 1.

2) Vgl Anm. 1 zu § 11 NMG.

Ein fahrlässiger Verstoß gegen § 7 Ziffer 2 bleibt straflos.

§ 9.

In den Fällen des § 7 Nr. 1 und § 8 kann auf Einziehung[1]) der Getränke erkannt werden, welche diesen Vorschriften zuwider hergestellt, verkauft oder feilgehalten sind, ohne Unterschied ob sie dem Verurtheilten gehören oder nicht. Ist die Verfolgung oder Verurtheilung einer bestimmten Person nicht ausführbar, so kann auf die Einziehung selbständig erkannt werden.[2])

1) Auch im Falle des § 7 Ziffer 2 kann auf Grund der §§ 40 u. 42 RStrGB auf Einziehung erkannt werden.

2) Die Einziehung ist in allen Fällen fakultativ. Der Besitzer der betr. Waaren braucht mit dem Verurtheilten nicht identisch zu sein.

§ 10.

Die Vorschriften des Gesetzes vom 14. Mai 1879 bleiben unberührt, soweit die §§ 3 bis 6 des gegenwärtigen Gesetzes nicht entgegenstehende Bestimmungen enthalten. Die Vorschriften in den §§ 16, 17 des Gesetzes vom 14. Mai 1879 finden auch bei Zuwiderhandlungen gegen die Vorschriften des gegenwärtigen Gesetzes Anwendung.

§ 11.

Der Bundesrath ist ermächtigt, die Grenzen festzustellen, welche

a) für die bei der Kellerbehandlung in den Wein gelangenden Mengen der im § 3 Nr. 1 bezeichneten Stoffe, soweit das Gesetz selbst die Menge nicht festsetzt, sowie [1])

b) für die Herabsetzung des Gehalts an Extraktstoffen und Mineralbestandtheilen im Falle des § 3 Nr. 4 [2])

maßgebend sein sollen.

1) Eine solche Festsetzung ist bisher nicht getroffen worden.

2) Durch die Bekanntmachung v. 29. 4. 92 (RGBl. S. 600) geschehen. Dieselbe lautet:

Auf Grund oes § 11 des Gesetzes, betreffend den Verkehr mit Wein, weinhaltigen und weinähnlichen Getränken, vom 20. April 1892 (Reichs-Gesetzbl. S. 597) hat der Bundesrat beschlossen, die Grenzen für die Herabsetzung des Gehaltes an Extraktstoffen und Mineralbestandteilen (§ 3 Nr. 4 des Gesetzes), wie folgt, festzustellen;

Bei Wein, welcher nach seiner Benennung einem inländischen Weinbaubezirk entsprechen soll, darf durch den Zusatz wässeriger Zuckerlösung

a) der Gesammtgehalt an Extraktstoffen nicht unter 1,5 g, der nach Abzug der nicht flüchtigen Säuren verbleibende Extraktgehalt nicht unter 1,1 g, der nach Abzug der freien Säureu verbleibende Extraktgehalt uicht unter 1 g,

b) der Gehalt an Mineralbestandteilen nicht unter 0,14 g

in einer Menge von 100 ccm Wein herabgesetzt werden.

Berlin, den 29. April 1892.

Der Stellvertreter des Reichskanzlers.
von Boetticher.

§ 12.

Der Bundesrath ist ermächtigt, Grundsätze aufzustellen, nach welchen die zur Ausführung dieses Gesetzes, sowie des Gesetzes vom 14. Mai 1879 in Bezug auf Wein, weinhaltige und weinähnliche Getränke erforderlichen Untersuchungen vorzunehmen sind.[1])

1) Durch die Bekanntmachung v. 25. 6. 96 (Centralbl. f d. D. R. 1896 S 197) geschehen.

§ 13.

Die Bestimmungen des § 2 treten erst am 1. Oktober 1892 in Kraft.

Urkundlich unter Unserer Höchsteigenhändigen Unterschrift und beigedrucktem Kaiserlichen Insiegel.

Gegeben im Schloß zu Berlin, den 20. April 1892.

(L. S) **Wilhelm.**

von Boetticher.

Mit Rücksicht auf die demnächstige gesetzliche Neuregelung des Verkehrs mit Wein habe ich von der Wiedergabe weiterer Anlagen abgesehen.

V.

Gesetz, betreffend den Verkehr mit Butter, Käse, Schmalz und deren Ersatzmitteln.

Vom 15. Juni 1897.

(Reichs-Gesetzblatt 1807 S. 475.)

Wir Wilhelm, von Gottes Gnaden Deutscher Kaiser, König von Preußen ꝛc. verordnen im Namen des Reichs, nach erfolgter Zustimmung des Bundesraths und des Reichstags, was folgt:

§ 1.

Die Geschäftsräume[1]) und sonstigen Verkaufsstellen, einschließlich der Marktstände, in denen Margarine, Margarinekäse oder Kunstspeisefett gewerbsmäßig[2]) verkauft[3]) oder feilgehalten[3]) wird, müssen an in die Augen fallender Stelle die deutliche nicht verwischbare Inschrift[5]) „Verkauf von Margarine", „Verkauf von Margarinekäse", „Verkauf von Kunstspeisefett" tragen.

Margarine im Sinne dieses Gesetzes sind diejenigen, der Milchbutter oder dem Butterschmalz ähnlichen Zubereitungen,[6]) deren Fettgehalt nicht ausschließlich der Milch entstammt.

Margarinekäse im Sinne dieses Gesetzes sind diejenigen käseartigen Zubereitungen, deren Fettgehalt nicht ausschließlich der Milch entstammt.

Kunstspeisefett im Sinne dieses Gesetzes sind diejenigen, dem Schweineschmalz ähnlichen Zubereitungen, deren Fettgehalt nicht ausschließlich aus Schweinefett besteht. Ausgenommen sind unverfälschte Fette bestimmter Thier oder Pflanzenarten, welche unter den ihrem Ursprung entsprechenden Bezeichnungen in den Verkehr gebracht werden.

1) Alle Verkaufsräume, gleichgiltig ob sie dem Klein- oder Großhandel dienen, müssen die vorgeschriebene Bezeichnung tragen. Bloße Lagerräume, in denen kein

Verkauf statthat und zu welchen die Käufer keinen Zutritt haben, unterliegen der Vorschrift ebensowenig wie die nur der Herstellung dienenden Räume. In Großgeschäften wird deshalb in der Regel eine Aufschrift im Comptoir genügen. Nicht erforderlich ist die Bezeichnug in Geschäftsbetrieben, in welchen die Margarine ꝛc. nicht als solche feilgehalten wird, sondern in verarbeitetem Zustand, z. B. Bäckereien, Gastwirthschaften u. dgl. (Siehe die Reichstagsverhandlungen.) Die Außenwände gehören nicht mehr zu den Geschäftsräumen, die Inschrift muß sich also innerhalb befinden.

2) Wegen „gewerbsmäßig“ vgl. Anm 2 zu § 4 des Gesetzes v. 25. 6. 87.

3) 4) Vgl. den Allgemeinen Theil S. 1 u. 5.

5) Es sind genau die vorgeschriebenen Worte zu benutzen, doch erscheint es unbedenklich, wenn Verkaufsstellen, welche 2 oder alle 3 Arten der Kunstprodukte vertreiben, die Inschriften in eine zusammenziehen, z. B. „Verkauf von Margarine und Margarinekäse“. Was für eine Schriftart zu wählen ist, bleibt ungesagt. Doch ist anzunehmen, daß nur die deutschen und die lateinischen Schreib- und Druckschriften gemeint sind. In der eigentlichen Inschrift erscheinen weder Abkürzungen noch Zusätze zulässig.

6) Die gesetzliche Definition des Begriffs der Margarine ist im Wesentlichen **negativer** Art, insofern das Gesetz darunter jegliches zum menschlichen Genusse bestimmte (§ 13) Speisefett mit alleiniger Ausnahme der Milchbutter und deren Mischungen versteht, wenn folgende Bedingungen erfüllt werden:

a) das Produkt muß der Milchbutter **ähnlich** sein (Farbe, Consistenz, Aroma, Geschmack). Diese Aehnlichkeit kann sich natürlich nur auf durch die Sinnesorgane ohne weiteres wahrnehmbare Eigenschaften erstrecken;

b) Es muß eine **Zubereitung** vorstellen.

Die Zubereitung bildet den Gegensatz zur Droge oder zum Rohstoff und setzt voraus, daß mit einem Rohstoffe eingreifende Veränderungen, meist durch Hinzukommen dritter Stoffe vorgenommen sind. Ausgeschlossen hiervon sind jedoch alle Manipulationen, die nur auf ein Reinigungsverfahren hinauslaufen;

c) Es müssen Fettbestandtheile darin enthalten sein, die nicht der Milch entstammen. S. auch den § 3.

7) Unter unverfälschten Fetten sind hier solche zu verstehen, welche die Bezeichnung ihrer Provenienz tragen dürfen (§ 10 NMG.) und auch tragen.

§ 2.

Die Gefäße und äußeren Umhüllungen, in welchen Margarine, Margarinekäse oder Kunstspeisefett gewerbsmäßig[2]) verkauft oder feilgehalten wird, müssen an in die Augen fallenden Stellen die deutliche, nicht verwischbare Inschrift „Margarine", „Margarinekäse", „Kunstspeisefett" tragen. Die Gefäße müssen außerdem mit einem stets sichtbaren, bandförmigen Streifen von rother Farbe versehen sein, welcher bei Gefäßen bis zu 35 Centimeter Höhe mindestens 2 Centimeter, bei höheren Gefäßen mindestens 5 Centimeter breit sein muß.[1])

Wird Margarine, Margarinekäse oder Kunstspeisefett in ganzen Gebinden oder Kisten gewerbsmäßig[2]) verkauft oder feilgehalten, so hat die Inschrift außerdem den Namen oder die Firma des Fabrikanten, sowie die von dem Fabrikanten zur Kennzeichnung der Beschaffenheit seiner Erzeugnisse angewendeten Zeichen (Fabrikmarke) zu enthalten.

Im gewerbsmäßigen[2]) Einzelverkaufe[3]) müssen Margarine, Margarinekäse und Kunstspeisefett an den Käufer in einer Umhüllung abgegeben werden, auf welcher die Inschrift „Margarine", „Margarinekäse", „Kunstspeisefett" mit dem Namen oder der Firma des Verkäufers angebracht ist.

Wird Margarine oder Margarinekäse in regelmäßig geformten Stücken[4]) gewerbsmäßig[2]) verkauft oder feilgehalten, so müssen dieselben von Würfelform sein, auch muß denselben die Inschrift „Margarine", „Margarinekäse" eingepreßt sein.

1) Vgl. die hierzu am 4. 7. 97 ergangene Bundesrathsverfügung, Ziffer 3, 4, 5, 6, 7, 8, 9. (S. 128) Eine besondere Gefäßform schreibt weder das Gesetz noch die cit. Verordnung vor.

Ueber das Anbringen noch anderweiter Inschriften oder Bezeichnungen sind keine Bestimmungen getroffen, doch dürfen dieselben die Deutlichkeit der vorgeschriebenen Aufschriften nicht beeinträchtigen.

2) In Abs. 1—4 wird stets eine Gewerbsmäßigkeit des Verkaufs vorausgesetzt. Auf vereinzelte Gelegenheitsgeschäfte finden diese Vorschriften darum nicht Anwendung. Vgl. Anm. 2 zu § 4 des Ges. v. 25. 6 87

3) Abs. 3 trifft nur die Kleinhändler, der übrige Theil des § 2 Groß- und Kleinhändler.

4) Findet der Verkauf nicht in „regelmäßig geformten" Stücken statt, z. B. aus dem Fasse, so braucht auf die Bestimmung des Abs. 4 nicht Rücksicht genommen werden.

Es soll nur eine Verwechslung mit der sog. Stückenbutter vermieden werden, die gewohnheitsmäßig in länglicher Form erscheint.

Das Einschlagen von Margarine in die bekannten mannigfaltigen „Butterformen" durch die Geschäfte ist nicht gestattet.

§ 3.

Die Vermischung von Butter[1]) oder Butterschmalz[2]) mit Margarine oder anderen Speisefetten zum Zwecke des Handels mit diesen Mischungen ist verboten.[3])

Unter diese Bestimmung fällt auch die Verwendung von Milch[4]) oder Rahm bei der gewerbsmäßigen[5]) Herstellung von Margarine, sofern mehr als 100 Gewichtstheile Milch oder eine dementsprechende Menge Rahm auf 100 Gewichtstheile der nicht der Milch entstammenden Fette in Anwendung kommen.[6]) [7])

1) Butter kann hier nur „Milchbutter" (vgl. § 1, Abs. 1) bedeuten und läßt sich dahin umschreiben, daß als Butter im Sinne des Gesetzes vom 15. 6. 97 das auf rein mechanischem Wege aus Kuhmilch gewonnene Fett zu verstehen ist, zu welchem andere Zusätze als Salz und (ev.) Farbstoff nicht gemacht sind.

2) Als Butterschmalz ist geschmolzene, fast wasserfreie Butter zu verstehen, wie sie besonders in Süddeutschland in Gebrauch ist.

3) Das Moment der Täuschung bei Vertrieb solcher Mischungen ist nicht erforderlich, um eine Bestrafung zu ermöglichen, es ist nur strafverschäfend. Vgl. §§ 14, 1 u. 18. In § 3 ist auch das Verbot enthalten, solche Mischungen als Margarine zu verkaufen. Da aber nur der Handelszweck durch das Verbot betroffen wird, so können solche Mischungen für andere Zwecke, z. B solche der Nahrungsmittelindustrie, oder in Speisehäusern hergestellt werden. Vgl. § 14 Nr. 1.

4) Unter Milch ist das unveränderte Produkt der Melkung zu verstehen.

5) Die nicht gewerbsmäßige Herstellung ist straffrei; vgl. Anm. zu § 4 des Ges. v. 25. 6. 87

6) Dadurch kann, da der Fettgehalt der Milch etwa 4 % beträgt, also eine indirekte Butterzuführung in nur sehr geringfügigem Maaße erfolgen (2—3,5 %).

7) Der Verschnitt von Fettkäse mit Margarinekäse, sowie von Schweinefett mit Kunstspeisefett ist nicht verboten, aber die Produkte werden damit zu Margarinekäse bezw. Kunstspeisefett.

§ 4.

In Räumen,[1]) woselbst Butter oder Butterschmalz gewerbsmäßig hergestellt, aufbewahrt, verpackt oder feilgehalten[2]) wird, ist die Herstellung, Aufbewahrung, Verpackung oder das Feilhalten von Margarine oder Kunstspeisefett verboten.[3]) Ebenso ist in Räumen, woselbst Käse gewerbsmäßig hergestellt, aufbewahrt, verpackt oder feilgehalten wird, die Herstellung, Aufbewahrung, Verpackung oder das Feilhalten von Margarinekäse untersagt.[4])

In Orten, welche nach dem endgültigen Ergebnisse der letzmaligen Volkszählung weniger als 5 000 Einwohner hatten, findet die Bestimmung des vorstehenden Absatzes auf den Kleinhandel und das Aufbewahren der für den Kleinhandel erforderlichen Bedarfsmengen in öffentlichen Verkaufsstätten, sowie auf das Verpacken der daselbst im Kleinhandel zum Verkaufe gelangenden Waaren keine Anwendung. Jedoch müssen Margarine, Margarinekäse und Kunstspeisefett innerhalb der Verkaufsräume in besonderen Vorrathsgefäßen und an besonderen Lagerstellen, welche von den zur Aufbewahrung vou Butter, Butterschmalz und Käse dienenden Lagerstellen getrennt sind, aufbewahrt werden.

Für Orte, deren Einwohnerzahl erst nach dem endgültigen Ergebniß einer späteren Volkszählung die angegebene Grenze überschreitet, wird der Zeitpunkt, von welchem ab die Vorschrift des zweiten Absatzes nicht mehr Anwendung findet, durch die nach Anordnung der Landes-Zentralbehörde zuständigen Verwaltungsstellen bestimmt. Mit Genehmigung der Landes-Zentralbehörde können diese Verwaltungsstellen bestimmen, daß die Vorschrift des zweiten Absatzes von einem bestimmten Zeitpunkt ab ausnahmsweise in einzelnen Orten mit weniger als 5000 Einwohnern nicht Anwendung findet, sofern der unmittelbare räumliche Zusammenhang mit einer Ortschaft von mehr als 5000 Einwohnern ein Bedürfniß hierfür begründet.

Die auf Grund des dritten Absatzes ergehenden Bestimmungen sind mindestens sechs Monate vor dem Eintritte des darin bezeichneten Zeitpunktes öffentlich bekannt zu machen.[5])

1) Hierzu ist eine amtliche Auslegung ergangen. Zwar haben die einzelnen Bundesstaaten dieselbe selbstständig erlassen, doch enthalten sie stets die vom Bundesrath vereinbarten gleichen Grundsätze.

Siehe den im Anhang abgedruckten preußischen Runderlaß mit den „Grundsätzen“.

2) Siehe den Allgemeinen Theil S 1.

3) Nicht verboten ist demnach der gleichzeitige Verkauf in einem Raum, sofern nicht gleichzeitig ein Feilhalten damit verbunden ist, also z. B. der Verkauf nach Probe in einem Comptoir, selbst wenn die eine der zu trennenden Waarenarten gleichzeitig dort feilgehalten oder aufbewahrt wird Es erscheint weiter als zulässig, in gleichen Räumen Butter und Margarinekäse oder Margarine und Naturkäse feilzuhalten oder aufzubewahren; ferner ist die gleichzeitige Verwendung in Fabrik- oder Restaurationsräumen gestattet.

4) Das Verbot erstreckt sich nicht auf das gleichzeitige Feilhalten von Schweineschmalz und dessen Surrogaten in dem gleichen Raum.

5) Die in den Absätzen 3—4 zugelassene Erleichterung findet nur auf den Kleinhandel Anwendnng. Der Großhandel ist aller Orten nach Abs. 1 zu behandeln.

§ 5.

In öffentlichen Angeboten, sowie in Schlußscheinen, Rechnungen, Frachtbriefen, Konnossementen, Lagerscheinen, Ladescheinen und sonstigen im Handelsverkehr üblichen Schriftstücken, welche sich auf die Lieferung von Margarine, Margarinekäse oder Kunstspeisefett beziehen, müssen die diesem Gesetz entsprechenden Waarenbezeichnungen angewendet werden.[1])

1) Angabe besonderer Markenzeichen ist nur neben den vorgeschriebenen Worten erlaubt.

§ 6.

Margarine und Margarinekäse,[1]) welche zu Handelszwecken bestimmt sind, müssen einen die allgemeine Erkennbarkeit der Waare mittelst chemischer Untersuchung erleichternden, Beschaffenheit und Farbe nicht schädigenden Zusatz erhalten.

Die näheren Bestimmungen hierüber werden vom Bundesrath erlassen und im Reichs-Gesetzblatte veröffentlicht.[2])

1) Für Kunstspeisefett gilt diese Bestimmung nicht.

2) Die näheren Bestimmungen des Bundesraths siehe in der Bekanntmachung desselben v. 4. 7 97 Abs. 1 u. 2 S 128.

§ 7.[1])

Wer Margarine, Margarinekäse oder Kunstspeisefett gewerbsmäßig herstellen will, hat davon der nach den landesrechtlichen Bestimmungen zuständigen Behörde Anzeige zu erstatten, hierbei auch die für die Herstellung, Aufbewahrung, Verpackung und Feilhaltung der Waaren dauernd bestimmten Räume[2]) zu bezeichnen und die etwa bestellten Betriebsleiter und Aufsichtspersonen namhaft zu machen.[3])

Für bereits bestehende Betriebe ist eine entsprechende Anzeige binnen zwei Monaten nach Inkrafttreten dieses Gesetzes zu erstatten.

Veränderungen bezüglich der der Anzeigepflicht unterliegenden Räume[4]) und Personen sind nach Maßgabe der Bestimmung des Absatzes 1 der zuständigen Behörde binnen drei Tagen anzuzeigen.

1) Vgl § 14 RGO.

2) Komptoir- und ähnliche Räume unterliegen nicht der Anzeigepflicht, nur diejenigen, welche mit den genannten Waaren in direkte Berührung kommen.

3) Einer Genehmigung bedarf es nicht.
4) Siehe Anm. 2.

§ 8.

Die Beamten der Polizei und die von der Polizeibehörde beauftragten Sachverständigen[1]) sind befugt, in die Räume, in denen Butter, Margarine, Margarinekäse oder Kunstspeisefett gewerbsmäßig hergestellt wird, jederzeit, in die Räume, in denen Butter, Margarine, Margarinekäse oder Kunstspeisefett aufbewahrt, feilgehalten oder verpackt wird, während der Geschäftszeit einzutreten und daselbst Revisionen[2]) vorzunehmen, auch nach ihrer Auswahl Proben zum Zwecke der Untersuchung gegen Empfangsbescheinigung zu entnehmen. Auf Verlangen ist ein Theil der Probe amtlich verschlossen oder versiegelt zurückzulassen und für die entnommene Probe eine angemessene Entschädigung zu leisten.

1) Wen die Polizeibehörde als Sachverständigen benutzen will, ist ihrem Ermessen anheimgestellt, soweit es sich um die Vornahme der Revision handelt. Soll der Sachverständige jedoch auch gleichzeitig Prüfungen der vorgefundenen Waaren vornehmen, dann ist ein Unterschied zu machen zwischen den approbirten Nahrungsmittelchemikern und sonstigen Sachverständigen. Die letzteren führen event nur die in dem Rundschreiben des Reichskanzlers v. 28. 8. 97 empfohlenen Vorproben aus und haben in dem Falle der Beobachtung von Unregelmäßigkeiten die weitere Untersuchung durch Nahrungsmittelchemiker nach der „Anweisung" v. 1. 4. 98 zu veranlassen. Nur auf Grund des Ergebnisses dieser Prüfung kann die Behörde event. einschreiten. Siehe § 12.

Wegen des Allgemeinen vgl. man die §§ 2 u. 3 NMG.

2) Der bloße Verdacht, daß irgendwo Gegenstände der genannten Art feilgehalten oder aufbewahrt werden, berechtigt noch nicht zur Vornahme einer Revision. Nur die gemäß § 7 gemeldeten Räumlichkeiten unterliegen der ordentlichen Revision. Sollen andere Räume besichtigt werden, so bedarf es einer gemäß §§ 102 ff. StPO. veranlaßten Durchsuchung.

§ 9.

Die Unternehmer von Betrieben, in denen Margarine, Margarinekäse oder Kunstspeisefett gewerbsmäßig hergestellt wird, sowie die von ihnen bestellten Betriebsleiter und Aufsichtspersonen [1]) sind verpflichtet, der Polizeibehörde oder deren Beauftragten auf Erfordern Auskunft über das Verfahren bei Herstellung der Erzeugnisse, über den Umfang [2]) des Betriebs und über die zur Verarbeitung gelangenden Rohstoffe, insbesondere auch über deren Menge und Herkunft zu ertheilen.

1) Arbeiter u. dergl. sind zu keiner Auskunft verpflichtet.

2) Es kann sich bei der ganzen Auskunftsertheilung selbstverständlich nur um technische und hygienische Angelegenheiten, die für die Durchführung des Gesetzes von Bedeutung sind, handeln. Die geschäftlichen Beziehungen und Verhältnisse gehen die Polizei nichts an.

§ 10.

Die Beauftragten der Polizeibehörde sind, vorbehaltlich der dienstlichen Berichterstattung und der Anzeige von Gesetzwidrigkeiten verpflichtet, über die

Thatsachen und Einrichtungen, welche durch die Ueberwachung und Kontrole der Betriebe zu ihrer Kenntniß kommen, Verschwiegenheit zu beobachten und sich der Mittheilung und Nachahmung der von den Betriebsunternehmern geheim gehaltenen, zu ihrer Kenntniß gelangten Betriebseinrichtungen und Betriebsweisen, so lange als diese Betriebsgeheimnisse sind,[1]) zu enthalten.

Die Beauftragten der Polizeibehörde sind hierauf zu beeidigen.[2])

1) Geheimniß ist jede Kenntniß, die nur wenigen Betheiligten zu Gebote steht Geschäfts- oder Betriebsgeheimnisse sind solche, welche den Erwerb dessen, der sich in ihrem Besitz befindet, fördern oder wenigstens nach seiner Ansicht fördern.

Vgl. RG. II. Strafsenat v. 2 3. 97. E. XXIX, 426.

2) Das Unterlassen der Beeidigung durch die Polizei schließt die Thätigkeit der Beauftragten und deren Verantwortlichkeit nicht aus, sondern würde höchstens der vorgesetzten Verwaltungsbehörde eine Ursache zu dienstlicher Rüge geben.

§ 11

Der Bundesrath ist ermächtigt, das gewerbsmäßige Verkaufen und Feilhalten von Butter, deren Fettgehalt nicht eine bestimmte Grenze erreicht oder deren Wasser- oder Salzgehalt eine bestimmte Grenze überschreitet, zu verbieten.[1])

1) Eine solche Reichsverordnung ist bisher nicht ergangen. Von Interesse ist jedoch ein Gutachten des Gesundheitsamtes vom Jahre 1892 (siehe Anhang zu diesem Gesetz).

Vielfach ist diese Angelegenheit ortspolizeilich geregelt. Vgl. ein im Anhang mitgetheiltes Beispiel.

§ 12.

Der Bundesrath ist ermächtigt,

1. nähere, im Reichs-Gesetzblatte zu veröffentlichende Bestimmungen zur Ausführung der Vorschriften des § 2 zu erlassen,[1])
2. Grundsätze aufzustellen, nach welchen die zur Durchführung dieses Gesetzes, sowie des Gesetzes vom 14. Mai 1879, betreffend den Verkehr mit Nahrungsmitteln, Genußmitteln und Gebrauchsgegenständen (Reichs-Gesetzbl. S. 145), erforderlichen Untersuchungen von Fetten und Käsen vorzunehmen sind.[2])

1) Zu 1 hat der Bundesrath die im Anhang zu diesem Gesetze abgedruckte Verordnung v 4. 7. 97 erlassen.

2) Unter dem 1. 4 98 ist diese „Anweisung zur chemischen Untersuchung von Fetten und Käsen" ergangen (Centralbl. f d. D. R 1898, 201—216). Der Abdruck der rein technischen Anweisung unterbleibt hier.

§ 13.

Die Vorschriften dieses Gesetzes finden auf solche Erzeugnisse der im § 1 bezeichneten Art, welche zum Genusse für Menschen nicht bestimmt sind, keine Anwendung.

Der Inhalt dieses Paragraphen deckt sich mit der Judikatur über den Umfang der Gültigkeit der Nahrungsmittelgesetzgebung überhaupt. (Vgl. den allgemeinen Theil, Nahrungs- und Genußmittel, sowie Erk.

d. RG. v. 2. 7. 81, R. III, 456 und v. 7. 3. 82, R. IV, 231 2c.) Gleicherweise ausgeschlossen bleibt die Anwendung dieses Gesetzes auf zu Heilzwecken hergestellte Produkte oder Mischungen und auf technische Präparate.

§ 14 [1])

Mit Gefängniß bis zu sechs Monaten und mit Geldstrafe bis zu eintausendfünfhundert Mark oder mit einer dieser Strafen wird bestraft:

1. wer zum Zwecke der Täuschung im Handel und Verkehr eine der nach § 3 unzulässigen Mischungen herstellt;[2])
2. wer in Ausübung eines Gewerbes[3]) wissentlich solche Mischungen verkauft, feilhält oder sonst in Verkehr bringt;[4])
3. wer Margarine oder Margarinekäse ohne den nach § 6 erforderlichen Zusatz vorsätzlich herstellt oder wissentlich verkauft, feilhält oder sonst in Verkehr bringt.[4])

Im Wiederholungsfalle[5]) tritt Gefängnißstrafe bis zu sechs Monaten ein, neben welcher auf Geldstrafe bis zu eintausendfünfhundert Mark erkannt werden kann; diese Bestimmung findet nicht Anwendung, wenn seit dem Zeitpunkt, in welchem die für die frühere Zuwiderhandlung erkannte Strafe verbüßt oder erlassen ist, drei Jahre verflossen sind.[6])

1) Zuständig zur Aburtheilung sind die Strafkammern, doch ist Ueberweisung an die Schöffengerichte gemäß § 75 Ziffer 14 GVG. zulässig.

2) Die Herstellung der Mischungen zum Zwecke des Handels ist auf alle Fälle strafbar: Geschieht die Her-

stellung zum Zweck der Täuschung in Handel und Verkehr, aus § 14 Ziffer 1; ist keine Täuschung beabsichtigt, so erfolgt Strafe aus § 18.

3) In Ausübung eines Gewerbes ist gleichbedeutend mit gewerbsmäßig. Daß das Gewerbe unter Beobachtung der zum Beginn desselben etwa erforderlichen Formalitäten begonnen sei, ist nicht erforderlich. „Unter dem Gewerbe ist, entsprechend der Entwicklung des Gewerbewesens und im Einklange mit der Entwicklung des Gewerbewesens, nicht ein gesetzlich umschriebener Kreis von Befugnissen, sondern jede fortgesetzte, auf Erwerb gerichtete Thätigkeit zu verstehen." RG. I. Strafsenat v. 8 4. 95.

Ein gelegentliches Ueberlassen, auch gegen Entgelt, fällt nicht unter diese Strafbestimmung.

4) Wegen „Verkaufen", „Feilhalten", „In Verkehr bringen" siehe den allgemeinen Theil.

5) Schon bei der ersten Wiederholung ist Geldstrafe allein ausgeschlossen

6) Der Versuch ist in allen Fällen des § 14 nicht strafbar.

§ 15.[1])

Mit Geldstrafe bis zu eintausendfünfhundert Mark oder mit Gefängniß bis zu drei Monaten wird bestraft, wer als Beauftragter[2]) der Polizeibehörde unbefugt Betriebsgeheimnisse,[3]) welche kraft seines Auftrags zu seiner Kenntniß gekommen sind, offenbart, oder geheimgehaltene Betriebseinrichtungen oder Betriebsweisen, von denen er kraft seines Auftrags Kenntniß erlangt hat, nachahmt, solange dieselben noch Betriebsgeheimnisse sind.

Die Verfolgung tritt nur auf Antrag des Betriebsunternehmers ein.[4])

1) Zuständig zur Aburtheilung sind die Strafkammern der Landgerichte; Ueberweisung an die Schöffengerichte ist gemäß § 75 Ziffer 14 zulässig

2) Vgl. §§ 9 u. 10.

3) Vgl. Anm. 1 zu § 10.

4) Die Zurücknahme des einmal gestellten Antrages ist nicht zulässig. Als Betriebsunternehmer müssen auch die Direktoren und Geschäftsführer der Aktien- und andern Gesellschaften gelten.

§ 16.[1])

Mit Geldstrafe von fünfzig bis zu einhundertfünfzig Mark oder mit Haft wird bestraft:

1. wer den Vorschriften des § 8 zuwider den Eintritt in die Räume, die Entnahme einer Probe oder die Revision verweigert;[2])
2. wer die in Gemäßheit des § 9 von ihm erforderte Auskunft nicht ertheilt oder bei der Auskunftertheilung wissentlich unwahre Angaben macht.[3])

1) Zuständig zur Aburtheilung sind die Schöffengerichte.

2) Die Weigerung ist nur dann als straffällig zu betrachten, wenn eine Revision überhaupt nicht stattfand, so daß sich der Revisor wieder entfernen mußte.

3) Siehe die Anm. zu § 9.

§ 17.[1])

Mit Geldstrafe bis zu einhundertfünfzig Mark oder mit Haft bis zu vier Wochen wird bestraft:

1. wer den Vorschriften des § 7 zuwiderhandelt;
2. wer bei der nach § 9 von ihm erforderten

Auskunftertheilung aus Fahrlässigkeit unwahre Angaben macht.

1) Siehe Anm. 1 zu § 16.

§ 18.[1])

Außer den Fällen der §§ 14 bis 17 werden Zuwiderhandlungen gegen die Vorschriften dieses Gesetzes sowie gegen die in Gemäßheit der §§ 11 und 12 Ziffer 1 ergehenden Bestimmungen des Bundesraths mit Geldstrafe bis zu einhundertfünfzig Mark oder mit Haft bestraft.

Im Wiederholungsfall ist auf Geldstrafe bis zu sechshundert Mark, oder auf Haft, oder auf Gefängniß bis zu drei Monaten zu erkennen. Diese Bestimmung findet keine Anwendung, wenn seit dem Zeitpunkt, in welchem die für die frühere Zuwiderhandlung erkannte Strafe verbüßt oder erlassen ist, drei Jahre verflossen sind.

1) Siehe Anm. 1 zu § 16.

§ 19.

In den Fällen der §§ 14 und 18 kann neben der Strafe auf Einziehung der verbotswidrig hergestellten, verkauften, feilgehaltenen oder sonst in Verkehr gebrachten Gegenstände erkannt werden, ohne Unterschied, ob sie dem Verurtheilten gehören oder nicht.[1])

Ist die Verfolgung oder Verurtheilung einer bestimmten Person nicht ausführbar, so kann auf die Einziehung selbständig erkannt werden.

1) Siehe die Anm. 2 zu § 9 des Ges. v. 20. 4. 92.

§ 20.

Die Vorschriften des Gesetzes, betreffend den Verkehr mit Nahrungsmitteln, Genußmitteln und Gebrauchsgegenständen, vom 14. Mai 1879 (Reichs-Gesetzbl. S. 145) bleiben unberührt. Die Vorschriften in den §§ 16, 17 desselben finden auch bei Zuwiderhandlungen gegen die Vorschriften des gegenwärtigen Gesetzes mit der Maßgabe Anwendung, daß in den Fällen des § 14 die öffentliche Bekanntmachung der Verurtheilung angeordnet werden muß [1])

1) In allen Fällen von Verurtheilungen aus dem Nahrungsmittelgesetz **kann** die Publikation erfolgen, bei solchen aus § 14 dieses Gesetzes **muß** sie es.

Ein freisprechendes Erkenntniß kann das Gericht nicht aus eigenem Entschluß veröffentlichen, **muß** dagegen etwaigen darauf gerichteten Anträgen Folge geben.

§ 21.

Die Bestimmungen des § 4 treten mit dem 1. April 1898 in Kraft.

Im Uebrigen tritt dieses Gesetz am 1. Oktober 1897 in Kraft. Mit diesem Zeitpunkte tritt das Gesetz, betreffend den Verkehr mit Ersatzmitteln für Butter, vom 12. Juli 1887 (Reichs-Gesetzbl. S. 375) außer Kraft.

Urkundlich unter Unserer Höchsteigenhändigen Unterschrift und beigedrucktem Kaiserlichen Insiegel.

Gegeben Neues Palais, den 15. Juni 1897.

(L. S.) **Wilhelm.**

von Boetticher.

Anhang zum Gesetz vom 15. 6. 97.

a) Bekanntmachung, betreffend Bestimmungen zur Ausführung des Gesetzes über den Verkehr mit Butter, Käse, Schmalz und deren Ersatzmitteln.

Vom 4. Juli 1897. (RGBl. 1897, S. 581.)

Zur Ausführung der Vorschriften in § 2 und § 6 Absatz 1 des Gesetzes, betreffend den Verkehr mit Butter, Käse, Schmalz und deren Ersatzmitteln, vom 15. Juni 1897 (Reichs-Gesetzbl. S. 475) hat der Bundesrath in Gemäßheit der § 12 Nr. 1 und § 6 Absatz 2 dieses Gesetzes die nachstehenden Bestimmungen beschlossen:

1. Um die Erkennbarkeit von Margarine und Margarinekäse, welche zu Handelszwecken bestimmt sind, zu erleichtern (§ 6 des Gesetzes, betreffend den Verkehr mit Butter, Käse, Schmalz und deren Ersatzmitteln, vom 15. Juni 1897), ist den bei der Fabrikation zur Verwendung kommenden Fetten und Oelen Sesamöl zuzusetzen. In 100 Gewichtstheilen der angewandten Fette und Oele muß die Zusatzmenge bei Margarine mindestens 10 Gewichtstheile, bei Margarinekäse mindestens 5 Gewichtstheile Sesamöl betragen.

Der Zusatz des Sesamöls hat bei dem Vermischen der Fette vor der weiteren Fabrikation zu erfolgen

2. Das nach Nr. 1 zuzusetzende Sesamöl muß folgende Reaktion zeigen:

Wird ein Gemisch von 0,5 Raumtheilen Sesamöl und 99,5 Raumtheilen Baumwollsamenöl oder Erdnußöl mit 100 Raumtheilen rauchender Salzsäure vom spezifischen Gewicht 1,19 und einigen Tropfen einer 2 prozentigen alkoholischen Lösung von Furfurol geschüttelt, so muß die unter der Oelschicht sich absetzende Salzsäure eine deutliche Rothfärbung annehmen.

Das zu dieser Reaktion dienende Furforol muß farblos sein.

3. Für die vorgeschriebene Bezeichnung der Gefäße und äußeren Umhüllungen, in welchen Margarine, Margarinekäse oder Kunstspeisefett gewerbsmäßig verkauft oder feilgehalten wird (§ 2 Absatz 1 des Gesetzes), sind die anliegenden Muster mit der Maßgabe zum Vorbilde zu nehmen, daß die Länge der die Inschrift umgebenden Einrahmung nicht mehr als das Siebenfache der Höhe, sowie nicht weniger als 30 Centimeter und nicht mehr als 50 Centimeter betragen darf. Bei runden oder länglich runden Gefäßen, deren Deckel einen größten Durchmesser von weniger als 35 Centimeter hat, darf die Länge der die Inschrift umgebenden Einrahmung bis auf 15 Centimeter ermäßigt werden.

4. Der bandförmige Streifen von rother Farbe in einer Breite von mindestens 2 Centimeter bei Gefäßen bis zu 35 Centimeter Höhe und in einer Breite von mindestens fünf Centimeter bei Gefäßen von größerer Höhe (§ 2 Absatz 1 des Gesetzes) ist parallel zur unteren Randfläche und mindestens 3 Centimeter von dem oberen Rande entfernt anzubringen. Der Streifen muß sich oberhalb der unter Nr 3 bezeichneten Inschrift befinden und ohne Unterbrechung um das ganze Gefäß gezogen sein. Derselbe darf die Inschrift und deren Umrahmung nicht berühren und auf den das Gefäß umgebenden Reifen oder Leisten nicht angebracht sein.

5. Der Name oder die Firma des Fabrikanten, sowie die Fabrikmarke (§ 2 Absatz 2 des Gesetzes) sind unmittelbar über, unter oder neben der in Nr. 3 bezeichneten Inschrift anzubringen, ohne daß sie den in Nr. 4 erwähnten rothen Streifen berühren.

6. Die Anbringung der Inschriften und der Fabrikmarke (Nr 3 und 5) erfolgt durch Einbrennen oder Aufmalen. Werden die Inschriften aufgemalt, so sind sie auf weißem oder hellgelbem Untergrunde mit schwarzer Farbe herzustellen. Die Anbringung des

rothen Streifens (Nr. 4) geschieht durch Aufmalen. Bis zum 1. Januar 1898 ist es gestattet, die Inschrift „Margarinekäse", „Kunstspeisefett", die Fabrikmarke und den rothen Streifen auch mittelst Aufklebens von Zetteln oder Bändern anzubringen.

7. Die Inschriften und die Fabrikmarke (Nr. 3 und 5) sind auf den Seitenwänden des Gefäßes an mindestens zwei sich gegenüberliegenden Stellen, falls das Gefäß einen Deckel hat, auch auf der oberen Seite des letzteren, bei Fässern auch auf beiden Böden anzubringen.

8. Für die Bezeichnung der würfelförmigen Stücke (§ 2 Absatz 4 des Gesetzes) sind ebenfalls die anliegenden Muster zum Vorbilde zu nehmen. Es findet jedoch eine Beschränkuug hinsichtlich der Größe (Länge und Höhe) der Einrahmung nicht statt. Auch darf das Wort „Margarine" in zwei, das Wort „Margarinekäse" in drei unter einander zu setzende, durch Bindestriche zu verbindende Theile getrennt werden.

9. Auf die beim Einzelverkaufe von Margarine, Margarinekäse und Kunstspeisefett verwendeten Umhüllungen (§ 2 Absatz 3 des Gesetzes) findet die Bestimmung unter Nr. 3 Satz 1 mit der Maßgabe Anwendung, daß die Länge der die Inschrift umgebenden Einrahmung nicht weniger als 15 Centimeter betragen darf. Der Name oder die Firma des Verkäufers ist unmittelbar über, unter oder neben der Inschrift anzubringen.

Der Stellvertreter des Reichskanzlers.

Graf von Posadowsky.

MARGARINE

MARGARINEKAESE

KUNST-SPEISEFETT

b) Runderlaß v. 24. 3. 98 an die Regierungs-Präsidenten in Preußen, betreffend § 4 des Margarinegesetzes.

Am 1. April d J. werden die Vorschriften des § 4 des Gesetzes, betreffend den Verkehr mit Butter, Käse, Schmalz und deren Ersatzmitteln, vom 15. Juni 1897 (Reichs Gesetzblatt S. 475) in Kraft treten, wonach die Geschäftsräume für Butter oder Butterschmalz sowie für Käse einerseits und für Margarine oder Kunstspeisefett sowie für Margarinekäse andererseits getrennt sein müssen.

Dem in Handelskreisen laut gewordenen Wunsche, diese Gesetzesvorschrift von seiten des Bundesraths durch den Erlaß von Ausführungsbestimmungen zu erläutern und insbesondere eine Feststellung darüber herbeizuführen, in welcher Weise die Trennung der Räume bewirkt werden muß, um nicht mit dem Gesetze in Widerspruch zu gerathen, hat keine Folge gegeben werden können, da die Beurtheilung der Frage, unter welchen Voraussetzungen ein Geschäftsraum als ein selbständiger im Sinne des vorgedachten § 4 zu betrachten ist, in die Zuständigkeit der Gerichte fällt

Um aber den Gewerbetreibenden Aufschluß darüber zu ertheilen, durch welche Art von Trennungsvorrichtungen sie den gesetzlichen Anforderungen Genüge leisten können, sind auf einer Verständigung unter den Bundesregierungen beruhende Grundsätze aufgestellt worden, nach welchen die mit der Ueberwachung des Gesetzesvollzugs betrauten Polizeibehörden in jedem Falle zu beurtheilen haben werden, ob die Trennung der Räume als ausreichend zu betrachten ist. Diese nachstehend aufgeführten, den Polizeibehörden zur Richtschnur für ihre Kontrolthätigkeit gegebenen Grundsätze haben zwar für die Gerichte keine verbindliche Kraft, gewinnen aber immerhin eine erhebliche praktische Bedeutung insofern, als dann, wenn die Polizeibehörden nach Maßgabe der allgemeinen Weisung einen Grund zur Beanstandung eines Geschäftsraumes nicht für gegeben erachten, in der Regel die Einleitung eines strafgerichtlichen Verfahrens unterbleiben wird. Ueberdies werden die Gerichte bei Aburtheilung von Zuwiderhandlungen gegen die Vorschrift des Gesetzes das zur Verurtheilung erforderliche Bewußtsein der Strafbarkeit voraussichtlich nicht als vorhanden annehmen, wenn die Einrichtung einer Betriebsstelle den von der Polizeibehörde aufgestellten Grundsätzen entspricht.

Es ist übrigens bei der Aufstellung der Grundsätze von der Annahme ausgegangen, daß mit der Bestimmung des § 4 des Gesetzes nicht beabsichtigt ist, den Verkauf von Butter, Butterschmalz und Käse einerseits und von Margarine, Kunstspeisefett und Margarinekäse andererseits größeren Beschränkungen zu unterwerfen, als es zur Erreichung des Zweckes jener Vorschrift, die absichtliche oder fahrlässige Unterschiebung von Margarine 2c. an Stelle von Butter oder die betrügerische Abgabe von Mischbutter an Stelle von unverfälschter Waare nach Möglichkeit zu verhüten, erforderlich erscheint.

Indem wir nachstehend die Grundsätze folgen lassen, ersuchen wir, die nachgeordneten Behörden 2c. in geeigneter Weise hiernach mit Anweisung zu versehen, bezw. hiernach das Weitere zu veranlassen.

Berlin, den 24. März 1898.

Der Minister der geistlichen 2c. Angelegenheiten.
Der Minister für Landwirthschaft
Der Minister des Innern.
Der Minister für Handel und Gewerbe.

c) Grundsätze,

betreffend die Trennung der Geschäftsräume für Butter 2c und Margarine 2c. (§ 4 des Gesetzes, betreffend den Verkehr mit Butter, Käse, Schmalz und deren Ersatzmitteln, vom 15. Juni 1897, Reichs-Gesetzblatt Seite 475).

Die Verkaufsstätten für Butter oder Butterschmalz einerseits und für Margarine oder Kunstspeisefett andererseits müssen, falls diese Waaren nebeneinander in einem Geschäftsbetriebe feilgehalten werden, derart getrennt sein, daß ein unauffälliges Hinüber- oder Herüberschaffen der Waare während des Geschäftsbetriebs verhindert und insbesondere die Möglichkeit, an Stelle von Butter oder Butterschmalz unbemerkt Margarine oder Kunstspeisefett dem kaufenden Publikum zu verabreichen, thunlichst ausgeschlossen wird Die Entscheidung darüber, in welcher Weise diesen Anforderungen entsprochen wird, kann nur unter Berücksichtigung der besonderen Verhältnisse jedes Einzelfalles und namentlich der Beschaffenheit der dabei in Betracht kommenden Räume erfolgen. Doch werden im allgemeinen folgende Grundsätze zur Richtschnur dienen können:

1. Es ist nicht erforderlich, daß die Räume je einen besonderen Zugang für das Publikum besitzen. Es ist vielmehr zulässig, das ein gemeinschaftlicher Eingang für die verschiedenen Räume besteht.

2. Wenn auch die Scheidewände nicht aus feuerfestem Material hergestellt zu sein brauchen, so müssen sie immerhin einen so dichten Abschluß bilden, daß jeder unmittelbare Zusammenhang der Räume, soweit er nicht durch Durchgangsöffnungen hergestellt ist, ausgeschlossen wird. Als ausreichend sind beispielsweise zu betrachten abschließende Wände aus Brettern, Glas, Zement- oder Gipsplatten. Dagegen können Lattenverschläge, Vorhänge, weitmaschige Gitterwände, verstellbare Abschlußvorrichtungen nicht als genügend betrachtet werden Bei offenen Verkaufsständen auf Märkten können jedoch auch Einrichtungen der letzteren Art geduldet werden. Die Scheidewände müssen in der Regel vom Fußboden bis zur Decke reichen und den Raum auch in seiner ganzen Breite oder Tiefe abschließen.

3. Die Verbindung zwischen den abgetrennten Räumen darf mittels einer oder mehrerer Durchgangsöffnungen hergestellt sein. Derartige Oeffnungen sind in der Regel mit Thürverschluß zu versehen.

Die vorstehenden Grundsätze finden sinngemäße Anwendung auf die Räume zur Aufbewahrung und Verpackung der bezeichneten Waaren.

Nach den gleichen Gesichtspunkten ist die Trennung der Geschäftsräume fur Käse und Margarinekäse zu beurtheilen.

d) Preußischer Erlaß der betheiligten Ressortminister v. 19. 7. 98 zur Ausführung des Gesetzes über den Verkehr mit Butter, Käse, Schmalz und deren Ersatzmitteln.

Zur weiteren wirksamen Ausführung des Gesetzes über den Verkehr mit Butter, Käse, Schmalz und deren Ersatzmitteln vom 15. Juni 1897 (RGBl. S. 475) und im Anschluß an die Erlasse vom 22 Februar d. J — M. 5244 — und 24. März d. J. — M. 5718 — halten wir eine strenge und thunlichst häufige Revision der Fabrikationsstätten, Lagerräume und der Verkaufsstätten für Margarine, Margarinekäse und sonstige Ersatzmittel für Speisefette 2c. und im Falle der Auffindung gesundheitsschädlicher Materialien ein strafrechtliches Vorgehen für erforderlich. Die Handhaben hierfür bieten einerseits die §§ 8 und 9 des Gesetzes vom 15. Juni 1897, andererseits das Nahrungsmittelgesetz vom 14. Mai 1879, welches sich nicht nur auf die zum Genusse fertiggestellten Nahrungsmittel, sondern auch auf die regelmäßig oder doch wenigstens häufig zur Bereitung von Nahrungsmitteln dienenden Rohstoffe bezieht (vgl. Reichsgerichts-Urtheil vom 1. Juni 1893 im Beilagen-Band III der „Veröffentlichungen des Kaiserlichen Gesundheitsamts" S. 50), sowie die von der Fürsorge der Polizeibehörden für Leben und Gesundheit des Publikums handelnden Bestimmungen des § 10 Titel 17 Theil II des Allgemeinen Landrechts (vgl. Urtheil des Ober-Verwaltungsgerichts vom 14. Oktober 1893 in den „Veröffentlichungen des Kaiserlichen Gesundheitsamts" Jahrgang 1894 S. 544.)

Die Revision der Räume, in welchen Ersatzmittel für Butter 2c. gewerbsmäßig hergestellt, aufbewahrt, verpackt oder feilgehalten werden, ist nach den §§ 8 und 9 des Gesetzes vom 15 Juni 1897 in viel ausgiebigerer Weise, als nach den früheren gesetzlichen Bestimmungen, möglich. Bei strenger Durchführung der Kontrolle werden die Vorschriften des Gesetzes voraussichtlich Beachtung finden

Wir machen noch besonders auf folgendes aufmerksam:

1. Der gesetzlichen Regelung ist künftig auch der Verkehr mit Margarinekäse und Kunstspeisefett unterworfen. Die Kontrollbehörden werden daher auch der Herstellung und dem Vertriebe dieser Nahrungsmittel erhöhte Aufmerksamkeit zuzuwenden haben. Namentlich bei dem Kunstspeisefett, das einen weitverbreiteten Handelsartikel bildet und als Ersatz für Schweineschmalz vielfach Verwendung findet, wird die Einhaltung der neuen Vorschriften über die Kennzeichnung und den Verkauf der Waare sorgfältig zu überwachen sein.

Dringend erwünscht ist es im sanitätspolizeilichen Interesse, daß von der im § 8 den Polizeibehörden eingeräumten Befugniß zur Revision der Fabrikationsstätten für Butter, Margarine, Margarinekäse und Kunstspeisefett thunlichst häufig Gebrauch gemacht wird

Bei der Besichtigung der Räume wird das Augenmerk hauptsächlich darauf zu richten sein, daß die zur Fabrikation verwendeten Rohmaterialien von einwandfreier Beschaffenheit sind und daß Reinlichkeit im Betriebe herrscht. Bei der Butter wird die Revision vorwiegend auf diejenigen Betriebe, in welchen eine Butterproduktion in größerem Umfange stattfindet (Meiereien), sowie auf die Räume, in denen die sogenannte Faktorei- und Packbutter für den Export zubereitet wird, sich zu erstrecken haben. Es empfiehlt sich, mit der Vornahme dieser Revisionen nicht Laien, sondern zuverlässige, in den Betriebsverhältnissen bewanderte Sachverständige zu betrauen.

3. Wenn die Bestimmung des § 6 über die latente Färbung der Margarine und des Margarinekäses ihren Zweck erfüllen soll, so ist es unerläßlich, strenge darüber zu wachen, daß nur Margarine oder Margarinekäse in den Verkehr gelangen, welche mit dem in der Bekanntmachung vom 4. Juli 1897 (Reichs-Gesetzbl. S. 591) vorgeschriebenen Zusatz von Sesamöl versehen worden sind. Zu diesem Behufe werden die Betriebe für Herstellung von Margarine und Margarinekäse einer regelmäßigen, von Zeit zu Zeit auch unvermuthet vorzunehmenden Revision nach der Richtung zu unterwerfen sein, daß das bezeichnete Färbemittel unmittelbar bei der Fabrikation zugesetzt wird. Auch werden fortlaufend Stichproben aus den Waarenvorräthen der Fabriken zu entnehmen und auf den vorschriftsmäßigen Sesamöl-Zusatz zu untersuchen sein.

Die von einem geprüften Nahrungsmittel-Chemiker auszuführende Untersuchung ist nach Maßgabe der gemäß § 12 Nr. 2 des Gesetzes vom 15. Juni 1897 vom Bundesrath unter dem 22. März d J. erlassenen Vorschriften auszuführen. (Anweisung zur Prüfung von Margarine und Margarinekäse auf den vorgeschriebenen Gehalt an Sesamöl, Zentralblatt fur das Deutsche Reich vom 8. April dieses Jahres Nr 15 S. 201 ff.)

Ueber den Erfolg der Ausführung dieser Vorschriften erwarten wir bis zum 31. Dezember 1899 Bericht.

Berlin den 19 Juli 1898.

Der Minister der auswärtigen Angelegenheiten.

Der Finanzminister. Der Minister für Landwirthschaft.

Der Minister der Medizinal-Angelegenheiten.

Der Minister des Innern.

e) Allgemeine Verfügung vom 7. November 1898, betr. die Ausführung des Gesetzes über den Verkehr mit Butter, Käse, Schmalz und deren Ersatzmitteln.

Aus Interessentenkreisen verlautet, daß das Gesetz, betreffend den Verkehr mit Butter, Käse, Schmalz und deren Ersatzmitteln, vom 15 Juni 1897 (RGBl. S. 475) auf den Handel mit Kunstspeisefett nicht mit der wünschenswerthen Strenge zur Anwendung gebracht wird. Als Kunstspeisefett sind nach dem Gesetze (§ 1 Absatz 4) alle diejenigen, dem Schweinefett ähnlichen Zubereitungen zu betrachten, deren Fettgehalt nicht ausschließlich aus Schweinefett besteht Ausgenommen sind unverfälschte Fette bestimmter Thier- und Pflanzenarten, welche unter den ihrem Ursprung entsprechenden Bezeichnungen in den Verkehr gebracht werden.

Wie für Margarine und Margarinekäse, so ist auch für Kunstspeisefett insbesondere die Bestimmung getroffen worden, daß die Verkaufsräume mit einer besonderen Inschrift versehen werden müssen (§ 1 Absatz 1), die Gefäße, in welchen die Waare verkauft oder feilgehalten wird, mittelst Aufschriften und Anbringung eines rothen bandförmigen Streifens zu kennzeichnen und die Umhüllungen, in welchen beim Einzelverkauf die Abgabe erfolgt, durch Inschriften kenntlich zu machen sind (§ 2), ferner in öffentlichen Angeboten, in Rechnungen, Frachtbriefen ꝛc. für die Bezeichnung der Waare der Ausdruck „Kunstspeisefett" anzuwenden ist (§ 5).

Nach den im öffentlichen Verkehr gemachten Beobachtungen erscheint die Annahme nicht unbegründet, daß die neuen Bestimmungen beim Handel mit Kunstspeisefett noch vielfach unbeachtet bleiben. Eine strenge Handhabung des Gesetzes ist aber umsomehr erforderlich, als anerkanntermaßen der Verbrauch von Kunstspeisefetten einen sehr großen Umfang einnimmt, die unter dem Namen „Speisefett", „Sparfett", „Raffinirtes Schmalz", „Bratenschmalz", „Amerikanisches Schweineschmalz" und ähnlichen Bezeichnungen im Handel befindlichen Speise- und Kochfette aber häufig eine keineswegs einwandfreie Zusammensetzung aufweisen und an Nährwerth hinter dem reinen Schweineschmalz, als welches sie in der Regel dem Käufer gegenüber ausgegeben werden, erheblich zurückstehen. Es wird in dieser Hinsicht auf die Darlegungen Bezug genommen, welche im Abschnitt V der technischen Erläuterungen des Kaiserlichen Gesundheitsamts zu dem Entwurfe des neuen Margarinegesetzes — Reichstags-Drucksache Nr 72 vom Jahre 1895/96 S. 78 ff. — über Wesen, Zusammensetzung und wirthschaftlichen Gebrauchswerth der Kunstspeisefette enthalten sind. Namentlich die Beschaffenheit der ausländischen Schweineschmalz-Zubereitungen, deren Einfuhr stetig wächst und im abgelaufenen Jahre nicht weniger als 976 829 dz im Werthe von 50 Millionen Mark, darunter aus Amerika 935 622 dz im Werthe von 43 Millionen Mark betrug, weist auf die dringende Nothwendigkeit einer thunlichst strengen und allgemeinen Durchführung der in dem Gesetze vorgesehenen Kontrolmaßnahmen hin. Erst wenn durch einen allseitigen, wirksamen Gesetzesvollzug den Gewerbetreibenden zum Bewußtsein gebracht wird, daß ihre Betriebe und Geschäftsgepflogenheiten einer strengen Ueberwachung seitens der Polizeibehörden unterstehen, läßt sich die Erreichung des mit den neuen Vorschriften verfolgten Zieles erwarten.

Wir ersuchen, die nachgeordneten Behörden 2c. hiernach mit geeigneter Weisung zu versehen. Insbesondere ist darauf Bedacht zu nehmen, thunlichst häufig Proben der in Betracht kommenden Fettzubereitungen zu entnehmen und auf ihre Beschaffenheit untersuchen zu lassen, die Einhaltung der Deklarationsvorschriften im Handelsverkehr (§§ 1, 2, 5) und die Befolgung der Anmeldepflicht für Räume, in denen Kunstspeisefett gewerbsmäßig hergestellt wird (§ 7) zu überwachen, die strafrechtliche Verfolgung von Zuwiderhandlungen herbeizuführen und von den den Behörden eingeräumten Befugnissen zur Vornahme von Revisionen in den Räumen, wo Kunstspeisefett hergestellt, aufbewahrt, feilgehalten oder verpackt wird (§ 8), möglichst weitgehenden Gebrauch zu machen.

Wegen der Verfahren, welche zur Untersuchung des Schweineschmalzes und sonstiger Speisefette anzuwenden sind, wird auf die Abschnitte III und IV der vom Bundesrathe beschlossenen Anweisung zur chemischen Untersuchung von Fetten und Käsen (Anhang zu Nr. 15 des Centralblattes für das Deutsche Reich 1898 S. 201), auf welche in dem Runderlaß vom 14. Mai d. Js. (Minist.-Bl. 1898 S. 123) aufmerksam gemacht worden ist, verwiesen. Berlin, den 7. November 1898.

f) Polizeiverordnung betr. den Verkehr mit Butter. Oppeln, den 7. März 1898.

Auf Grund der §§ 5, 6 des Gesetzes über die Polizeiverwaltung vom 11. März 1850 und des § 143 des Gesetzes über die allgemeine Landesverwaltung vom 30. Juli 1883 wird unter Zustimmung des Magistrats nachstehende Polizeiverordnung für den Polizeibezirk der Stadt Oppeln erlassen.

§ 1. Unter der Bezeichnung „Butter" darf nur dasjenige Milchfett feilgehalten oder verkauft werden, welches mindestens 80% reines Butterfett und nicht mehr als 16% Wasser und 3% Kochsalz enthält.

§ 2. Butter darf nur nach Gewicht und zwar nur nach den Gewichtssätzen von $\frac{1}{8}$, $\frac{1}{4}$, $\frac{1}{2}$ und 1 kg oder den Multiplen des letzteren verkauft werden.

§ 3. Die Entnahme von Butter aus Gefäßen zum Einzelverkauf hat nur mittels eines reinen geeigneten

Messers zu erfolgen, welches vom Publikum nicht berührt werden darf.

§ 4. Gefäße und Umhüllungen, aus welchen Butter verkauft oder feilgehalten werden soll, müssen rein sein, dürfen nicht abfärben oder schädliche Stoffe enthalten.

§ 5. Butter darf im Detailverkauf nur in reines, weißes oder präparirtes Papier, welches der Verkäufer bereit zu halten hat, eingewickelt werden.

§ 6. Zuwiderhandlungen gegen diese Vorschriften werden mit Geldbuße bis zu 9 M, an deren Stelle im Unvermögensfalle Haft tritt, bestraft.

§ 7. Diese Polizeiverordnung tritt mit dem 1. Mai 1898 in Kraft.

Die Polizeiverwaltung.

g) Gutachten des Kaiserl. Ges.-Amts v. 29. 6. 92 (L. VIII Bd. II, 45--47), durch preußischen Runderlaß v. 13. 3. 98 bekannt gegeben.

Berlin, den 29. Juni 1892.

Euerer Excellenz beehre ich mich auf den hohen Erlaß vom 9. Juni 1872 (Nr. 3122 I. B) unter Rückreichung der Anlagen Nachstehendes gehorsamst zu berichten.

Während die Verfälschung der Butter durch fremde Fette seit dem Bestehen von Nahrungsmittel-Prüfungen Gegenstand eingehender Untersuchungen und spezieller Verordnungen gewesen ist, war die Frage nach dem Wassergehalt einer gut und sorgsam bearbeiteten Butter in den Hintergrund getreten, obgleich u. a. bereits 1878 von Dresden aus auf absichtliche Fälschungen durch künstliche Erhöhung der Wassermenge in der Butter aufmerksam gemacht worden ist.

Abgesehen von der fast wasserfreien Schmalzbutter (in Bayern Schmalz genannt) enthält jede Butter mechanisch eingeschlossenes Wasser. Dasselbe rührt theils von der verbutterten Milch oder Sahne her, theils ist es Waschflüssigkeit, die beim Auswaschen des Käsestoffes zurückbleibt. Ueber die Höhe des Wassergehaltes der Butter schwanken die auf Grund wissenschaftlicher Untersuchungen gemachten Angaben beträchtlich, nämlich zwischen 5 und 35 Prozent; auch kann das daraus zu ziehende Mittel nicht ohne Weiteres als der Durchschnittsgehalt einer normalen Butter an Wasser angesehen werden, weil sich unter den untersuchten Proben viele mit ausnehmend hohem Wassergehalt finden. Aber auch unter den mit Vermeidung dieser Fehlerquelle ermittelten Werthen zeigen sich erhebliche Schwankungen. So beträgt z. B. der Gehalt der Butter an Wasser nach Bell 5—20 Prozent, meist 8—16 Prozent, im Mittel 12,92 Prozent; Dietzsch 7—10 Prozent; Elsner 10—15 Prozent (Wasser und fremde Stoffe); Emmerich und Sendtner (Tafelbutter) nicht über 12 Prozent; Emmerling (Holsteiner Butter) 11,81 Prozent; Fleischmann 8—10 Prozent; König 5,5—35,12 Prozent, im Mittel jedoch für Marktbutter 14,49 Prozent; für Tafelbutter 10—12 Prozent; Materialien zum Nahrungsmittelgesetz: 8—10 Prozent; Molt 11,83 Prozent; Schrodt 14,08 Prozent; Wanklyn 12,6—24,9 Prozent; Wittstein 16—20 Prozent.

Es kann auch nicht behauptet werden, daß ein hoher Wassergehalt der Butter immer zum Zwecke einer beabsichtigten Fälschung zugeführt worden sei. So zeichnen sich in England die Devac- und Dorset-Buttersorten, welche in der Regel auf dem Markte hoch im Preise stehen, regelmäßig durch einen ziemlich erheblichen Wassergehalt (bis zu 18 Prozent) aus Im Ganzen jedoch gehört ein Gehalt von über 15—18 Prozent schon zu den Ausnahmefällen.

Dieser Anschauung ist nun auch in mehreren gerichtlichen Entscheidungen, meist unter Annahme einer Toleranz von etwa 20 Prozent, Rechnung getragen. So in Urtheilen des Reichsgerichts vom 24. und 31. Januar 1888 (höchstens 20 Prozent) — Veröffentlichungen des Kaiserlichen Gesundheitsamtes 1889, S. 44 —, der Landgerichte zu Dortmund vom 23. September 1887 (20 Prozent Wasser und Salz), zu Oppeln durch Urtheil vom 27. April 1888 (20 Prozent Wasser), zu Beuthen vom 10. Juli 1889 (16—20 Prozent Wasser), zu Hagen vom 21. September 1889 (15 Prozent Wasser) — Veröff. d. K. G. A. 1890, S 320, 321.

In neuerer Zeit ist von den Landgerichten Bromberg und Dortmund einer etwas strengeren Auffassung Raum gegeben worden, indem in Bromberg für Tafelbutter höchstens 10 Prozent, für Kochbutter höchstens 20 Prozent Wasser und Salz, in Dortmund (auf Grund örtlicher Polizeivorschriften) höchstens 10 Prozent Wasser für zulässig erklärt wurden. *)

Die in England gefundenen Wassermengen von 20—21 Prozent liegen dem von deutschen Gerichten für zulässig erklärten Höchstgehalt an Wasser so nahe, daß dieselben eine sichere Handhabe zum gerichtlichen Einschreiten gegen die Fabrikanten und Exporteure auf Grund des Nahrungsmittelgesetzes nicht bieten dürfen.

Ew. Excellenz bitte ich gehorsamst, mir die in Aussicht gestellten Mittheilungen uber die Fabrikation der „Hamburg Faktory-Butters" nebst Proben derselben demnächst hochgeneigtest zukommen zu lassen. Die letzteren würde ich auf einen Gehalt von Margarine

*) Entscheidung des Reichsgerichts vom 24. Oktober 1890. — Beilagen zu den V. d. K. G.A., Band II, S. 16 ff. — Auch Entscheidungen des Reichsgerichts vom 31. Januar 1888, Band 17, S. 99 — 25. März 1889, Band 19, S. 151 — 28. Dezember 1894 — 17. Dezember 1895, mitgetheilt in den Beilagen zu den V. d. K. G.A., Band IV, S. 1 u. 2.

prüfen lassen, um zu ermitteln, ob nicht auf Grund der Bestimmungen im § 2 des Gesetzes vom 12 Juli 1887, betreffend den Verkehr mit Ersatzmitteln für Butter vorgegangen werden könnte

Der unter den Anlagen befindliche Bericht uber eine Versammlung der Produce Merchants Association behauptet, daß sich in 6 von 11 Proben der Hamburg Faktory Butters Margarine befunden habe.

Der Direktor des Kaiserlichen Gesundheitsamtes.

h) Preußischer Runderlaß, betr. Ueberwachung der Margarinefabriken. Vom 21. April 1899.

In letzter Zeit sind wieder einige neue Mißbräuche in der Margarineindustrie wahrgenommen worden. Namentlich hat sich herausgestellt, daß sog Retourwaare, d. h Margarine, welche aus verschiedenen Gründen, zum Theil auch wegen Verdorbenseins zuruckgesandt wird, in den Fabrikbetrieb zurückgelangt und von neuem zur Herstellung von Margarine verwendet wird, und zwar unter Verhältnissen, welche die so hergestellte Margarine als ekelerregend erscheinen lassen.

Ferner hat die Untersuchung von verschiedenen Handlungen entnommenen Margarineproben einen Gehalt an Borsäure oder borsauren Salzen ergeben. Wenn nun auch die Margarinefabrikanten bei der Herstellung von Margarinedauerwaare die Verwendung von Konservirungsmitteln, wie Borsaure oder Borax, zur Zeit nicht glauben entbehren zu können, so muß es doch bedenklich erscheinen, bei der Herstellung eines so ausgedehnte Anwendung findenden Nahrungsmittels die uneingeschränkte Verwendung eines Konservirungsmittels zuzulassen, gegen dessen Zusatz zu anderen Nahrungs- und Genußmitteln mit Recht Einwände erhoben werden.

Endlich hat sich bei der chemischen Untersuchung gezeigt, daß einzelne Margarineerzeugnisse in letzter Zeit ohne jeden Zusatz von Sesamöl oder mit einem zu geringen Zusatz hergestellt waren.

Wir nehmen hieraus Veranlassung, unter Bezugnahme auf die Erlasse vom 13. Juli und 7. November v. J. — Min.-Bl. f. d. inn Verw S. 199 und 253 — den nachgeordneten Behörden eine strenge und fortlaufende Ueberwachung der Margarinefabriken wiederholt einzuschärfen; insbesondere ist auf etwa vorkommende Mißbräuche und Gesetzesverletzungen der obenerwähnten Art das Augenmerk zu richten.

Ueber etwaige belangreiche Wahrnehmungen, welche nach der vorstehend angedeuteten Richtung gemacht werden sollten, ist an uns zu berichten.

Der Minister der geistlichen ꝛc. Angelegenheiten.
Der Minister für Landwirthschaft ꝛc.
Der Minister des Innern.
Der Minister für Handel und Gewerbe.

VI.

Gesetz, betreffend den Verkehr mit künstlichen Süßstoffen.

Vom 6. Juli 1898.

(Reichsgesetzblatt 1898 S. 919)

Wir Wilhelm, von Gottes Gnaden Deutscher Kaiser, König von Preußen ꝛc.

verordnen im Namen des Reichs, nach erfolgter Zustimmung des Bundesraths und des Reichstages, was folgt:

§ 1.

Künstliche Süßstoffe[1]) im Sinne dieses Gesetzes sind alle auf künstlichem Wege gewonnenen Stoffe, welche als Süßmittel dienen können[2]) und eine höhere Süßkraft als raffinirter Rohr- oder Rübenzucker, aber nicht entsprechenden Nährwerth besitzen.

1) „Künstliche" Sußstoffe sind auf dem Wege der chemischen Synthese gewonnene Stoffe, nicht etwa auch solche, welche lediglich mittelst chemischer Verfahren aus Naturprodukten abgeschieden werden.

Die im Handel befindlichen Körper dieser Art führen ausnahmslos Phantasienamen (Saccharin, Dulcin, Zuckerin, Kristallose 2c.), deren es manchmal eine ganze Zahl für ein und denselben Stoff giebt.

2) Es ist nicht erforderlich, daß der Süßstoff zum Zwecke des Süßens sich in einem Nahrungs- oder Genußmittel befindet, es genügt seine Fähigkeit als Süßstoff zu dienen, um ihn diesem Gesetze zu unterwerfen. Stoffe, welche beispielsweise als Konservirungsmittel dienen und eine höhere Süßkraft als Rohrzucker besitzen, dürfen auch als solche nur gemäß § 2 Anwendung finden, d. h. sie müssen, abgesehen von den Fällen des § 3, in welchen sie ganz verboten sind, auch dann noch besonders deklarirt werden, wenn aus den ganzen Umständen schon hervorgeht, daß eine konservirte Waare in Frage steht. Vgl. auch Erk. des LG. Hildesheim v. 16. 2. 94. L. IV, Beihefte Bd. III, 31.

§ 2.

Die Verwendung künstlicher Süßstoffe bei der Herstellung von Nahrungs- und Genußmitteln ist als Verfälschung[1]) im Sinne des § 10 des Gesetzes, betreffend den Verkehr mit Nahrungsmitteln, Genußmitteln und Gebrauchsgegenständen, vom 14. Mai 1879 (Reichs-Gesetzbl. S. 145) anzusehen.

Die unter Verwendung von künstlichen Süßstoffen hergestellten Nahrungs- und Genußmittel dürfen nur unter einer diese Verwendung erkennbar machenden Bezeichnung verkauft oder feilgehalten werden.

1) Siehe den allgemeinen Theil

Die Fassung des Gesetzes ist nicht ganz korrekt, insofern es sich in vielen Fällen um ein Nachmachen und nicht ein Verfälschen handelt

§ 3.

Es ist verboten:

1. künstliche Süßstoffe bei der gewerbsmäßigen[1]) Herstellung von Bier,[2]) Wein oder weinähnlichen Getränken,[3]) von Fruchtsäften,[4]) Konserven[5]) und Likören[6]) sowie von Zucker- oder Stärkesirupen zu verwenden;
2. Nahrungs- und Genußmittel der unter 1 gedachten Art, welchen künstliche Süßstoffe zugesetzt sind, zu verkaufen[7]) oder feilzuhalten.[8])

1) Siehe Erk. des RG. v. 8. 4. 95 (Anm. 3 zu § 14 des Ges. v. 15. 6. 97).

2) Hierzu ergingen in den einzelnen Bundesstaaten inhaltlich gleiche Verordnungen, betr. die Ueberwachung der Bierbrauereien, Schankwirthschaften &c mit Rücksicht auf die Verwendung von Saccharin als Versüßungsmittel für Bier behufs Unterdrückung der Versuche mancher Bierbrauer, das Verbot der Saccharinverwen-

dung bei der gewerbsmäßigen Herstellung von Bier dadurch zu umgehen, daß sie ihren Kunden zugleich mit dem Bier Saccharin nebst Gebrauchsempfehlung liefern:

Der preußische Erlaß folgt im Anhang.

Der Voss. Ztg. vom 2 11. 99 entnehmen wir folgende Notiz hierzu:

Wie das „Saccharin-Gesetz" umgangen wird, zeigten zwei Verhandlungen, die am 1. 11. 99 vor der 131. und 133. Abtheilung des Schöffengerichts stattfanden. Nach dem Gesetz wird der gewerbsmäßige Zusatz von Saccharin zu Nahrungsmitteln als eine Verfälschung angesehen. In dem ersten Falle sollte sich der Brauereibesitzer Ferdinand G. dieses Vergehens schuldig gemacht haben. Der Angeklagte braut nur Braunbier. Seine Kutscher erhalten größere Fässer des Bieres, daß sie in kleinere Fässer auf der Straße ablassen und der Kundschaft zutragen. Da das Publikum meist das Getränk versüßt wünscht, so bekommen die Kutscher von der Brauerei eine Anzahl Saccharintabletten ausgehändigt, wovon sie den Abnehmern auf Wunsch nach Bedarf ablassen. Die Abnehmer versüßen dann das Bier selbst und die Verkäufer können nicht zur Verantwortung gezogen werden. Wie die Zeugen übereinstimmend bekundeten, ist dies Verfahren bei vielen Braunbier-Brauereien üblich. Nun war aber bei dem Angeklagten von Polizei wegen eine Probe Bier entnommen worden, die aus einem großen Bottich geschöpft worden war. Dies Bier erwies sich nach dem Gutachten des Chemikers mit Saccharin versetzt. Der Angeklagte erklärte, nicht angeben zu können, wie das Saccharin in den Bottich gekommen sei. Die einzige Möglichkeit sei die, daß ein Kutscher ein Fäßchen bereits versüßtes Bier aus irgend einem Grunde nicht habe absetzen können, es wieder mit nach Hause genommen und den Inhalt in den Bottich zurückgegossen habe. Der Staatsanwalt hielt immerhin eine Fahrlässigkeit für vorliegend, für die er eine Geldstrafe von 20 Mk. beantragte. Der Gerichtshof meinte nicht, daß dem Angeklagten ein Vorwurf zu machen sei und erkannte deshalb auf Freisprechung. Sehr ähnlich lag die Sache, die sich gegen den Brauereibesitzer K. richtete. Wie das Saccharin in den Bottich gekommen war, ließ sich auch hier nicht ermitteln. Der Staatsanwalt hielt in diesem Falle für erwiesen, daß K. selbst die Verfälschung vorgenommen habe. Er beantragte gegen ihn eine Geldstrafe von 1000 Mk Der Gerichtshof verurtheilte ihn wegen Fahrlässigkeit zu 100 Mk. Geldstrafe.

3) Wegen Auslegung dieser Begriffe s. das Ges. v. 20. 4. 92, Anm. zu § 1. Vgl. auch den § 6 desselben Gesetzes.

4) Da „Fruchtsäfte" hier neben „Zucker- und Stärkesirupe" gestellt sind, so durften darunter die nicht gezuckerten, durch Abpressen gewonnenen Natursäfte von Früchten verstanden sein Diese Ansicht findet noch eine weitere Stütze darin, daß sich der gleiche Ausdruck mit dem Zusatze „mit Zucker eingekocht" in der Kaiserl. Verordnung v 27. 1. 90 (RGBl. 1890 S. 9) betreffend den Verkehr mit Arzneimitteln unter Nr. 5 des Verzeichnisses A, findet.

Fruchtsäfte sind deshalb etwas anderes als Fruchtsirupe; ob diese sich unter den Begriff der Zuckersirupe bringen lassen, erscheint mir zweifelhaft

5) Dieser Ausdruck leidet an der gleichen Unklarheit, wie „Fruchtsäfte". Im engeren Sinne sind „Konserven" alle nach dem Appertschen Verfahren, d. h. durch Sterilisiren in geschlossenen Gefäßen gewonnenen Nahrungs- oder Genußmittel. Im weiteren Sinne gehören auch die mittelst zugesetzter Konservirungsmittel für eine mehr oder weniger lange Zeit haltbar gemachten Eßwaaren jeglicher Art, z. B. Wurst dazu ebenso wie die durch

Wasserentziehung hergestellten Trockenkonserven (Dörrgemüse), ferner notorische Kunstprodukte wie Suppentafeln u. s. w.

Da der weitere Begriff beinahe mit dem des Nahrungs- und Genußmittels überhaupt zusammenfällt, so scheint mir hier nur der engere gemeint zu sein.

6) Liköre sind unter reichlichem Zuckerzusatz hergestellte Spirituosen.

7) Vgl. den allgemeinen Theil S. 5.

8) desgl. S. 1.

§ 4.[1])

Wer den Vorschriften des § 3 vorsätzlich zuwiderhandelt, wird mit Gefängniß bis zu sechs Monaten und mit Geldstrafe bis zu eintausendfünfhundert Mark oder mit einer dieser Strafen bestraft.

Ist die Handlung aus Fahrlässigkeit begangen worden, so tritt Geldstrafe bis zu einhundertfünfzig Mark oder Haft ein.

Neben der Strafe kann auf Einziehung der verbotswidrig hergestellten, verkauften oder feilgehaltenen Gegenstände erkannt werden. Ist die Verfolgung oder Verurtheilung einer bestimmten Person nicht ausführbar, so kann auf die Einziehung selbstständig erkannt werden.[2])

Die Vorschriften in den §§ 16, 17 des Gesetzes vom 14. Mai 1879 finden Anwendung.

1) Zuständig zur Aburtheilung sind die Strafkammern der Landgerichte, doch ist Ueberweisung an die Schöffengerichte zulässig. § 75 Ziffer 14 GVG.

2) Vgl. Anm. 2 zu § 9 des Ges v 20. 4. 91.

§ 5.

Der Bundesrath ist ermächtigt, die zur Ausführung erforderlichen näheren Vorschriften zu erlassen.[1])

1) Solche sind bis jetzt nicht ergangen.

§ 6.

Dieses Gesetz tritt mit dem 1. Oktober 1898 in Kraft.

Urkundlich unter Unserer Höchsteigenhändigen Unterschrift und beigedrucktem Kaiserlichen Insiegel.

Gegeben Odde an Bord M. Y. „Hohenzollern“, den 6. Juli 1898.

Wilhelm.

Graf von Posadowsky.

Anhang zum Gesetz vom 6. 7. 98.

Runderlaß der Minister für Handel und Gewerbe, der geistlichen, Unterrichts- und Medizinal-Angelegenheiten und des Innern an die Regierungspräsidenten und den Polizeipräsidenten zu Berlin.

Das im § 3 des Gesetzes vom 6. Juli 1868, betr. den Verkehr mit künstlichen Süßstoffen (Reichs-Gesetzbl. S. 919) ausgesprochene Verbot der Saccharinverwendung bei der gewerbsmäßigen Herstellung von Bier wird dadurch umgangen, daß einige Bierbrauer den Süßstoff nicht mehr, wie früher, selbst zusetzen, sondern die Beimischung ihren Kunden anheimstellen, denen das Saccharin zugleich mit dem Biere nebst einer Gebrauchsempfehlung geliefert wird.

Insoweit die Abgabe des Saccharins und die Aufforderung, mittelst dieses Stoffes das Bier zu versüßen, nur an Personen erfolgt, welche das Bier für ihren Privathaushalt beziehen, wird nicht eingeschritten werden können. Anders aber liegen die Verhältnisse, wenn das Bier von Gast- und Schankwirthen oder sonstigen mit dem Vertriebe von Bier sich befassenden Gewerbetreibenden mittelst des ihnen von den Brauereien gelieferten Saccharins gesüßt und mit diesem Zusatze alsdann feilgehalten und verkauft wird. Es mag dahingestellt bleiben, ob in einem gewohnheitsmäßigen Zusatze von Saccharin zum Biere seitens der Schankwirthe zu dem Zwecke, um das Getränk dem Geschmacke der Gäste anzupassen, nicht schon ein nach § 3 Nr. 1 des Eingangs erwähnten Gesetzes verbotenes gewerbsmäßiges Herstellen von Bier unter Verwendung eines künstlichen Süßstoffs zu erblicken ist. Jedenfalls aber ist das Verkaufen und Feilhalten mittelst Saccharins gesüßten Bieres, gleichviel ob der Süßstoff schon beim Brauen des Bieres oder erst nachträglich zugesetzt worden ist, auf Grund des § 3 Nr. 2 a. a. O. verboten und nach § 4 strafbar. Die erfolgreiche Aufmunterung hierzu und die absichtlich zu diesem Zwecke bewirkte Saccharinlieferung an Gast- und Schankwirthe stellt sich als eine Anstiftung oder Beihülfe zu einem Vergehen im Sinne der bezeichneten Gesetzesbestimmung dar Unter Umständen wird in der Verbreitung von Empfehlungsschriften, in denen den Schankwirthen nahe gelegt wird, das Bier erst nach vorgenommener Süßung mittelst Saccharins zu verkaufen, sogar ein Vergehen im Sinne des § 111 des Reichsstrafgesetzbuchs erblickt werden können.

Hiernach ist das Geschäftsgebahren der in Betracht kommenden Bierbrauer, sowie der zu ihren Abnehmern zählenden Schankwirthe, Gastwirthe und Bierhändler einer scharfen Ueberwachung zu unterstellen und gegebenen

Falles strafgerichtliches Einschreiten herbeizuführen. Insbesondere empfiehlt es sich, von Zeit zu Zeit Proben von dem zum Ausschanke kommenden Bier entnehmen und auf ihre Zusammensetzung untersuchen zu lassen und, falls sich begründeter Verdacht für den Zusatz eines künstlichen Süßstoffs ergiebt, Strafanzeige zu erstatten. Im Hinblick auf das Eingangs erwähnte Verfahren einiger Bierbrauer ist da, wo ein solches zur Kenntniß der Behörde gelangt, eine öffentliche Warnung an die beteiligten Gewerbetreibenden zu erlassen.

Für entsprechende Anweisung der nachgeordneten Behörden ist in geeigneter Weise Sorge zu tragen.

Berlin, den 18 Februar 1899.

Vgl. übrigens auch Ert. d RG. v 2. 3. 93. E. XXIV, 36.

VII.

Gesetz, betreffend die Schlachtvieh- und Fleischbeschau.

Wir Wilhelm, von Gottes Gnaden Deutscher Kaiser, König von Preußen ꝛc.

verordnen im Namen des Reichs, nach erfolgter Zustimmung des Bundesraths und des Reichtags, was folgt:

§ 1.

Rindvieh, Schweine, Schafe, Ziegen, Pferde und Hunde, deren Fleisch [1]) zum Genusse für Menschen [2]) verwendet werden soll, unterliegen vor und nach der Schlachtung einer amtlichen Untersuchung.[3]) Durch Beschluß des Bundesraths kann die Untersuchungspflicht auf anderes Schlachtvieh ausgedehnt werden.

Bei Nothschlachtungen darf die Untersuchung vor der Schlachtung unterbleiben.

Der Fall der Nothschlachtung liegt dann vor, wenn zu befürchten steht, daß das Thier bis zur Ankunft des zuständigen Beschauers verenden oder das Fleisch durch Verschlimmerung des krankhaften Zustandes an Werth wesentlich verlieren werde oder wenn das Thier in Folge eines Unglücksfalls sofort getödtet werden muß.[4])

1) Siehe § 4.

2) Nur das zum menschlichen Genusse bestimmte Fleisch unterliegt den Bestimmungen dieses Gesetzes (§ 4) Dadurch sind diejenigen Thiere, welche als Viehfutter, z B. in Menagerien, Schweinemästereien, Hundeparks u dergl. verwendet werden, sowie diejenigen, welche behufs technischer Verarbeitung des Kadavers oder zum Zwecke der einfachen Beseitigung getötet werden sollen, von der Beschau von vornherein ausgeschlossen. In Uebereinstimmung hiermit: § 13 des Ges. v. 15 6. 97 u RG. in wiederholten Entscheidungen (s. d. allgem. Theil, Nahrungsmittel).

3) Das Alter der Schlachtthiere soll ganz ohne Einfluß sein.

4) Der Begriff Nothschlachtung kann enger oder weiter begrenzt werden. Im engeren und eigentlichen Sinne werden hierunter nur solche Schlachtungen verstanden, welche durch plötzlich eintretende Krankheits-

oder Unglücksfälle veranlaßt werden, und bei denen die Gefahr besteht, daß die Thiere verenden, wenn sie nicht alsbald abgeschlachtet werden Hierher zählen besonders Schlundverstopfungen durch Rüben, Kartoffeln zc , plötzliche Aufblähungen (Trommelsucht), Geburtshindernisse, Kalbefieber (Gebärparesen), Gebärmuttervorfälle, schwere Knochenbrüche, innere Verletzungen, Erstickungsgefahr u. dergl. In solchen Fällen reicht häufig die Zeit nicht aus, um eine Untersuchung des Thieres vor der Schlachtung durch den Fleischbeschauer vornehmen zu lassen. Die Beschau kann daher auf die Untersuchung des geschlachteten Thieres beschränkt bleiben.

Im weiteren Sinne wird unter Nothschlachtung die Abschlachtung von Thieren wegen Krankheit überhaupt verstanden. Es handelt sich hierbei um die schließliche Verwerthung der Thiere durch Abschlachtung, wenn Aussicht auf Heilung nicht oder nur unter Aufwand von größeren Kosten und Mühen vorhanden und wenn die Nutzung so zurückgegangen ist, daß die fernere Haltung der Thiere nicht mehr rentirt. In solchen Fällen erscheint jedoch die Untersuchung auch vor der Abschlachtung durchaus erforderlich.

Um Mißbräuchen zu begegnen und insbesondere um zu verhüten, daß Thiere, welche lediglich wegen einer Krankheit oder kurz vor dem Verenden geschlachtet werden, der Untersuchung vor der Schlachtung entzogen werden, war es zweckmäßig, eine Bestimmung darüber zu treffen, unter welchen Voraussetzungen eine Schlachtung als Nothschlachtung im Sinne des Gesetzes anzusehen ist. (Motive 52)

§ 2.

Bei Schlachtthieren, deren Fleisch ausschließlich im eigenen Haushalt des Besitzers verwendet werden soll, darf, sofern sie keine Merkmale einer die Genußtauglichkeit des Fleisches ausschließenden Erkrankung zeigen, die Untersuchung vor der Schlachtung[1]) und, sofern sich solche Merkmale auch bei der Schlachtung nicht ergeben, auch die Untersuchung nach[2]) der Schlachtung unterbleiben.

Eine gewerbsmäßige[3]) Verwendung von Fleisch, bei welchem auf Grund des Abs. 1 die Untersuchung unterbleibt, ist verboten.

Als eigener Haushalt im Sinne des Abs. 1 ist der Haushalt der Kasernen, Krankenhäuser, Erziehungsanstalten, Speiseanstalten, Gefangenanstalten, Armenhäuser und ähnlicher Anstalten[4]) sowie der Haushalt der Schlächter, Fleischhändler,[5]) Gast-, Schank- und Speisewirthe nicht anzusehen.

1) Das Gesetz unterscheidet zwischen Hausschlachtung, gewerblicher Schlachtung und Nothschlachtung. Eine Hausschlachtung liegt auch dann vor, wenn Gäste, Dienstboten u. s w. von dem Fleisch erhalten sollen, mit Ausnahme der Fälle des Abs. 3.

2) Hiermit ist eine Einschränkung der vom Reichsgericht vertretenen Auffassung des Inverkehrbringens (vgl. §§ 10, 12 NMG und allgemeinen Theil S. 5) bezüglich des Fleisches hausgeschlachteter Thiere gegeben. RG. IV. Strassenat v. 16. 1. 85.

3) Wegen „gewerbsmäßig" s RG. v. 8 4. 95 (Anm 3 zu § 14 des Ges v. 15 6 97).

4) Nicht hierher zählen die Hausschlachtungen, welche etwa seitens der Inhaber von Dienstwohnungen in solchen Anstalten für ihren Privathaushalt vorgenommen werden. (Mot. S. 15.)

5) Als Fleischhändler sind auch diejenigen Gewerbetreibenden anzusehen, welche das Fleisch vor dem Ver-

kauf erst zubereiten oder verarbeiten (Herstellung von Fleischkonserven, Würsten 2c). (Motive S 15)

§ 3.

Die Landesregierungen sind befugt, für Gegenden und Zeiten, in denen eine übertragbare Thierkrankheit herrscht, die Untersuchung aller der Seuche ausgesetzten Schlachtthiere anzuordnen.

§ 4.

Fleisch im Sinne dieses Gesetzes[1]) sind Theile von warmblütigen Thieren, frisch oder zubereitet, sofern sie sich zum Genusse für Menschen eignen. Als Theile gelten auch die aus warmblütigen Thieren hergestellten Fette und Würste, andere Erzeugnisse nur insoweit, als der Bundesrath dies anordnet.

1) Der Begriff Fleisch steht nicht einheitlich fest. Es erschien daher zur Verhütung von Zweifeln gerechtfertigt, ihn genau abzugrenzen. Insbesondere empfahl sich dies, um eine sichere Unterlage dafür zu gewinnen, auf welche Arten von Fleisch und Fleischwaaren bei d r Einfuhr in das Zollinland die im § 14 vorgeschriebene amtliche Untersuchung sich zu erstrecken hat. Nach der gegebenen Begriffsbestimmung sind als Fleisch zu betrachten alle Theile von warmblütigen Thieren, sofern sie sich zum Genusse für Menschen eignen. Daß sie zu diesem Zwecke auch bestimmt sind, ist nicht erforderlich. Es soll hierher auch das zubereitete Fleisch zählen, also das eingesalzene, gepökelte, getrocknete, geräucherte, gefrorene oder sonstwie haltbar gemachte Fleisch, ferner gekochtes, gebratenes Fleisch, sowie das Konservenfleisch (Büchsenfleisch) Außer dem Fleische im engeren Sinne sollen aber auch die zu Genußzwecken

für Menschen bestimmten Fette von warmblütigen Thieren, z. B. Schweineschmalz, den Bestimmungen des Gesetzes unterworfen werden und sind daher besonders erwähnt, während Pflanzenfette, sowie das Fleisch und Fett von Fischen nicht mit einbegriffen sind. Ferner sind die Würste dem Fleische ausdrücklich gleichgestellt, weil diese Erzeugnisse nach den gemachten Erfahrungen einer gesundheitspolizeilichen Kontrole mindestens ebenso bedürftig sind wie das Fleisch. Für andere Erzeugnisse aus Fleisch, z. B. Fleischextrakte, Fleischpeptone, Fleischgallerte, Suppentafeln u. dergl., hat sich die Nothwendigkeit einer Kontrole vor ihrer Zulassung zum Nahrungsmittelverkehre bisher nicht fühlbar gemacht. Sie sind daher bei der Begriffsbestimmung unerwähnt gelassen und sollen nur insoweit als Fleisch gelten und demgemäß den Bestimmungen des Gesetzes unterliegen, als dies durch Beschluß des Bundesraths angeordnet wird. (Motive S 15, 16)

§ 5.

Zur Vornahme der Untersuchungen sind Beschaubezirke zu bilden; für jeden derselben ist mindestens ein Beschauer sowie ein Stellvertreter zu bestellen.

Die Bildung der Beschaubezirke und die Bestellung der Beschauer erfolgt durch die Landesbehörden. Für die in den Armeekonservenfabriken vorzunehmenden Untersuchungen können seitens der Militärverwaltung besondere Beschauer bestellt werden.

Zu Beschauern sind approbirte Thierärzte oder andere Personen, welche genügende Kenntnisse nachgewiesen haben, zu bestellen.

§ 6.

Ergiebt sich bei den Untersuchungen das Vorhandensein oder der Verdacht einer Krankheit, für welche die Anzeigepflicht besteht, so ist nach Maßgabe der hierüber geltenden Vorschriften zu verfahren.[1])

1) Von reichsrechtlichen Bestimmungen hierüber kommen § 4 des Rinderpestgesetzes v 7. 4. 69 und §§ 9 bis 12 des Viehseuchengesetzes v. 23. 6. 80 bezw. 1. 5. 94 in Betracht.

§ 7.

Ergiebt die Untersuchung des lebenden Thieres keinen Grund zur Beanstandung der Schlachtung, so hat der Beschauer unter Anordnung der etwa zu beobachtenden besonderen Vorsichtsmaßregeln zu genehmigen.

Die Schlachtung des zur Untersuchung gestellten Thieres darf nicht vor der Ertheilung der Genehmigung und nur unter Einhaltung der angeordneten besonderen Vorsichtsmaßregeln stattfinden.

Erfolgt die Schlachtung nicht spätestens zwei Tage nach Ertheilung der Genehmigung, so ist sie nur nach erneuter Untersuchung und Genehmigung zulässig.[1])

1) Für die Schlachtung stehen also außer dem Tage, an welchem die Genehmigung ertheilt wurde, noch 2 Tage zur Verfügung. Vgl 199 CPO. und § 187 BGB.

§ 8.

Ergiebt die Untersuchung nach der Schlachtung, daß kein Grund zur Beanstandung des Fleisches vorliegt, so hat der Beschauer es als tauglich[1]) zum Genusse für Menschen zu erklären.

Vor der Untersuchung dürfen Theile eines geschlachteten Thieres nicht beseitigt werden.

1) Als tauglich ist dasjenige Fleisch zu betrachten, welches von normaler Beschaffenheit ist und in gesundheitlicher Beziehung zu Bedenken keinen Anlaß giebt. Diese Voraussetzungen brauchen nicht immer bei sämmtlichen von einem Schlachtthiere herrührenden Fleischtheilen vorzuliegen, es ist vielmehr möglich, daß von den verschiedenen Theilen eines und desselben Thieres einige als tauglich, andere als untauglich, bedingt tauglich oder minderwerthig sich erweisen.

§ 9.

Ergiebt die Untersuchung, daß das Fleisch zum Genusse für Menschen untauglich[1]) ist, so hat der Beschauer es vorläufig zu beschlagnahmen, den Besitzer hiervon zu benachrichtigen und der Polizeibehörde sofort Anzeige zu erstatten.

Fleisch, dessen Untauglichkeit sich bei der Untersuchung ergeben hat, darf als Nahrungs- oder Genußmittel für Menschen nicht in Verkehr gebracht werden.

Die Verwendung des Fleisches zu anderen Zwecken[2]) kann von der Polizeibehörde zugelassen werden, soweit gesundheitliche Bedenken nicht entgegenstehen. Die Polizeibehörde bestimmt, welche Sicherungsmaßregeln gegen eine Verwendung des Fleisches zum Genusse für Menschen zu treffen sind.

Das Fleisch darf nicht vor der polizeilichen Zulassung und nur unter Einhaltung der von der

Polizeibehörde angeordneten Sicherungsmaßregeln in Verkehr gebracht werden.[3])

Das Fleisch ist von der Polizeibehörde in unschädlicher Weise zu beseitigen, soweit seine Verwendung zu anderen Zwecken (Abs. 3) nicht zugelassen wird.

1) Untauglich ist dasjenige Fleisch, welches wegen der mit seinem Genusse verbundenen Gefahren für die menschliche Gesundheit von der Verwendung als Nahrungsmittel unbedingt ausgeschlossen werden muß.

2) z. B. zu technischen Zwecken, Herstellung von Schmierfetten, Seifen, Lichtern oder auch zur Fütterung von Thieren. (Vgl auch Anm 2 zu § 1.)

3) Vgl. den allgemeinen Theil S. 5.

§ 10.

Ergiebt die Untersuchung, daß das Fleisch zum Genusse für Menschen nur bedingt tauglich[1]) ist, so hat der Beschauer es vorläufig zu beschlagnahmen, den Besitzer hiervon zu benachrichtigen und der Polizeibehörde sofort Anzeige zu erstatten. Die Polizeibehörde bestimmt, unter welchen Sicherungsmaßregeln das Fleisch zum Genusse für Menschen brauchbar[2]) gemacht werden kann.

Fleisch, das bei der Untersuchung als nur bedingt tauglich erkannt worden ist, darf als Nahrungs- und Genußmittel für Menschen nicht in Verkehr gebracht werden,[3]) bevor es unter den von der Polizeibehörde angeordneten Sicherungsmaßregeln zum Genusse für Menschen brauchbar gemacht worden ist.

Insoweit eine solche Brauchbarmachung unterbleibt, finden die Vorschriften des § 9 Abs. 3 bis 5 entsprechende Anwendung.

1) Als bedingt tauglich hat dasjenige Fleisch zu gelten, welches in seinem natürlichen Zustande zum Genusse für Menschen ohne Gesundheitsgefährdung nicht verwendbar ist, jedoch durch entsprechende Behandlung seiner gefährlichen Eigenschaften entkleidet werden kann.

2) „Brauchbar gemachtes" Fleisch ist nicht gleichbedeutend mit „tauglichem".

3) Vgl. den allgemeinen Theil.

§ 11.

Der Vertrieb[1]) des zum Genusse für Menschen brauchbar gemachten Fleisches (§ 10 Abs. 1) darf nur unter einer diese Beschaffenheit erkennbar machenden Bezeichnung erfolgen.

Fleischhändlern,[2]) Gast-, Schank- und Speisewirthen ist der Vertrieb und die Verwendung[3]) solchen Fleisches nur mit Genehmigung der Polizeibehörde gestattet; die Genehmigung ist jeder Zeit widerruflich. An die vorbezeichneten Gewerbetreibenden darf derartiges Fleisch nur abgegeben werden, soweit ihnen eine solche Genehmigung ertheilt worden ist. In den Geschäftsräumen[4]) dieser Personen muß an einer in die Augen fallenden Stelle durch deutlichen Anschlag besonders erkennbar gemacht werden, daß Fleisch der im Abs. 1 bezeichneten Beschaffenheit zum Vertrieb oder zur Verwendung kommt.

Fleischhändler[4]) dürfen das Fleisch nicht in Räumen feilhalten[5]) oder verkaufen,[6]) in welchen taugliches Fleisch (§ 8) feilgehalten oder verkauft wird.

1) Vertrieb = In Verkehr bringen S. 5.
2) Vgl. § 2 Abs. 3 nebst Anm.
3) Zwischen privater und gewerblicher Verwendung ist kein Unterschied zu machen.
4) Als Geschäftsräume können hier nur diejenigen Räume in Betracht kommen, zu welchen das Publikum Zutritt hat.
5) Vgl. den allgemeinen Theil S. 1.
6) desgl. S. 5.

§ 12.

Die Einfuhr von Fleisch[1]) in luftdicht verschlossenen Büchsen oder ähnlichen Gefäßen, von Würsten und sonstigen Gemengen aus zerkleinertem Fleisch in das Zollinland[2]) ist verboten.

Im Uebrigen gelten für die Einfuhr von Fleisch in das Zollinland bis zum 31. Dezember 1903 folgende Bedingungen:

1. Frisches Fleisch[3]) darf in das Zollinland[2]) nur in ganzen Thierkörpern, die bei Rindvieh, ausschließlich der Kälber, und bei Schweinen in Hälften zerlegt sein können, eingeführt werden.

   Mit den Thierkörpern müssen Brust- und Bauchfell, Lunge, Herz, Nieren, bei Kühen auch das Euter in natürlichem Zusammenhang verbunden sein; der Bundesrath ist er-

11*

mächtigt, diese Vorschrift auf weitere Organe auszudehnen.

2. Zubereitetes Fleisch[4]) darf nur eingeführt werden, wenn nach der Art seiner Gewinnung und Zubereitung Gefahren für die menschliche Gesundheit erfahrungsgemäß ausgeschlossen sind oder die Unschädlichkeit für die menschliche Gesundheit in zuverlässiger Weise bei der Einfuhr sich feststellen läßt. Die Feststellung gilt als unausführbar insbesondere bei Sendungen von Pökelfleisch, sofern das Gewicht einzelner Stücke weniger als vier Kilogramm beträgt;[5]) auf Schinken, Speck und Därme findet diese Vorschrift keine Anwendung.

Fleisch, welches zwar einer Behandlung zum Zwecke seiner Haltbarmachung unterzogen worden ist, aber die Eigenschaften frischen Fleisches im Wesentlichen behalten hat oder durch entsprechende Behandlung wieder gewinnen kann, ist als zubereitetes Fleisch nicht anzusehen;[6]) Fleisch solcher Art unterliegt den Bestimmungen in Ziffer 1.

Für die Zeit nach dem 31. Dezember 1903 sind die Bedingungen für die Einfuhr von Fleisch gesetzlich von Neuem zu regeln. Sollte eine Neuregelung bis zu dem bezeichneten Zeitpunkte nicht zu Stande kommen, so bleiben die im Abs. 2 festgesetzten Einfuhrbedingungen bis auf Weiteres maßgebend.

1) Dem Untersuchungszwang unterliegt alles Fleisch im Sinne des § 4, also nicht bloß das Fleisch von Thieren, welche nach dem Gesetz oder den darin vorgesehenen landesrechtlichen Anordnungen untersuchungspflichtig sind, sondern das Fleisch aller warmblütigen Thiere, soweit nicht in dem Gesetze selbst Ausnahmen gemacht sind Der Untersuchungszwang gilt ferner gleichmäßig für das zum Privatverbrauche wie für das zu gewerbsmäßiger Verwerthung bestimmte Fleisch. Gemäß der im § 4 gegebenen Begriffsbestimmung braucht das Fleisch nicht zum Genusse für Menschen ausdrücklich bestimmt zu sein, es verfällt dem Untersuchungszwange vielmehr schon dann, wenn es zu dem bezeichneten Zwecke geeignet ist. Nur die unverkennbare Bestimmung zu anderen als menschlichen Genußzwecken befreit gemäß § 1 von der Untersuchungspflicht. Vgl. § 17.

2) Voraussetzung für den Beschauzwang ist, daß das Fleisch in das Zollinland eingeführt wird. Auf Fleisch, welches zwar in das Reichsgebiet eingeht, aber außerhalb der Zollgrenzen bleibt, z. B. im Freihafengebiete lagert, um als Proviant für die dort lagernden Schiffe verwendet oder um wieder ausgeführt zu werden, erstreckt sich der Untersuchungszwang nicht. Vgl. jedoch auch § 25.

3) und 4) Frisches Fleisch ist der Gegensatz zu zubereitetem Fleisch. Mit frischem Fleisch können keinerlei andere als Zerkleinerungsoperationen vorgenommen sein, weder ein Zusatz noch ein Entziehen dritter Stoffe ist mit dem Begriff „frisch" in diesem Zusammenhange vereinbar; mit anderen Worten: Frisches Fleisch ist solches, welches in seiner natürlichen Zusammensetzung keinerlei Veränderungen erlitten hat. Zubereitetes Fleisch ist solches, welches in seiner Zusammensetzung durch gewollte Einflüsse verändert ist. Vgl. Anm. 6.

5) Pökel-Zungen und ähnliche Organe geringen Gewichts sind deshalb nur noch einführbar in natürlichem Zusammenhang mit anderen Körpertheilen.

6) Solche Arten der Konservirung, welche eine Aenderung in der Zusammensetzung und den Eigenschaften frischen Fleisches nicht mit sich bringen, sollen bezüglich der Einfuhr als Zubereitung nicht gelten. Außer den rein physikalischen Methoden, z. B. starke Abkühlung, kann man hierher auch diejenigen Verfahren rechnen, welche, obwohl chemischer Natur, doch nur vorübergehend äußerlich wahrnehmbare Veränderungen mit sich bringen und durch Waschungen oder dergl. wieder entfernt werden können, z. B. die Einhüllung in antiseptische Medien, welche nur in die Oberfläche eindringen und deshalb im Großen und Ganzen eine Veränderung der Zusammensetzung nicht mit sich bringen

§ 13.

Das in das Zollinland eingehende Fleisch unterliegt bei der Einfuhr einer amtlichen Untersuchung unter Mitwirkung der Zollbehörden. Ausgenommen hiervon ist das nachweisl.ch im Inlande bereits vorschriftsmäßig untersuchte und das zur unmittelbaren Durchfuhr bestimmte Fleisch.

Die Einfuhr von Fleisch darf nur über bestimmte Zollämter erfolgen. Der Bundesrath bezeichnet diese Aemter, sowie diejenigen Zoll- und Steuerstellen, bei welchen die Untersuchung des Fleisches stattfinden kann.

§ 14.

Auf Wildpret und Federvieh, ferner auf das zum Reiseverbrauch [1]) mitgeführte Fleisch finden die Bestimmungen der §§ 12 und 13 nur insoweit Anwendung, als der Bundesrath dies anordnet.

Für das im kleinen Grenzverkehr, sowie im Meß- und Marktverkehr des Grenzbezirkes eingehende Fleisch können durch Anordnung der Landesregierungen Ausnahmen von den Bestimmungen der §§ 12 und 13 zugelassen werden.

1) D. i. Fleisch, das von Reisenden zu eigenem Verbrauch mitgeführt wird.

§ 15.

Der Bundesrath ist ermächtigt, weitergehende Einfuhrverbote und Einfuhrbeschränkungen, als in den §§ 12 und 13 vorgesehen sind, zu beschließen.

§ 16.

Die Vorschriften des § 8 Abs. 1 und der §§ 9 bis 11 gelten auch für das in das Zollinland eingehende Fleisch An Stelle der unschädlichen Beseitigung des Fleisches oder an Stelle der polizeilicherseits anzuordnenden Sicherungsmaßregeln kann jedoch, insoweit gesundheitliche Bedenken nicht entgegenstehen, die Wiederausfuhr des Fleisches unter entsprechenden Vorsichtsmaßnahmen zugelassen werden.

§ 17.

Fleisch, welches zwar nicht für den menschlichen Genuß bestimmt ist, aber dazu verwendet werden kann, darf zur Einfuhr ohne Untersuchung zugelassen werden, nachdem es zum Genusse für Menschen unbrauchbar gemacht ist.

§ 18.

Bei Pferden muß die Untersuchung (§ 1) durch approbirte Thierärzte vorgenommen werden.

Der Vertrieb von Pferdefleisch sowie die Einfuhr solchen Fleisches in das Zollinland darf nur unter einer Bezeichnung erfolgen, welche in deutscher Sprache das Fleisch als Pferdefleisch erkennbar macht.[1])

Fleischhändlern,[2]) Gast-, Schank- und Speisewirthen ist der Vertrieb und die Verwendung von Pferdefleisch nur mit Genehmigung der Polizeibehörde gestattet; die Genehmigung ist jeder Zeit widerruflich. An die vorbezeichneten Gewerbetreibenden darf Pferdefleisch nur abgegeben werden, soweit ihnen eine solche Genehmigung ertheilt worden ist. In den Geschäftsräumen[3]) dieser Personen muß an einer in die Augen fallenden Stelle durch deutlichen Anschlag besonders erkennbar gemacht werden, daß Pferdefleisch zum Verkauf oder zur Verwendung kommt.

Fleischhändler dürfen Pferdefleisch nicht in Räumen feilhalten[4]) oder verkaufen,[5]) in welchen Fleisch von anderen Thieren feilgehalten oder verkauft wird.[6])

Der Bundesrath ist ermächtigt, anzuordnen, daß die vorstehenden Vorschriften auf Esel, Maulesel, Hunde und sonstige, seltener zur Schlachtung gelangende Thiere entsprechende Anwendung finden.

1) Statt „darf nur“ hätte der Text besser „muß“ gelautet; so ist derselbe nicht ganz zweifelsfrei.

2) Vgl. § 2 Anm 5.
3) Vgl. § 5 Anm. 4.
4) Vgl. den allgemeinen Theil S. 1.
5) desgl. S. 5.
6) Vgl. § 11 Abs 3. Das Pferdefleisch wird hier dem nur bedingt tauglichen Fleisch gleich gestellt.

§ 19.

Der Beschauer hat das Ergebniß der Untersuchung an dem Fleische kenntlich zu machen. Das aus dem Auslande eingeführte Fleisch ist außerdem als solches kenntlich zu machen.

Der Bundesrath bestimmt die Art der Kennzeichnung.

§ 20.

Fleisch, welches innerhalb des Reichs der amtlichen Untersuchung nach Maßgabe der §§ 8 bis 16 unterlegen hat, darf einer abermaligen amtlichen Untersuchung nur zu dem Zwecke unterworfen werden, um festzustellen, ob das Fleisch inzwischen verdorben [1]) ist oder sonst eine gesundheitsschädliche Veränderung seiner Beschaffenheit erlitten hat. [2])

Landesrechtliche Vorschriften, nach denen für Gemeinden mit öffentlichen Schlachthäusern der Vertrieb frischen Fleisches Beschränkungen, insbesondere dem Beschauzwang innerhalb der Gemeinde unterworfen werden kann, bleiben mit der Maßgabe unberührt, daß ihre Anwendbarkeit nicht von der Herkunft des Fleisches abhängig gemacht werden darf.

1) Vgl den allgemeinen Theil S. 36.

2) Das Gesetz bestimmt hiermit, daß eine amtliche Untersuchung des Fleisches nicht nur am Ort der Schlachtung, sondern überall im Reiche Geltung haben soll und läßt deshalb nur solche wiederholte amtliche Untersuchungen zu, welche feststellen sollen, ob nach der amtlichen ersten Untersuchung Veränderungen eingetreten seien.

§ 21 [1])

Bei der gewerbsmäßigen[2]) Zubereitung von Fleisch dürfen Stoffe oder Arten des Verfahrens, welche der Waare eine gesundheitsschädliche Beschaffenheit zu verleihen vermögen,[3]) nicht angewendet werden.[1]) Es ist verboten, derartig zubereitetes Fleisch aus dem Ausland[4]) einzuführen, feilzuhalten, zu verkaufen oder sonst in Verkehr zu bringen.

Der Bundesrath bestimmt die Stoffe und die Arten des Verfahrens, auf welche diese Vorschriften Anwendung finden.

Der Bundesrath ordnet an, inwieweit die Vorschriften des Abs. 1 auch auf bestimmte Stoffe und Arten des Verfahrens Anwendung finden, welche eine gesundheitsschädliche oder minderwerthige Beschaffenheit der Waare zu verdecken geeignet sind.

1) Um die Haltbarkeit des Fleisches zu erhöhen oder demselben ein besseres Aussehen zu verleihen, werden nicht selten Stoffe zugesetzt oder Verfahren angewandt, welche geeignet sind, den Gesundheitszustand des Konsumenten nachtheilig zu beeinflussen oder eine minderwerthige oder gesundheitsschädliche Beschaffenheit des Fleisches zu verdecken. Wenn auch Vergehen nach dieser

Richtung auf Grund des Strafgesetzbuchs und des Gesetzes, betreffend den Verkehr mit Nahrungsmitteln zc, verfolgt werden können, so ist im Einzelfall der Nachweis der Strafthat häufig erschwert. Es empfiehlt sich daher, den Zusatz bestimmter Stoffe zu Fleisch sowie die Anwendung bestimmter Arten des Verfahrens bei der Zubereitung und Konservirung des Fleisches in gewerblichen Betrieben zu verbieten und das so behandelte Fleisch auch von der Einfuhr in das Zollinland auszuschließen. Die hier hauptsächlich in Betracht kommenden Mittel, wie Salicylsäure, Borsäure, schweflige Säure und die Salze derselben, ferner Farbstoffe, Mehl, Stärke und dergleichen, sowie das Gefrierenlassen und Aufblasen des Fleisches, wechseln nach den Zeiten und Bedürfnissen und werden hinsichtlich ihrer Gesundheitsschädlichkeit von den Gerichten und Sachverständigen oft verschieden beurtheilt. Es ist daher im Interesse des Verkehrs und der öffentlichen Gesundheitspflege richtiger, dem Bundesrathe die Prüfung und Auswahl derjenigen Stoffe und Arten des Verfahrens zu überlassen, bei welchen wirklich auf Grund eingehender Untersuchungen eine Gefahr in den hier bezeichneten Richtungen vorliegt. (Motive S. 65.) Vgl auch den Anhang zu diesem Gesetze

2) Nur die gewerbsmäßige Zubereitung fällt unter das Verbot des § 21, nicht diejenige im eigenen Haushalt. Vgl Anm zu § 4 des Ges. v. 25. 6. 87 und den allgemeinen Theil, In Verkehr bringen S. 5.

3) Vgl. § 12 NMG. Es ist nicht erforderlich, daß das betr Nahrungsmittel bereits gesundheitsschädlich geworden ist. Es genügt, daß es diese Eigenschaft auf die verbotene Weise bekommen kann

Unter diese Bestimmung kann füglich jedes Verfahren gebracht werden, da z. B ein zu stark geräuchertes Fleisch zu viel Kreosot, ein zu stark gepökeltes zu viel Salpeter und Salz haben kann

4) Unter Ausland ist hier das „Zollausland" zu verstehen (vgl. § 13), also auch diejenigen Reichstheile, welche außerhalb der Zollgrenze liegen Vgl. jedoch auch § 25.

§ 22

Der Bundesrath ist ermächtigt,

1. Vorschriften über den Nachweis genügender Kenntnisse der Fleischbeschauer zu erlassen,
2. Grundsätze aufzustellen, nach welchen die Schlachtvieh- und Fleischbeschau auszuführen und die weitere Behandlung des Schlachtviehs und Fleisches im Falle der Beanstandung stattzufinden hat,
3. die zur Ausführung der Bestimmungen in dem § 12 erforderlichen Anordnungen zu treffen und die Gebühren für die Untersuchung des in das Zollinland eingehenden Fleisches festzusetzen.

§ 23.

Wem die Kosten der amtlichen Untersuchung (§ 1) zur Last fallen, regelt sich nach Landesrecht. Im Uebrigen werden die zur Ausführung des Gesetzes erforderlichen Bestimmungen, insoweit nicht der Bundesrath für zuständig erklärt ist oder insoweit er von einer durch § 22 ertheilten Ermächtigung keinen Gebrauch macht, von den Landesregierungen erlassen.

§ 24.

Landesrechtliche Vorschriften über die Trichinenschau und über den Vertrieb und die Verwendung von Fleisch, welches zwar zum Genusse für Menschen tauglich, jedoch in seinem Nahrungs- und Genußwerth erheblich herabgesetzt[1]) ist, ferner landesrechtliche Vorschriften, welche mit Bezug auf

1. die der Untersuchung zu unterwerfenden Thiere,
2. die Ausführung der Untersuchungen durch approbirte Thierärzte,
3. den Vertrieb beanstandeten Fleisches oder des Fleisches von Thieren der im § 18 bezeichneten Arten

weitergehende Verpflichtungen als dieses Gesetz begründen, sind mit der Maßgabe zulässig, daß ihre Anwendbarkeit nicht von der Herkunft des Schlachtviehs oder des Fleisches abhängig gemacht werden darf.

1) Zur Gruppe des in seinem Nahrungs- oder Genußwerth erheblich herabgesetzten Fleisches zählt solches Fleisch, welches zwar keine gesundheitlichen Gefahren bietet, jedoch einen so geringen Nahrungs- oder Genußwerth aufweist, daß es als Waare von der im Verkehr allgemein vorausgesetzten Beschaffenheit nicht gelten kann. Nicht jeder Minderwerth, namentlich nicht die Thatsache allein, daß das Fleisch von einem älteren oder ungemästeten Thiere herrührt, wird genügen, um das Fleisch unter diese Gruppe einzureihen, es ist vielmehr hierzu erforderlich, daß eine erhebliche Minderung des Nahrungs- und Genußwerths vorliegt. Vorwiegend das Fleisch von Thieren, die ungewöhnlich schlecht ernährt oder noch unreif sind, ferner Fleisch, welches in Geruch, Geschmack oder Farbe so sehr von der Regel abweicht, daß dadurch seine Verwendbarkeit als Nahrungsmittel, wenn auch nicht ausgeschlossen, so doch in

hohem Grade beeinträchtigt ist, kommt hier in Betracht. (Motive.)

§ 25.

Inwieweit die Vorschriften dieses Gesetzes auf das in die Zollausschlüsse eingeführte Fleisch Anwendung zu finden haben, bestimmt der Bundesrath.

§ 26.[1])

Mit Gefängniß bis zu sechs Monaten und mit Geldstrafe bis zu eintausendfünfhundert Mark oder mit einer dieser Strafen wird bestraft:

1. wer wissentlich den Vorschriften des § 9 Abs. 2, 4, des § 10 Abs. 2, 3, des § 12 Abs. 1 oder des § 21 Abs. 1, 2 oder einem auf Grund des § 21 Abs. 3 ergangenen Verbote zuwiderhandelt;
2. wer wissentlich Fleisch, das den Vorschriften des § 12 Abs. 1 zuwider eingeführt oder auf Grund des § 17 zum Genusse für Menschen unbrauchbar gemacht worden ist, als Nahrungs- oder Genußmittel für Menschen in Verkehr bringt;
3. wer Kennzeichen der im § 19 vorgesehenen Art fälschlich anbringt oder verfälscht, oder wer wissentlich Fleisch, an welchem die Kennzeichen fälschlich angebracht, verfälscht oder beseitigt worden sind, feilhält oder verkauft.

1) Zuständig zur Aburtheilung sind die Strafkammern der Landgerichte, doch ist gemäß § 75 Ziffer 14 GVG. Ueberweisung an die Schöffengerichte zulässig.

§ 27.[1])

Mit Geldstrafe bis zu einhundertfünfzig Mark oder mit Haft wird bestraft:

1. wer eine der im § 26 Nr. 1 und 2 bezeichneten Handlungen aus Fahrlässigkeit begeht,
2. wer eine Schlachtung vornimmt, bevor das Thier der in diesem Gesetze vorgeschriebenen oder einer auf Grund des § 1 Abs. 1 Satz 2, des § 3, des § 18 Abs. 5 oder des § 24 angeordneten Untersuchung unterworfen worden ist,
3. wer Fleisch in Verkehr bringt, bevor es der in diesem Gesetze vorgeschriebenen oder einer auf Grund des § 1 Abs. 1 Satz 2, des § 3, des § 14 Abs. 1, des § 18 Abs. 5 oder des § 24 angeordneten Untersuchung unterworfen worden ist,
4. wer den Vorschriften des § 2 Abs. 2, des § 7 Abs. 2, 3, des § 8 Abs. 2, des § 11, des § 12 Abs. 2, des § 13 Abs 2 oder des § 18 Abs. 2 bis 4, ingleichen wer den auf Grund des § 15 oder des § 18 Abs. 5 erlassenen Anordnungen oder den auf Grund des § 24 ergehenden landesrechtlichen Vorschriften über den Vertrieb und die Verwendung von Fleisch zuwiderhandelt.

1) Zuständig zur Aburtheilung sind die Schöffengerichte.

§ 28.

In den Fällen des § 26 Nr. 1 und 2 und des § 27 Nr. 1 ist neben der Strafe auf die Einziehung des Fleisches zu erkennen. In den Fällen des § 26 Nr. 3 und des § 27 Nr. 2 bis 4 kann neben der Strafe auf die Einziehung des Fleisches oder des Thieres erkannt werden. Für die Einziehung ist es ohne Bedeutung, ob der Gegenstand dem Verurtheilten gehört oder nicht.

Ist die Verfolgung oder Verurtheilung einer bestimmten Person nicht ausführbar, so kann auf die Einziehung selbständig erkannt werden.

§ 29.

Die Vorschriften des Gesetzes, betreffend den Verkehr mit Nahrungsmitteln, Genußmitteln und Gebrauchsgegenständen, vom 14 Mai 1879 (Reichs-Gesetzbl. S. 145) bleiben unberührt. Die Vorschriften des § 16 des bezeichneten Gesetzes finden auch auf Zuwiderhandlungen gegen die Vorschriften des gegenwärtigen Gesetzes Anwendung.

§ 30.

Diejenigen Vorschriften dieses Gesetzes, welche sich auf die Herstellung der zur Durchführung der Schlachtvieh- und Fleischbeschau erforderlichen Einrichtungen beziehen, treten mit dem Tage der Verkündigung dieses Gesetzes in Kraft.

Im Uebrigen wird der Zeitpunkt, mit welchem das Gesetz ganz oder theilweise in Kraft tritt, durch

Kaiserliche Verordnung mit Zustimmung des Bundesraths bestimmt.

Urkundlich rc.

Gegeben rc.

Anhang zum Fleischbeschaugesetz.

1. Entscheidungen des Reichsgerichts (nach den Motiven).

Das Reichsgericht hat folgende, für die Beurtheilung des Fleisches grundsätzlich wichtige Entscheidungen hinsichtlich des Verkehrs mit Nahrungsmitteln getroffen:

1. Als zum Genuß ungeeignet oder minder geeignet, mit anderen Worten, als verdorben, müssen auch diejenigen Gegenstände bezeichnet werden, deren Genuß in Folge einer Veränderung Ekel erregt, und zwar nicht blos bei dieser oder jener einzelnen Person, nach dem individuellen Geschmacke derselben, sondern nach der gemeinen Anschauung oder doch nach der Anschauung derjenigen Bevölkerungsklasse, welcher der Kauflustige angehört. (Entscheidung des Reichsgerichts, III. Strafsenat. Urtheil vom 5 Oktober 1881.)

2 Es ist für das kaufende Publikum gleichgültig und die durch Verschweigung der schlechten Beschaffenheit oder die unrichtige Bezeichnung der Waare herbeigeführte oder wenigstens mögliche Täuschung und Vermögensbeschädigung bleibt dieselbe, ob die der Waare anhaftenden Mängel erst nach deren Verfertigung entstanden oder schon vorher in dem verwendeten Materiale vorhanden waren. (Entscheidung des Reichsgerichts, II. Strafsenat. Urtheil vom 3 Januar 1882.)

3. Als verdorben im Sinne des Nahrungsmittelgesetzes erscheint nur ein solches Nahrungs- oder Genußmittel, welches, in Folge von Veränderungen des nor

malen Zustandes, nach allgemeiner Ansicht zum Genusse von Menschen ungeeignet ist. (Entscheidung des Reichsgerichts, I. Strafsenat. Urtheil vom 12. Jan. 1882.)

4. Die Gesundheitsschädlichkeit ist eine objektive Eigenschaft, welche dem Gegenstand anhaften muß und abhängig gemacht werden kann von dem je nach dem Geschmacke, der Bildungsstufe und dem Wohlstande des einzelnen Käufers verschiedenen Grade der Abneigung oder des Widerwillens gegen dessen Genuß. (Entscheidung des Reichsgerichts, II. Strafsenat. Urtheil vom 5. Mai 1882.)

5. Es ist davon auszugehen, daß für Gegenstände, welche als Eßwaare zu dienen bestimmt sind, zur vollen Gebrauchsfähigkeit jedoch noch einer besonderen Zubereitung durch Kochen ꝛc. bedürfen, der dieser Zubereitung vorausgehende, zur Zeit des Feilhaltens oder Verkaufs bestehende rohe Zustand entscheidet und nichts darauf ankommt, ob die zu diesem Zeitpunkte bestehenden Mängel, welche den Gegenstand als verdorben erscheinen lassen, durch die Zubereitung selbst oder durch eine anderweite Behandlung sich beseitigen lassen. (Entscheidung des Reichsgerichts, II Strafsenat. Urtheil vom 9. Mai 1882.)

6. Die bloße Meinung des Publikums, daß ein an und für sich unverdorbenes Nahrungsmittel wegen besonderer Eigenschaften als verdorben zu erachten, ist kein Grund für die Annahme der Verdorbenheit. (Entscheidung des Reichsgerichts, III. Strafsenat. Urtheil vom 28. September 1885.)

2. Färben von Wurst und Hackfleisch. (Aus der Denkschrift des Kaiserl. Gesundheitsamtes vom Oktober 1898.)

Die rothe Farbe des Fleisches von frischgeschlachteten Thieren wird verursacht durch einen in der Muskelsubstanz enthaltenen Farbstoff, der nach unseren jetzigen Kenntnissen mit dem Farbstoff der rothen Blutkörperchen dem Oxyhämoglobin, identisch ist. Das Blut hat mit dieser Färbung nichts zu thun, denn auch das völlig ausgeblutete Fleisch sieht roth aus. Die durch den rothen Farbstoff verursachte Färbung ist nicht blos bei den verschiedenen Thiergattungen sehr verschieden und schwankt zwischen einem hellen Grauroth und einem gesättigten Dunkelroth, sie kann auch bei einem und demselben Thiere sehr erhebliche Unterschiede in den einzelnen Muskelgruppen aufweisen. Man findet z. B. beim Geflügel heller und dunkler gefärbte Fleischpartien und spricht daher von weißen und rothen Muskeln. Erstere sind zwar nicht ganz frei von Hämoglobin, aber doch sehr arm daran, letztere enthalten wesentlich mehr von diesem Farbstoff. Ferner finden sich solche weiße und rothe Muskeln beim Schwein und Kaninchen.

Außer diesen Unterschieden im Hämoglobingehalt der Muskeln giebt es noch andere Verhältnisse, die eine Verschiedenheit in der Färbung des Fleisches verursachen. Ein größerer Gehal t des Fleisches an Fett, das in kleinen, nur mikroskopisch sichtbaren Theilchen zwischen die Muskelfaserbündel eingelagert ist, verursacht eine heller rothe Farbe. Fleisch magerer Thiere ist stets dunkler gefärbt, als das Fleisch fetter Thiere. Auch der Wassergehalt des Fleisches wirkt auf die Abstufung der Rothfärbung ein. Das wasserreiche Fleisch junger Thiere ist heller gefärbt, als das wasserärmere alter Thiere und von solchem Vieh, das schwere Arbeit verrichtet hat.

Rindfleisch besitzt im Allgemeinen eine rothe, ins Bräunliche spielende Farbe Jedoch ist sie nach dem Alter des Thieres wechselnd. Jungrinder von $^1/_2$ bis $^3/_4$ Jahren haben blaßrothes, Ochsen von $1^1/_2$ bis 6 Jahren hell- bis ziegelrothes Fleisch. Das Fleisch gemästeter Fersen und der jungen Kühe gleicht fast ganz dem der jungen Ochsen, während ältere abgemolkene Kühe und Bullen dunkles derbes Fleisch haben.

Kalbfleisch ist blaßroth, auch grauröthlich.

Auffallend hell ist das Fleisch von Milchkälbern.

Hammel-, Schaf- und Schöpsenfleisch wechselt in der Farbe je nach dem Alter des Thieres zwischen hellziegelroth bis dunkelbraunroth.

Schweinefleisch ist im Allgemeinen blaßroth, auch grauroth. Doch bemerkt man auch dunkler roth gefärbte Partien an einem und demselben Fleischstück, herrührend von dem verschiedenen Gehalt an Muskelfarbstoff in den weißen und rothen Muskeln.

Pferdefleisch erscheint dunkelroth bis braunroth.

Wildpret hat in der Regel eine dunkle braunrothe Färbung, die theils durch den Mangel an eingelagertem Fett, theils durch den hohen Gehalt an Blut bedingt wird, der bei den kunstgemäß geschlachteten, gesunden Hausthieren fehlt.

Das von frischgeschlachteten Thieren gewonnene Fleisch unterliegt bald nach dem Schlachten gewissen physiologischen Veränderungen. Die Färbung der Muskulatur wird durch den Luftzutritt gesättigter, scharlachfarben. Dieser Farbenwechsel ist besonders deutlich an frischen Schnittflächen wahrzunehmen. Der Vorgang rührt davon her, daß in den der Luft nicht zugänglichen Fleischtheilen der Muskelfarbstoff reduzirt wird, d h seines Sauerstoffes verlustig geht und sich dabei in das mehr violettrothe Hämoglobin verwandelt. Bei Luftzutritt entsteht durch Sauerstoffaufnahme das blutrothe Oxyhämoglobin.

An den Vorgang der eben geschilderten einfachen Säuerung schließt sich dann die saure Gährung an, deren Ursachen zur Zeit noch unbekannt sind und die möglicherweise durch die Thätigkeit von Mikroorganismen hervorgerufen wird. Das Muskelgewebe verliert seine Starrheit, wird mürbe, wasserreicher und büßt allmählich die Fähigkeit ein, auf den Schnittflachen die lebhaftrothe Farbe anzunehmen. Die Oberfläche des Fleisches und die Schnittflächen werden dunkelbraunroth, später gelblichbraun oder graubraun. Besonders rasch tritt diese Farbenveränderung beim Hack- und Schabefleisch ein. Solches Fleisch kann unter Umständen, — wenn beim Zerkleinern nicht peinliche Sauberkeit waltet und die Aufbewahrung nicht bei niederer Temperatur, also im Eisschrank oder Kühlraum geschieht, — seine rothe Farbe schon innerhalb weniger Stunden verlieren, während bei großen Fleischstücken der Farbenumschlag erst nach einigen Tagen eintritt Diese Vorgänge bezeichnet man als das Reifwerden des Fleisches und derartiges Fleisch als altschlachten.

Unter besonderen Umständen — bei Wildpret, dessen Fleisch noch warm verladen worden ist und nicht hat auskühlen können — verläuft die saure Gährung unter Auftreten von stinkenden Produkten. Hierbei färben sich die Schnittflächen des Fleisches graugrün bis laubgrün

Die später eintretende Fäulniß oder ammoniakalische Gährung des Fleisches ist von charakteristischen Farbenveränderungen nicht begleitet, wenn auch nicht selten bräunlich-grünliche Verfärbung, besonders in der Nähe der Knochen zu beobachten ist.

Durch die physikalischen Konservirungsmethoden (Gefrieren u. s. w.) wird die natürliche Färbung des Fleisches nicht verändert.

Andere viel ältere Methoden, um Fleisch länger haltbar zu machen, sind die häufig vereinigten Verfahren des Räucherns und des Pökelns. Das Pökeln geschieht bekanntlich in der Weise, daß man die mit Kochsalz und Salpeter eingeriebenen Fleischstücke in Fässer schichtet. Zur Konservirung allein würde Kochsalz schon genügen, doch wird dadurch eine Verfärbung des Fleisches nicht verhütet, da mit Kochsalz allein gepökeltes Fleisch sich durch Auslaugung oder Zersetzung des Muskelfarbstoffes grau färbt. Durch die allgemein gebräuchliche Zufügung von Salpeter (auch Zucker wird zu diesem Zweck empfohlen) erzielt man eine schön rothe Färbung des Fleisches. Diese Farbe, die sogenannte Salzungsröthe, tritt erst allmählich und nach längerer Einwirkung des Salzgemisches ein, nachdem schon vorher die ursprüngliche Färbung des Fleisches verschwunden ist. Ungenügend lange gepökeltes Fleisch zeigt infolge des unvollkommenen Eintritts der Salzungsröthe in der Mitte des Stückes eine graue Farbe. Es handelt sich somit beim Pökeln nicht um eine Erhaltung des ursprünglichen Fleischfarbstoffes, wie auch aus dem Verhalten des Pökelfleisches beim Kochen hervorgeht. Denn während nicht gepökeltes Fleisch in der Hitze seine rothe Farbe verliert, behält das Pökelfleisch seine Färbung, die nur durch die beim Kochen eintretende Gerinnung der Eiweißkörper einen etwas helleren Ton annimmt.

Das Räuchern ist auf die Farbe des in der Regel vorher gepökelten Fleisches ohne wesentlichen Einfluß; vielleicht wird infolge der dabei eintretenden Wasserentziehung und des Einflusses der Rauchbestandtheile die Farbe etwas dunkler.

Das zu Rohwurst (Salami-, Cervelat-, Mett-, Schlack-, Plockwurst u. dgl.) verarbeitete frische Fleisch ist in der Regel ein Gemenge von feinzerkleinertem Schweine- und Rindfleisch, das mit Salz, Salpeter (bisweilen auch Zucker) und dem nöthigen Gewürz in Därme gefüllt und geräuchert wird. Das gesalzene Wurstfleisch unterliegt ebenso wie das Pökelfleisch einer Farbenveränderung. Einige Tage nach dem Einfüllen in den Darm färbt es sich mehr oder weniger grau, am stärksten, wenn es blaß, wasserreich und in kalter feuchter Luft aufbewahrt ist. Allmählich tritt in der Wurst die Salzungsröthe ein, die von der Mitte aus gegen die Oberfläche fortschreitet. Dieser Vorgang, der ungefähr 4 Wochen dauert, wird als Gährung (Fermentation) bezeichnet. Bleibt diese Salzungsröthe aus oder tritt sie nur unvollkommen ein, so soll die Ursache angeblich in mangelnder Sauberkeit und Sorgfalt bei der Auswahl und Behandlung des Fleisches, in der Einwirkung kalter feuchter Luft während des Räucherns und in der Verwendung schlechter Gewürze zu suchen sein. Die rothe Färbung der Wurst ist ebenso wie die des gepökelten Fleisches von der natürlichen Farbe des frischen Fleisches verschieden und ein Produkt der durch die Einwirkung des Salzes und Salpeters auf das Muskelgewebe entstehenden Veränderungen Daß die Salzungsröthe sich überhaupt nicht oder nur unvollkommen bildet oder bald wieder verschwindet, ist zum Theil auf die Einwirkung von Mikroorganismen zu erklären. Vielleicht spielt auch die Zusammensetzung des Fleisches, jedenfalls der Wasser- und Farbstoffgehalt eine Rolle dabei. Denn wenn auch, wie oben auseinandergesetzt worden ist, die Salzungsröthe von der durch den Muskelfarbstoff bewirkten, normalen rothen Farbe des Fleisches verschieden ist, so scheint doch insofern ein gewisser Zusammenhang zwischen beiden zu bestehen, als die Erfahrung gelehrt hat, daß die Salzungsröthe bei der Verwendung von kernigem, farbstoffreichem Fleisch besonders schön eintritt. Hieraus erklärt es sich, daß die Wurstfabrikanten mit Vorliebe das farbstoffreiche, weniger wasserhaltige Fleisch von Bullen und mageren Kühen zur Fabrikation verwenden.

Beim Kochen verliert das Fleisch seine rothe Farbe und wird graubraun Der Grad der Färbung hängt ab von dem ursprünglichen Gehalt an rothem Muskelfarbstoff. Dieser Farbstoff zerfällt beim Erwärmen zwischen 70 und 80 °C in Eiweiß und einen braunen Farbstoff Hämatin. War das zum Kochen oder Braten verwendete Fleisch reich an Farbstoff, so bildet sich viel Hämatin und es erhält eine dunkelbraungraue Farbe; dagegen wird Fleisch, das sehr arm an rothem

Farbstoff ist, wie Kalbfleisch, manches Schweinefleisch und die weißen Muskeln des Geflügels, beim Kochen und Braten weiß oder höchstens hellgrau. Wenn das Braten des Fleisches nur kurze Zeit andauert, so daß die Wärme im Innern des Fleischstückes nicht bis auf 70 ° C steigt, so bleibt das Fleisch in der Mitte rosaroth gefärbt, weil die dort erreichten Wärmegrade nicht genügt haben, um den Muskelfarbstoff zu zersetzen.

Während die durch das Kochen und Braten hervorgerufene Farbenveränderung des Fleisches vom Publikum als etwas natürlich Gegebenes hingenommen wird, nimmt es an dem grauen Aussehen des Hack- und Schabefleisches, sowie der Rohfleischwurst Anstoß. Es verlangt, daß das Hack- und Schabefleisch keine graue, sondern eine rothe Farbe zeigt, gleich derjenigen der frischgeschlachteten Fleischstücke, und das die Rohfleischwurst beim Anschnitt ebenfalls eine gleichmäßige, hellrothe Färbung aufweist, wie sie beim gut gepökelten Fleisch zu beobachten ist.

Diesem Verlangen des Publikums glauben die Fleischer vielfach dadurch Rechnung tragen zu müssen, daß sie einestheils die zur Herstellung der Rohfleischwurst verwendete Fleischmischung direkt mit Farbstoff versetzeu, anderntheils dem Hack- und Schabefleisch Substanzen zumischen, die geeignet sind, die naturgemäß nach einiger Zeit auftretende Verfärbung desselben zu verhindern.

Der Zusatz von Farbstoff geschieht in Deutschland seit ungefähr 40 Jahren Nachweislich wurde im Jahre 1858 in Eisenberg (Sachsen-Altenburg) gefärbte Wurst speziell für den Berliner Bedarf hergestellt. Erst viel später ist das Färben in anderen Theilen Deutschlands geübt worden, wozu die Konkurrenz der gefärbten Thüringer Wurst den Anstoß gab. Vor dem Erscheinen der gefärbten Wurst auf dem Markte hat das Publikum ohne Bedenken die ungefärbte gekauft. Man muß daher annehmen, daß der ursprüngliche Anlaß zur Färbung für den Fabrikanten darin lag, ein im Aussehen besseres Fabrikat als die Konkurrenz oder ein gleich gutes bei Verwendung minderwerthigen Materials zu liefern

Wesentlich anders als bei der Rohfleischwurst liegen die Verhältnisse beim Schabe-, Wiege- oder Hackfleisch. Wie oben ausgeführt wurde, erfährt jedes Fleisch einige Zeit nach dem Schlachten eine gewisse Veränderung der Farbe Dieser Farbenwechsel, welcher wahrscheinlich durch die dem Fleisch anhaftenden Mikroorganismen hervorgerufen wird, tritt beim Hackfleisch wesentlich schneller als bei großen Fleischstücken ein, und zwar besonders rasch dann, wenn das zum Hacken oder Wiegen verwendete Fleisch nicht ganz frischschlachten ist. Da das kaufende Publikum ein roth, nicht aber graubraun aussehendes Hackfleisch verlangt, weil es in der rothen Farbe erfahrungsgemäß ein Kennzeichen der Frische des Fleisches erblickt, so bemuhen sich viele Fleischer, durch Zusatz von sogenannten Konservirungssalzen und -flüssigkeiten die rothe Farbe künstlich zu erhalten und zu verbessern.

Wenn ein großer Theil der Fleischer behauptet, daß das Publikum Hackfleisch von frischrother Farbe verlange und verfärbtes Fleisch als alt oder verdorben zurückweise, so ist das ohne Weiteres zuzugeben, denn der Käufer sieht mit Recht in der rothen Färbung des Hackfleisches eines Beweis dafür, daß das Fleisch frisch und vor nicht allzulanger Zeit zerkleinert worden ist. Wenn aber von Seiten der Fleischer weiterhin behauptet wird, daß das beste gehackte Rindfleisch ohne Färbungs- oder Konservirungsmittel nach wenigen Stunden grau werde, so darf das als allgemein giltig nicht anerkannt werden. Unstreitig kann, wie schon oben erwähnt wurde, die Verfärbung des Hackfleisches bei Verwendung älteren Fleisches, bei mangelnder Sauberkeit in der Herstellung und Aufbewahrung bei höherer Temperatur schon nach wenigen

Stunden eintreten. Beachtet man dagegen beim Zerkleinern sorgfältigste Reinlichkeit und bewahrt das Hackfleisch im kalten Raume auf, so tritt, wenn frisches Fleisch verwendet worden ist, erst nach mehr als 24 Stunden eine bräunliche Verfärbung ein

Im Ganzen kann die vorstehende Ausführung in folgende Sätze zusammengefaßt werden:

1. Bei Verwendung geeigneten farbstoffreichen Fleisches und unter Beobachtung der handwerksgerechten Sorgfalt und Reinlichkeit läßt sich eine gleichmäßig roth gefärbte Dauerwurst ohne Benutzung künstlicher Färbemittel herstellen;
2. der Zusatz von Farbstoff ermöglicht es, einer aus minder geeignetem Material oder mit nicht genügender Sorgfalt hergestellten Wurst den Anschein einer besseren Beschaffenheit zu verleihen, mithin die Käufer über die wahre Beschaffenheit der Wurst zu täuschen;
3. im Einklang mit den von dem Reichsgericht aufgestellten Rechtsgrundsätzen nimmt die Mehrzahl der bisher mit der Frage befaßten Gerichte an, daß die in manchen Gegenden eingeführte Färbung von Wurst vom Standpunkte des Nahrungsmittelgesetzes als ein berechtigter Geschäftsgebrauch nicht anzuerkennen ist;
4. bei Verwendung giftiger Farbstoffe vermag der Genuß damit gefärbter Wurst die menschliche Gesundheit zu schädigen;
5. aus frischgeschlachtetem Fleisch läßt sich ohne Anwendung von chemischen Konservirungsmitteln unter Beobachtung handwerksgerechter Sauberkeit Hackfleisch herstellen, daß bei Aufbewahrung in niedriger Temperatur seine natürliche Farbe länger als 12 Stunden behält;
6. der Zusatz von schwefligsauren Salzen und solche Salze enthaltenden Konservirungsmitteln ist ge-

eignet, die natürliche Färbung des Fleisches — aber nicht das Fleisch selbst — zu verbessern und länger haltbar zu machen; dem Hackfleisch kann mithin hierdurch der Anschein besserer Beschaffenheit verliehen werden;

7. der regelmäßige Genuß von Hackfleisch, welches mit schwefligsauren Salzen versetzt ist, vermag die menschliche Gesundheit, namentlich von kranken und schwächlichen Personen, zu schädigen.

Anmerkung. Einige der hier aufgestellten Maximen können nur einen bedingten Anspruch auf Richtigkeit machen.

Rechtsprechung, betreffend Färbung von Wurst.

I. Die in Betracht kommenden rechtlichen Gesichtspunkte sind in folgenden höchstinstanzlichen Urtheilen erörtert:

1. RG. v. 18. 2. 82 (R. IV, 174, E. VI, 51)

2. RG. v. 21. 5. 98 wider den Fleischermeister Sch. und den Agenten D.:

Die Revisionen der beiden Angeklagten sind nicht begründet.

Nach den Feststellungen des Urtheils gewährt der Zusatz von Karminfarbstoff zu Würsten nicht der Waare bloß ein besseres äußeres Aussehen, vielmehr verleiht ihr die Färbung ein dem Scheine der Wahrheit nicht entsprechendes Aussehen, sofern die materielle Wirkung des Zusatzes dieses Farbstoffes darin besteht, daß er die Farbe einer frischen nicht schon länger gelagerten Waare auch für eine Zeit ihr erhalte, zu welcher ohne ihn sich durch Veränderung der natürlichen rothen Farbe ins Graue zeigen müßte, daß die Waare nicht mehr frisch sei Durch den Farbzusatz sei somit einer älteren Waare der Anschein einer frischen verschafft Was daher zunächst die von den beiden Angeklagten vorgenommenen Verkaufsgeschäfte betreffe, so hätten ihre Abnehmer die Lieferung frischer Wurst verlangt. Mittelst des Zusatzes des Farbstoffes, den die Abnehmer der Wurstwaaren als einen Bestandtheil derselben weder erwarteten noch erwarten mußten, seien sie durch Hervorrufung des Scheins einer besseren, nämlich ihrer frischen Beschaffenheit über die wirkliche Qualität derselben getäuscht worden. Es stehe außer Zweifel, daß die von den Angeklagten gelieferte Wurst an deren Abnehmer unter solchen Umständen verkauft wurde, bei welchen eine normale Wurstwaare ins Graue verfärbt gewesen wäre. Eine grau gewordene Wurst habe aber, wenn auch die Qualität ihres in Fleisch und Speck bestehenden Inhalts noch keine ihre Güte beeinträchtigende Aenderung erlitten habe, gleichwohl gegenüber der frischen Wurst einen geringeren Genußwerth, so daß ältere in der Farbe grau gewordene Wurststücke seitens des Verkäufers in besseren Geschäften jeweils zur Seite gelegt und auch von den Konsumenten nicht verzehrt würden. Daß frische Wurst einen höheren Genußwerth habe, als grau gewordene, und daß die den Abnehmern gelieferte Wurst, wäre sie, was sie erwarteten und erwarten durften, nicht gefärbt gewesen, ein graues Aussehen gezeigt haben würde, hätten die Angeklagten gewußt. Somit liege eine Verfälschung des Nahrungsmittels durch scheinbare Verbesserung seiner Hinsicht des Genußwerthes minder guten beziehungsweise minder gut gewordenen Beschaffenheit vor.

Aber auch eine Verfälschung durch verheimlichte Verschlechterung der Waare sei den Abnehmern gegenüber erfolgt. Denn der Genußwerth der Wurstwaaren hänge nicht bloß von der objektiven Beschaffenheit ihres Inhaltes an Fleisch und Speck ab, sondern werde zugleich durch die an den Inhalt der Wurst anknüpfende Durchschnittsmeinung des konsumirenden Theils des Publikums bestimmt und habe nicht allein physische, sondern auch psychische Voraussetzungen. Gefärbte Wurst werde vom Publikum, sobald es von der Thatsache der Färbung Kenntniß erhalte, allgemein zurückgewiesen; es lege der gefärbten Wurst, ganz abgesehen von ihrem substanziellen Nahrungs- und Genußwerth, schon wegen des in ihr enthaltenen, an sich ihr fremden Farbstoffes einen verminderten Genußwerth bei. Demzufolge hätten die Angeklagten durch Beimischung des Farbstoffes, der als Bestandtheil einer Wurst nicht vorausgesetzt werde und ihnen verheimlicht wurde, ein Nahrungsmittel hergestellt beziehungsweise verkauft, dessen Genußwerth für die mit seiner Zusammensetzung bekannten Personen für geringer erachtet werde, als derjenige einer Waare, die bei übrigens gleicher Beschaffenheit von der Beimischung der Farbe frei ist. Indessen wurde nach den Urtheilsgründen nicht bloß der Genußwerth ein geringerer, sondern das Nahrungsmittel als solches erlitt durch den Zusatz eine Verschlechterung seines Wesens. Eine mit Karmin gefärbte Wurstwaare läßt nämlich in ihrem äußeren Aussehen ein etwa eintretendes Verderben erst in einem ziemlich vorgeschrittenen Stadium erkennen, während eine ungefärbte Wurst ein solches schon in den allerersten Anfängen durch Farbveränderung kundgiebt. Diese gerade für Eßwaaren besonders werthvolle Eigenschaft sei der Wurstwaare der Angeklagten durch den Farbzusatz entzogen und die Verschlechterung der normalen Waare den Abnehmern verheimlicht worden. Demzufolge seien die objektiven Thatbestandsmerkmale eines Vergehens gegen § 10 Ziffer 2 des N.M.G., beiden Angeklagten gegenüber gegeben; da sie aber nach den Urtheilsgründen auch wissentlich gehandelt haben, so erklärt sie das Urtheil im Sinne dieser Gesetzesvorschrift für schuldig

Was sodann die Anfertigung der Waare durch den Angeklagten Sch. betrifft, so erklärt das Urtheil, daß nach dem soliden und vom Publikum für reell geachteten Gebrauch bei Herstellung von Wurstwaaren im Handel und Verkehr die normale Beschaffenheit einer Fleischwurst in einer Zusammensetzung von Fleisch und Speck ohne Zusatz von Farbstoffen bestehe. Uebereinstimmend sei bekundet, daß gefärbte Wurst vom Publikum allgemein zurückgewiesen werde, sobald es von der Thatsache der Färbung Kenntniß erhalte, weil es der Wurst schon wegen des in ihr enthaltenen fremden Stoffes einen verminderten Genußwerth zuschreibe. Da inhaltlich des Urtheils der Angeklagte Sch. die Färbung der von ihm fabrizirten Wurstwaare zum Zwecke der Täuschung im Handel und Verkehr mit dem Bewußtsein, daß seine Waare von der normalen abweiche, vorgenommen hat, erklärt ihn das Urtheil auch des Vergehens im Sinne des § 10 Ziffer 1 des NMG. für schuldig.

Die Revisionen der beiden Angeklagten greifen die Verurtheilung unter der Behauptung an, daß, da die aus Fleisch und Speck bestehenden Bestandtheile der Wurst trotz des Karminzusatzes unverändert gut geblieben seien, es sich nur um eine Verbesserung ihres Aussehens, nicht um eine Veränderung ihres Genußwerthes handeln könne Der Angriff kann jedoch gegenüber den Feststellungen des Urtheils keinen Erfolg haben. Daß der Angeklagte Sch die Wurst färbte, um ihr den Anschein der Frische auch über die Zeitdauer bei normaler Waare zu erhalten, hat das Urtheil, wie aus den Gründen erhellt, wiederholt ausgesprochen. Die vom Urtheil festgestellte Durchschnittsmeinung des gesammten konsumirenden Publikums über den Genußwerth der Wurstwaare, daß eine in ihrer Farbe grau gewordene Wurst einen geringeren Genußwerth habe, als eine noch die rothe Farbe der frischen Waare tragende, knüpft an die gewöhnliche Erfahrung hinsichtlich der Beschaffenheit grau gewordener Waare an. Es mag der Revision des Angeklagten D. zugegeben werden, daß, wenn ein Theil der Konsumenten eine fleischreiche Wurst der fetteren vorziehe, den Angeklagten daraus kein Vorwurf gemacht werden könne, daß der Inhalt ihrer Würste an Speck durch die Färbung demjenigen des Fleisches ähnlich geworden sei. Denn einerseits hatten die Abnehmer ein bestimmtes Verhältniß des Gehalts der Würste an Fleisch und Speck nach den Intentionen der Verträge in ihrer Waare nicht zu erwarten, andererseits würde nur das Uebergewicht der fetten über die Fleischbestandtheile der Wurst deren Werth bei diesen Konsumenten vermindert haben und hätte es sich nicht um eine Verfälschung des Nahrungsmittels als solchen durch verheimlichte Verschlechterung oder scheinbare Verbesserung mittels Zusetzens eines seiner normalen Beschaffenheit fremden Bestandtheils gehandelt. Wenn aber auch die Gründe des Urtheils nach dieser Richtung die Verurtheilung der Angeklagten nicht rechtfertigen würden, und auch die sonstigen Ausführungen nicht durchweg zu billigen sein mögen, so wird dasselbe gleichwohl durch seinen oben hervorgehobenen Grund getragen, daß die gelieferte Wurst thatsächlich bei den Abnehmern unter solchen Umständen verkauft wurde, unter welchen bei einer nicht gefärbten Wurst eine Verfärbung ins Graue eingetreten gewesen wäre und, da die Beschlagnahme bei Einzelnen erst Monate lang nach der Lieferung erfolgte, durch das Färben solcher Wurst, welche als minder gut erachtet werden mußte, der Schein einer besseren Beschaffenheit gegenüber einer, im gleichen Stadium befindlichen, nicht gefärbten Wurst verliehen wurde. — Die Revision des Angeklagten Sch. bestreitet endlich sowohl, daß er zum Zwecke der Täuschung im Handel und Verkehr die Verfälschung vorgenommen, als auch, daß er wissentlich die Färbung der Wurst verschwiegen habe. Damit setzt sie sich in Widerspruch mit dem thatsächlichen Inhalt der Entscheidungsgründe und kann keinen Erfolg haben

3. des Königl. Kammergerichts zu Berlin v. 1. 6. 96 wider den Kaufmann B.:

Die Revision des Angeklagten, welche Verletzung des § 367 [7] StrGB. rügt, war begründet.

Der Vorderrichter hat festgestellt, daß der Zusatz des Farbstoffs zu der Wurst seitens des Lieferanten des Angeklagten geschehen ist, um die durch Zeitablauf eintretende Veränderung der natürlichen Farbe frischer Waare unerkennbar zu machen, der älteren Waare also den Anschein frischer Waare zu verschaffen. Er hat hierin eine „Verfälschung" im Sinne des § 367 [7] StrGB. gefunden und hat den Angeklagten, der diese Wurst feilgehalten und verkauft hat, der Uebertretung des § 367 [7] StrGB für schuldig erachtet, indem er angenommen hat, daß es unerheblich sei, ob der Angeklagte die Wurst mit der Absicht der Täuschung verkauft hat oder ob er, wie er behauptet, das kaufende Publikum auf das Gefärbtsein aufmerksam gemacht hat.

Dies ist rechtsirrthümlich Mit Recht ist seitens der Vertheidigung geltend gemacht worden, daß der Thatbestand des § 367 [7] StrGB. immer ein Verschulden erfordert. Zur Strafbarkeit wegen Uebertretung des § 367 [7] StrGB. ist immer erforderlich, daß derjenige, der die verfälschte Waare feilhält oder verkauft, entweder mit der Absicht zu täuschen handelt, oder durch seine Fahrlässigkeit eine Täuschung ermöglicht. Darüber, ob den Angeklagten ein solches Verschulden trifft, hat der Vorderrichter nichts geprüft. War der Angeklagte der Ansicht, daß der Zusatz des Farbstoffes lediglich zu dem Zwecke geschehen ist, um der Geschmacksrichtung des kaufenden Publikums entgegenzukommen, und kann er diese Ansicht damit begründen, daß das Färben der sogenannten

Thüringer Wurst in der That allgemein geschieht und das Publikum, trotzdem es auf die Färbung der Wurst aufmerksam gemacht worden ist, die gefärbte Wurst gekauft hat, so kann selbst von einer Fahrlässigkeit des Angeklagten nicht die Rede sein, und er wird in diesem Falle von einer Uebertretung aus § 367 [7] StrGB. freizusprechen sein.

Da der Vorderrichter demnach noch zu prüfen hat, ob den Angeklagten ein Verschulden trifft, war, wie geschehen, das angefochtene Urtheil aufzuheben und die Sache zur anderweiten Verhandlung und Entscheidung an das Berufungsgericht zurückzuverweisen.

4. desselben Gerichts v 21. 10. 97 wider den Kaufmann Sch.:

Der Einwand des Revidenten, daß dem Thüringer Wurst kaufenden Publikum bekannt sei, daß das frische Aussehen derselben nur durch den Zusatz von rother Farbe zu erreichen sei und dasselbe nur so gefärbte Wurst kaufen wolle, wird durch die Feststellung des Berufungsrichters widerlegt, daß in Berlin im reellen Verkehr die Färbung für verwerflich und entbehrlich gehalten wird, und daß sich auch ohne Färbung eine gleichmäßig frisch aussehende Wurst bei Verwendung guten Fleisches und sorgfältiger Behandlung herstellen lasse. (Vgl. Urtheil des RG. v. 18. 2 82, E. VI, 51 ff., v. 7. 1. 87, E. XV, 161, XXVII, 73) Die Unschädlichkeit des Farbestoffes schützt zwar den Angeklagten vor Bestrafung aus dem Gesetze v. 5. 7. 87, betr. die Verwendung gesundheitsschädlicher Farben bei Herstellung von Nahrungs- und Genußmitteln, schließt aber das Vorhandensein der Fälschung eines Nahrungsmittels, welche an sich durch die Schädlichkeit der zugesetzten Stoffe nicht bedingt ist, und die Bestrafung aus § 10 NMG. nicht aus. Die Folgerung, welche Revident aus den Bestimmungen des ersteren Gesetzes macht, ist daher irrig.

Die Revision war daher zurückzuweisen.

5. des Königl. Oberlandesgerichts zu München vom 21. 5. 98 wider die Händlerin G.:

Die Revision der Angeklagten gegen das Urtheil der III. Strafkammer des Königl. Landgerichts München I vom 3. März l. Jahres wird unter Verurtheilung derselben in die hierdurch veranlaßten Kosten verworfen . . .

Nach feststehender Rechtsprechung des Reichsgerichts ist der im Gesetze vom 14. Mai 1879, betr den Verkehr mit Nahrungsmitteln, vorgesehene Begriff der Verfälschung eines Nahrungs- oder Genußmittels dann erfüllt, wenn der Waare der Schein einer besseren Beschaffenheit verliehen wird, und zwar ist hienach unter letzterer nicht zu verstehen das bloße Aussehen der Waare ohne Rücksicht auf deren eigenes Wesen, sondern es muß gegentheils das äußere Ansehen den Schluß auf ein besseres Wesen, auf eine Qualität, die mehrwerthig ist, als die in Wirklichkeit vorhandene, berechtigt erscheinen lassen. Diese Rechtsauffassung geht aus den Motiven des Entwurfes zum Gesetze unzweideutig hervor, indem dortselbst hervorgehoben ist, daß von einer strafbaren Handlung nur dann die Rede sein könne, wenn das der Waare gegebene Aussehen dem Scheine der Wahrheit nicht entspricht, und dieser Mangel an Uebereinstimmung entweder dadurch geschehen könne, daß der Waare der Anschein einer besseren Beschaffenheit gegeben wird, als ihrem Wesen entspricht, oder dadurch, daß eine Verschlechterung, welche in ihrem Wesen eingetreten ist, verdeckt oder nicht erkenntlich gemacht wird. (Entsch. des RG. Bd. XXXVII S. 6.)

Daß sich die Strafkammer mit diesen Grundsätzen in Widerspruch gesetzt habe, wie die Beschwerde geltend gemacht habe, ist nicht anzuerkennen In dem angefochtenen Urtheile ist allerdings zunächst angenommen, daß durch das Zusetzen des Farbstoffes bei Herstellung der Wurst ein besseres Aussehen des Fabrikats bezweckt worden sei, aber zugleich weiter ausgesprochen, daß das Verbessern des Aussehens der Wurst nicht Endzweck gewesen, sondern die Manipulation selbst nur als Mittel zur Erreichung des eigentlichen Zweckes, nämlich dazu angewendet worden sei, der Waare den Anschein größerer, länger andauernder Frische und Appetitlichkeit, also besserer Beschaffenheit, zu geben.

6. des Königl. Oberlandesgerichts zu Dresden vom 19. 6. 93 wider den Fleischermeister H. (Annalen Bd. XV S. 122).

7. des gemeinsch. Thür. Oberlandesgerichts zu Jena vom 11. 2. 96 wider die Fleischermeister F und Gen.

8. des Hanseat. Oberlandesgerichts zu Hamburg vom 38. 3. 95 wider den Kaufmann K. und den Schlachtermeister N.

II. Unter den von den Landgerichten im Deutschen Reiche erlassenen, dem Kaiserlichen Gesundheitsamte zugegangenen 22 Urtheilen, betreffend Wurstfärbung, ist auf Grund des § 10 bezw. § 11 Nahrungsmittelgesetzes auf Verurtheilung in 17 Urtheilen erkannt worden.

In 12 Urtheilen ist in der Färbung der Wurst eine Verfälschung derselben deshalb gefunden worden, weil durch die Färbung der Schein einer besseren Beschaffenheit der Wurst verliehen werde, in dem einen deshalb, weil in Anbetracht des Widerwillens, welchen die meisten Konsumenten gegen den Genuß gefärbter Wurst empfinden, durch die Färbung die Wurst in ihrem Genuß- und Verkehrswerthe verringert und somit verschlechtert werde.

III. Auf Freisprechung haben, soweit dem Gesundheitsamte bekannt, in 5 Fällen folgende Landgerichte erkannt:

1. I Berlin am 6. 3. 96 wider den Schlächtermeister L.

2. dasselbe Gericht am 22. 7. 96 wider den Kaufmann B.

3. dasselbe Gericht am 26 9. 96 wider den Schlächtermeister G.

4. Naumburg am 15. 3. 93 wider den Fleischermeister M.

5. Altona am 20. 1. 93 wider den Exportschlächter S.

Rechtsprechung, betreffend Färbung von Hack- und Schabefleisch.

I. Das Reichsgericht hat sich mit der Färbung von Hackfleisch in folgenden Urtheilen beschäftigt:

1. vom 28. März 1898 wider den Metzgermeister S. u. Gen.:

... Ebenso konnte dem auf Verletzung des § 10 [1] NMG. gestützten Revisionsangriffe kein Erfolg zugestanden werden. Nach der Urtheilsfeststellung haben die beiden Angeklagten ebenso wie noch weitere 17 mitangeklagte Metzgermeister gehacktes Rindfleisch für den späteren Verkauf desselben mit einem Zusatz von schwefliger Säure enthaltender Meat Preserve zu dem Zwecke versehen, um dem Fleische für einen längeren Zeitraum den äußeren Schein der Frische zu geben. Das auf diese Weise präparirte Fleisch ist von ihnen mindestens einige Stunden später unter Verschweigung jenes Zusatzes verkauft worden. Ohne Rechtsirrthum hat der erste Richter hierin den Thatbestand des § 10 [1] l. c. erblickt. In Uebereinstimmung mit den Motiven zum Entwurf des Nahrungsmittelgesetzes (Drucksachen des Reichstags 1879 IV. Legislatur-Periode 2. Session Nr. 7) und mit der Rechtsprechung des Reichsgerichts (Entsch. Bd VI S. 51, Bd V S 178, Bd. XXVII S. 6) konnte das Gericht, wie es gethan, die in § 10 [1] l. c. vorgesehene Verfälschung darin erblicken, daß dem gehackten Rindfleisch für die Zeit des Verkaufs desselben der Schein einer besseren Beschaffenheit verliehen ist, als es seinem Wesen nach hatte. Die Thatsache, daß das mit dem Preservesalz versehene Hackfleisch zur Zeit des mindestens einige Stunden später erfolgten Verkaufs noch diejenige Frische zeigte, als wenn das Fleisch erst unmittelbar vor dem Verkaufe gehackt worden, gab dem Fleische insofern den Schein einer besseren Beschaffenheit, als es in Wirklichkeit seinem Wesen nach nicht frisch gehacktes Fleisch war, es vielmehr bereits mindestens einige Stunden in gehacktem Zustande gestanden hatte. Gerade aber die Frische des Gehacktseins bildete, wie dies das Urtheil ebenfalls feststellt, so sehr diejenige Eigenschaft, die die Käufer verlangten und erwarteten, „daß letztere vor einigen Stunden hergestelltes, grau aussehendes Hackefleisch für minderwerthig, wenn nicht für ungenießbar erachteten.“ Die Berechtigung des kaufenden Publikums, in Wirklichkeit frisch gehacktes Fleisch zu erhalten, wird im Urtheile des Näheren begründet, insbesondere auch durch den Hinweis, daß Rekonvaleszenten, kränklichen Personen und Kindern der Genuß nicht frisch gehackten Fleisches sogar gesundheitsgefährlich werde. Gegenüber der bezeichneten normalen Beschaffenheit des Fleisches erlangten daher die Käufer Fleisch, daß nur den Schein dieser Beschaffenheit zeigte, in Wirklichkeit aber eine minderwerthige Beschaffenheit besaß. Ebenso wie schon in den Motiven des genannten Gesetzentwurfs a. a. O. S. 20 unter den Thatbestand des § 10 [1] l. c. das Beispiel subsumirt ist, wenn Jemand rohem, nicht mehr frischem Fleische durch künstliche Mittel das Aussehen von frischgeschlachtetem giebt, ebenso liegt der vorliegende Fall, in dem nicht frisch gehacktem Fleische das Ansehen von frisch gehacktem verliehen ist.

Der in der Revision verlangte Nachweis, daß das Hackefleisch, dem der Zusatz von Preservesalz gegeben, bereits „schlecht“ gewesen oder, wie aus einer anderen

Stelle zu entnehmen, sich bereits „in stofflicher Zersetzung“ befunden habe, ist keineswegs erforderlich, wenn auch eine qualitative Verschlechterung eingetreten sein muß, die aber hier vom ersten Richter unzweifelhaft unterstellt ist. Objektiv liegt eine solche ja schon in der gesundheitsschädlichen Beschaffenheit des beigemengten Preservesalzes. Trifft das Merkmal des eigentlichen Verdorbenseins zu, so kommt vielmehr § 10 ² l. c. unter Voraussetzung des Nachweises der sonstigen dort aufgestellten Erfordernisse zur Verwendung. Die Thatsache ferner, daß die Angeklagten selbst das mit dem Presevesalz versehene Fleisch gegessen haben, ist für die im Urtheile angenommene Strafthat einflußlos. Wenn die Revision weiter die Verwendung von Kühlräumen, Salz oder Salpeter als Konservirungsmittel des Fleisches gleichstellt der vorliegenden Verwendung des Preservesalzes, so ist diese Gleichstellung verfehlt, weil vorliegend die Frische des Gehacktseins des Fleisches diejenige Eigenschaft bildete, die die Käufer verlangten und zu erwarten berechtigt waren und jedes künstlich erzeugte Aussehen von frisch gehacktem Fleische daher den Schein einer besseren Beschaffenheit herstellte, als ihr in Wirklichkeit eigen war . .

3. Badischer Erlaß, betreffend die Verwendung von Stärkemehl zur Wurstfabrikation vom 17. 3 1897.

I An die Großherzoglichen Bezirksämter.

Nach neueren Wahrnehmungen werden noch immer von einzelnen Gewerbetreibenden Zusätze von Stärkemehl bei der Fabrikation von Würsten — und zwar mitunter in erheblicher Menge — gemacht und solche Wurstwaaren in Handel und Verkehr gebracht. Die bezeichneten Zusätze müssen als durchaus unzulässig bezeichnet werden; in Baden wie auch in anderen Bundesstaaten haben die Gerichte in einer Anzahl von Fällen sich übereinstimmend dahin ausgesprochen, daß der Zusatz von Stärkemehl — gleichviel in welcher Quantität — eine Verfälschung im Sinne der §§ 10 und 11 des Reichsgesetzes vom 14. Mai 1879 betreffend den Verkehr mit Nahrungs-, Genußmitteln und Gebrauchsgegenständen, darstelle, weil dieser Stoff nicht zu den herkömmlichen und ordnungsmäßigen Bestandtheilen der Wurst gehöre, und seine Beimengung bezwecke, den Wurstwaaren den Anschein eines Verbrauchs- und Verkaufswerthes zu geben, der ihnen nicht zukommt. In gleicher Weise ist es als eine strafbare Handlung anzusehen, wenn, wie dies schon früher festgestellt wurde, abgekochte und zerkleinerte Farrenhäute als Bindemittel bei der Bereitung von Würsten und Schwartemagen verwendet werden, da ein solcher Zusatz ebenfalls geeignet ist, den Nährwerth der Wurstwaaren zu beeinträchtigen.

Die Großherzoglichen Bezirksämter werden deshalb veranlaßt, die Gewerbetreibenden, welche sich in größerem Umfang mit der Wurstfabrikation befassen, nach Erfordern auf die Unzulässigkeit der genannten Zusätze besonders aufmerksam zu machen, den Verkehr mit Wurstwaaren besonders zu überwachen und von Zeit zu Zeit Proben zu erheben, welche den Nahrungsmittel-Prüfungsanstalten zur Untersuchung zuzustellen sind. Bei wahrgenommenen Verfälschungen ist auf Grund der oben genannten Gesetzesparagraphen strafendes Einschreiten herbeizuführen, sofern etwa nicht der Käufer von den betreffenden Metzgern ausdrücklich auf die Anwendung und das Vorhandensein von Zusätzen hingewiesen worden sind.

II. Nachricht hiervon den Großherzoglichen Bezirksärzten mit dem Auftrag, bei der Ueberwachung der genannten Geschäfte mitzuwirken.

Karlsruhe, den 17. März 1897.

4. In Preußen ist der Mehlzusatz zu Wurst vielfach durch Ortspolizeiverordnungen geregelt, z. B. erging im Jahre 1892 in den meisten Städten des Reg.-Bezirkes Düsseldorf folgende

Polizeiverordnung, betreffend den Zusatz von Mehl bei der Wurstbereitung

§ 1. Metzger und Verkäufer von Wurstwaaren dürfen nur solche Würste feilhalten und verkaufen, welche keinen größeren Zusatz an Mehl enthalten, als nach § 2 dieser Verordnung erlaubt ist.

§ 2. Es dürfen enthalten:

a) Gekochte Fleischwurst 4 % Mehl,

b) Leberwurst und Blutwurst zum Preise von höchstens 80 Pf. für $^1/_2$ kg 1 % Mehl.

c) Leberwurst und Blutwurst zum Preise von höchstens 60 Pf. für $^1/_2$ kg 5 % Mehl.

d) Leberwurst und Blutwurst zum Preise von höchstens 40 Pf. für $^1/_2$ kg 10 % Mehl.

§ 3. Kein Mehl dürfen enthalten:

Ungekochte Fleischwurst (Block-, Cervelat-, Salamiwurst), gekochte Mettwurst, sowie Blut- und Leberwurst zum Preise von mehr als 80 Pf. für $^1/_2$ kg.

§ 4. Zuwiderhandlungen werden mit einer Polizeistrafe von 1 bis 30 Mk. oder mit entsprechender Haft geahndet.

§ 5. Diese Polizeiverordnung tritt sofort nach erfolgter Bekanntmachung in Kraft.

Die hier zum Ausdruck gelangten Gesichtspunkte entsprechen im Allgemeinen denen des reellen Geschäftsverkehrs.

VIII.

Einige nicht durch Spezialgesetze geordnete Materien.

1. Getreidepreßhefe.

a) Preußische Ministerial-Verordnung der Minister des Handels, der Medizinalangelegenheiten und des Innern v 7. 11. 99.

Preßhefe, d. h. aus Getreide durch Alkoholvergährung gewonnene Hefe wird vielfach durch Mischung mit Stärkemehl ꝛc. oder auch durch Zusatz von Bierhefe verfälscht. Diese Mißstände haben neuerdings einen größeren Umfang angenommen und dadurch die Aufmerksamkeit auf sich gelenkt.

Wenn auch Preßhefe als Nahrungsmittel nicht wird angesehen werden können, so ist es doch ein Genußmittel im Sinne des NMG. v. 14. 5 79 — RGBl. S. 145 —. Die Vermischung der reinen Preßhefe mit Stärkemehl ꝛc. oder Bierhefe unterliegt deshalb den Bestimmungen der §§ 10 u. 11 des vorgedachten Gesetzes, falls als Zweck dieser Fälschung eine Täuschung im Handel und Verkehr als nachgewiesen erachtet wird.[1])

Unter Bezugnahme auf den anliegenden Auszug aus einem Gutachten[2]) des Kaiserl. Gesundheitsamtes ersuchen wir dem im Handel vielfach vorkommenden Mißbrauch des Feilbietens verfälschter oder gemischter Hefe Ihre besondere Aufmerksamkeit zuzuwenden.

Die Polizeibehörden sind dementsprechend anzuweisen, die Herstellung und den Vertrieb von Getreidepreßhefe scharf zu überwachen und Verfälschungen von als Preßhefe, Korn- oder Getreidehefe ausdrücklich bezeichneten Waaren zur Bestrafung zu bringen.

Sollten die gedachten Bestimmungen zur Bekämpfung der erwähnten Mißstände nicht ausreichen und schärfere Maßregeln, etwa eine von Interessenten in Anregung gebrachte gesetzliche Regelung sich als notwendig erweisen, so erwarten wir weiteren Bericht.

1) Die Auffassung der Hefen als Genußmittel kann ich nicht theilen, da nicht sie, sondern höchstens mit ihrer Hilfe erzeugte Stoffe einen „Genuß" hervorzurufen im Stande sind Mit demselben Rechte würden bei der Herstellung von Kartoffelzucker verwendete Säuren „Genußmittel" genannt werden können. Es ist eben ein Mangel des NMG, daß solche Hilfsstoffe seinen Bestimmungen nicht unterliegen

2) Auszug aus dem Gutachten des Gesundheitsamtes. Das Vermischen der Preßhefe mit Mehl ist zwar seit langer Zeit üblich und geschah ursprünglich, um ein leichteres Trocknen zu ermöglichen, es ist jedoch nach dem heutigen Stande der Technik nicht mehr nothwendig und geschieht nur theils aus Bequemlichkeit, theils aber auch wohl aus dem Streben von Fabrikanten und Zwischenhändlern, sich in unredlicher Weise einen höheren Nutzen zu verschaffen.

Bezüglich der Vermengung der Kornpreßhefe mit Bierhefe ist Folgendes zu bemerken: In früherer Zeit wurde vielfach obergährige Bierhefe in den Bäckereien angewandt. So heißt es in Kurth, Illustrirtes Kochbuch 1887, S. 549: „Man verwendet entweder frische Bierhefen oder künstliche, sogenannte „Preß-, Pfund- oder Stückhefen"; und ferner ebenda: „Man rechnet auf ½ Kilo (1 Pfund) Mehl 50 g (3 Loth) Preßhefen oder 2—3 Eßlöffel voll dicker Bierhefen".

Ferner wird in Woltering, Diätetisches Handbuch 1890, I. Theil, S. 300 (bei der Bereitung des Brotes) gesagt:

„Früher bezog man die Hefe allgemein in flüssiger Form von den Bierbrauern oder Branntweinbrennern".

Endlich sagt Medicus in seinem Werk „Kurzes Lehrbuch der Technologie" 1897, S. 859 (bei der Teigbereitung): „Die Verwendung von Bierhefe ist, da obergähriges Bier wenig mehr gebraut wird, die Hefe des untergährigen Biers aber ihres bitteren Geschmacks wegen nicht zu brauchen ist, so ziemlich aufgegeben."

Untergährige Bierhefe bedarf meist erst einer vorherigen Behandlung, da sie einen Theil der Hopfenbestandtheile, insbesondere des Hopfenbitters enthält Durch Waschen mit Wasser, dem Alkalien (Natriumcarbonat, Ammoniumcarbonat) zugesetzt wurden und durch nachfolgendes Neutralisiren mit verdünnten Säuren werden der Bierhefe die bitteren und färbenden Substanzen entzogen; doch soll durch diese Behandlung die Gährkraft („Triebkraft") eine Verminderung erleiden, sowie die Haltbarkeit beeinträchtigt werden (F Thausing, Theorie und Praxis der Malzbereitung und Bierfabrikation, Leipzig 1898, S. 783; v Possaner, Chemische Technologie der landwirthschaftlichen Gewerbe, Wien 1893, S. 465; Bersch, Gährungschemie für Praktiker IV, Berlin 1881, S. 410; Marquard-Jost, Die Pfund- oder Preßhefe, Weimar 1895, S 9, 11, 121, 129), sodaß wohl allgemein die untergährige Bierhefe gegenuber der Getreidepreßhefe als ein geringwerthiges Erzeugniß für den vorliegenden Zweck angesehen wird. Ueberdies haben die neueren Untersuchungen auf dem Gebiete der Gährungschemie gelehrt, daß die einzelnen Hefearten (Brennereihefen, Bäckerhefen, Bierhefen, Weinhefen u. s. w.) ganz wesentlich von einander abweichen, sowohl hinsichtlich der Bedingungen ihres Wachsthums als ihrer Wirkungsweise und daß daher eine Hefemasse, welche sich für einen bestimmten Zweck eignet, keineswegs in gleicher Weise auch für andere Zwecke Verwendung finden kann. (Vgl. Delbrück, Ueber die Fortschritte der Gährungschemie in den letzten Decennien; Berichte der deutschen chemischen Gesellschaft 1898, S. 1913 ff.)

Daß jedoch eine gerichtliche Entscheidung dahin ergangen sei, daß unter Preßhefe nur Hefe zu verstehen sei, welche aus Getreide durch Branntweingährung gewonnen sei, wie in der anliegenden Petition behauptet wird, ist hierorts nicht bekannt geworden. Demnach würde beim Vermischen der Kornpreßhefe sowohl mit Mehl wie mit Bierhefe eine Fälschung, wie sie der § 10 NMG voraussetzt, vorliegen; denn nach der RG Entsch. v. 13. 11 80, E. III, 234, ist eine Verfälschung zu finden in einem Zusatz von geringwerthigen Stoffen zu einem höherwerthigen, wenn auch ersterer ein unschädliches, im reellen Handel vorkommendes ist.

2. Bier.

a) Ein Reichs-Biergesetz ist trotz mehrfacher Bemühungen nicht zu Stande gekommen.

Während bei den übrigen Nahrungsmitteln die Frage der zu ihnen gehörigen, resp. ihnen nicht zukommenden Bestandtheile leicht gelöst werden kann, befindet sich das Bier diesen gegenüber in einer eigenthümlichen Ausnahmestellung, da bei ihm die Besteuerungsverhältnisse in den Vordergrund treten.

Das badische Kesselsteuergesetz bestimmt den Rauminhalt der Brauereigefäße. Es fragt nicht nach der Beschaffenheit des Rohmaterials.

Im Gebiete der Reichsbrausteuer und in Württemberg wird die Steuer von dem zum Brauen verwendeten Malze erhoben, die Verwendung besteuerter Surrogate ist aber erlaubt.

Nach dem bayerischen Malzaufschlaggesetze wird die Steuer nur nach dem Gerstenmalzverbrauen veranlagt und alle Surrogate sind verboten.

Der Artikel 7 des genannten Malzaufschlaggesetzes vom 16. Mai 1868 lautet:

> „Es ist verboten, zur Bereitung von Bier statt Malz Stoffe irgend welcher Art als Zusatz oder Ersatz, oder ein ungemalztes Getreide für sich, sowie mit ungemalztem Getreide vermischtes Malz zu verwenden.
>
> Zur Erzeugung von Braunbier darf nur aus Gerste bereitetes Malz verwendet werden.“

Durch die Bestimmungen dieses Artikels ist die Verwendung von Malzsurrogaten als: Griesmehl, rohe Getreidearten, Kartoffelmehl oder Kartoffelstärke, Reis, Mais, Syrup (Melasse), Trauben- und Brauzuckerfabrikate, Biercouleur, Malzbrauzucker, Glycerin, Weinsäure, Lakritzensaft, Cichorien, Caramel zur Bierbereitung in Bayern verboten.

Außerdem dürfen nach dem bayerischen Landtagsabschiede vom 10. November des Jahres 1881 zur Bereitung von Braunbier andere Stoffe als Gerstenmalz und Hopfen (bei Vermeidung der Anwendung der Strafgesetze wegen Fälschung von Getränken) nicht verwendet werden.

Mithin ist in Bayern sowohl steuerrechtlich als polizeilich unter Bier nur das aus Gerstenmalz, Hopfen und Wasser bereitete Getränk zu verstehen. Im übrigen Deutschland dagegen heißt Bier ein aus Malz und den übrigen in Bayern verbotenen Surrogaten dargestelltes Getränk.*) Was steuerrechtlich im Reichsbrausteuergebiete erlaubt ist, wird somit in Bayern steuer- und polizeirechtlich als Bierfälschung angesehen.

Die Verwendung von Hopfensurrogaten wird in Bayern gemeinsam als Bierfälschung betrachtet und nach dem Deutschen Reichsstrafgesetzbuch geahndet.

Vom sanitären Standpunkte aus verdienen die in Bayern herrschenden Gesetze unbedingt den Vorzug. Wie sie sich mit den im übrigen Deutschland geltenden Vorschriften vereinigen lassen, ohne den Ertrag der Steuer herabzumindern, ist eine vom Gesundheitsamt nicht zu erörternde Frage.

---

*) Jedes unter Verwendung anderer Stoffe in Bayern hergestellte Bier ist als verfälscht anzusehen. (Urth. des RG. I. 18. 12 82, 5. 7. 83, 31. 3. 84, 15. 12. 84.) — Anders liegt die Sache in anderen Bundesstaaten. (Urth. III. 20. 11. 82.)

Zusammengefaßter Hauptinhalt der dem Entwurf zum NMG. beigegeben gewesenen Motive (L VII, 166).

Unter „Bier" sind nur durch einige Gährung oder Destillation erzeugte und noch in einem gewissen Stadium der Nachgährung befindliche Getränke schlechthin aus Malz (Gerste), Hopfen, Hefe und Wasser zu verstehen. Alle übrigen aus sonstigen Materialien erzeugten ähnlichen Getränke dürfen nur unter anderen sie bestimmt unterscheidenden Bezeichnungen, z. B. „Reisbier", verkauft werden.

Es würde sich empfehlen, die Materialien, welche bei der Herstellung gewisser, schon durch ihren Namen als solche kenntlicher Lokalbiere (Weißbier, Broyhan u. dergl.) als Gewürze verwandt werden dürfen, auf dem Verordnungswege festzustellen.

In vielen Bierbrauereien sind zahlreiche Surrogate in Gebrauch gekommen.

Als Surrogate für Bestandtheile des Malzes sind Stärke, Stärkezucker und Glycerin zu nennen. Ob die Anwendung von Stärkezucker, der gegenwärtig noch in sehr unreinem Zustande in den Handel kommt, gesundheitsgefährlich ist, muß weiteren Erfahrungen anheimgegeben werden.

Die Verwendung von Glycerin ist ebenfalls beim Brauen auszuschließen.

Alle drei Surrogate, Stärke, Stärkezucker und Glycerin, drücken als stickstofffreie Substanzen den relativen Gehalt an Eiweißkörpern im Bier herab und stören so die natürliche Zusammensetzungsweise des Bieres.

Hopfensurrogate sind als unvollkommener Ersatz und in Anbetracht ihrer eventuellen Schädlichkeit überhaupt von der Anwendung auszuschließen

Anpreisungen von Stoffen, wie Glycerin u. dergl. als Surrogate für die Bierbrauerei seitens der Zwischenhändler sind unzuläßig.

Mittel zur Färbung des Bieres, wie „Couleur" u. s. w., sind zwar nicht gesundheitsgefährlich, aber doch darauf berechnet, dem Bier den Anschein einer besseren Beschaffenheit zu geben.

Als Klärungsmittel ist gegen (Hasel- und Weißbuchen-) Späne, gegen Hausenblase, Isinglas und Tannin nichts einzuwenden.

Als Mittel zum Konserviren des Flaschenbieres ist das Pasteurisiren zu empfehlen und ausreichend. Für das Bier auf Fässern wird neuerdings Salicylsäure oder doppeltschwefligsaurer Kalk angewendet; ob diese bei dauerndem Genuß gesundheitsgefährlich sind, ist durch weitere Untersuchungen zu entscheiden.

Ein Bier, das der Gesundheit des Konsumenten im vollen Maße zuträglich sein soll, darf sich von einem gewissen, dem Gleichgewicht nahen Verhältnisse zwischen Alkohol und Extrakt nicht zu sehr entfernen. Im Extrakt soll das Verhältniß zwischen Eiweißkörpern, Kohlehydraten und Salzen so sein, wie es bei richtigem Verfahren aus der Gerste hervorzugehen pflegt.

Jeder hochgradige Säuregehalt ist verwerflich.

Die als Surrogate des Hopfens dem Bier zugesetzten Stoffe sind noch nicht alle mit Sicherheit nachzuweisen.

Vgl. die im allgemeinen Theil, Nachmachen und Verfälschen, mitgetheilten Erkenntnisse betr. Bier, sowie ferner auch das Gesetz v. 25. 6. 87 betreffs der Bierleitungen.

b) Für Preußen erging der folgende

Runderlaß über die Konstruktion der Bierpressionen vom 29 Dezember 1880. (Min.-Bl 1881, S. 21)

Die Königliche Regierung hat in dem Berichte vom 25 Oktober d J die Beantwortung von drei die Konstruktion der Bierpressionen betreffenden Fragen Seitens der Wissenschaftlichen Deputation für das Medizinalwesen beantragt

Wir haben diesem Antrage entsprochen und lassen, unter Wiederanschluß der Berichtsanlagen, der Regierung die diesfällige gutachtliche Erklärung dieser Behörde anbei in Abschrift (Anlage) zur Kenntnißnahme mit dem Bemerken zugehen, daß wir den Ausführungen derselben beitreten Demnach erachten wir es im sanitätspolizeilichen Interesse für geboten, daß

1 für die Bierleitungsröhren keine Legierung, sondern möglichst bleifreies Zinn, und
2. für die Einschaltung kleiner Kautschukröhren nur reines Kautschuk verwendet wird, auch
3. an den Windkesseln unter allen Umständen Reinigungsöffnungen anzubringen sind.

Der Abdruck der umfangreichen Anlage unterbleibt hier wegen Raummangel.

3. Künstliche Mineralwässer.

a) Preußischer Runderlaß v. 16. 9 95.

Durch die Fach- und Tagespresse ist darauf hingewiesen worden, daß bei der Herstellung von künstlichen Mineralwässern, insbesondere von Selters- und Sodawasser sowie von gewissen, unter den verschiedensten Namen dargebotenen Tafelwässern nicht mit derjenigen Sorgfalt verfahren werden, welche für die menschliche Gesundheit gefordert werden müßte.

In erster Linie sei zu bemängeln, daß das verwandte Wasser nicht einwandfrei sei, sondern oft jeder beliebigen Bezugsquelle entnommen werde.

Ferner würden die zur Füllung gelangenden Flaschen vorher nicht mit genügender Sorgfalt gereinigt

Als Erzeugungsstätten dienten dumpfe, wenig geeignete Räume, dunkle und feuchte Keller u. dergl. mehr; die den Wässern zugesetzten Salze seien nicht chemisch rein.

Die zum Ausschank auf der Straße gelangenden künstlichen Mineralwässer würden häufig in kupfernen oder schlecht verzinnten Ballons gehalten; dadurch könnten gesundheitliche Nachtheile, ja Vergiftungen herbeigeführt werden.

Endlich wird auf die Verwendung von künstlichen Fruchtsäften, besonders von künstlichem Himbeersaft zur Herstellung von Limonade mit kohlensäurehaltigen Wässern hingewiesen, welcher nur aus Stärkesyrup und Zucker, Himbeerwasser oder Himbeeressenz, Weinsteinsäure und nicht immer unschädlicher Farbe bestehe.

Euer rc. ersuche ich ergebenst, binnen 4 Wochen gefälligst darüber zu berichten, inwieweit diese Mißstände sich in dem dortigen Bezirk gezeigt haben, ob denselben bereits im Wege der Polizeiverordnung, wie z. B. in Berlin, entgegengetreten ist, andernfalls, welche Abhilfemaßregeln geboten erscheinen.

b) Preußischer Runderlaß v. 18. 6. 96.

Die auf den Runderlaß v. 16. 9. 95 eingegangenen Berichte haben ergeben, daß ein Bedürfniß zum Erlaß allgemeiner für die Monarchie geltender Vorschriften über die Herstellung und den Vertrieb der künstlichen Mineralwässer rc. nicht vorliegt.

Euer rc. stelle ich aber ergebenst anheim, bei vorliegendem Bedürfniß für Ihren Bezirk eine bezügliche Verordnung zu erlassen.

Darauf ergingen entweder Provinzial- oder Regierungspolizeiverordnungen, die im Großen und Ganzen übereinstimmen.

Eine der neuesten und ausführlichsten (Potsdam) mag hierunter Platz finden.

Ueber die Rechtsverbindlichkeit dieser Verordnungen hat sich am 25. 2. 99 das Oberverwaltungsgericht zu Berlin zustimmend geäußert.

Ein Fabrikant Sch., der im Regierungsbezirk Bromberg eine Mineralwasserfabrik betreibt, hatte das für seinen Betrieb erforderliche Wasser einem öffentlichen Brunnen entnommen und das Wasser, indem man ihm eine Ausnahmebestimmung zubilligte, ohne Weiteres verwendet. Als ihm dies untersagt wurde, erhob er Beschwerde beim Regierungspräsidenten und wies darauf hin, daß einem Apotheker die Benutzung des Wassers ebenfalls gestattet werde. Der Regierungspräsident wies jedoch die Beschwerde ab und erklärte, dem beregten Apotheker solle auch nicht mehr die Ausnahmebestimmung zugebilligt werden. Sodann beschritt Sch. den Klageweg und bezeichnete die Polizeiverordnung des Regierungspräsidenten in Bromberg vom 5. August 1896 betreffend künstliche Mineralwässer, welche u. a. bestimmt, daß zur Darstellung künstlicher Mineralwässer nur destillirtes Wasser verwendet werden darf, für ungültig. Das Oberverwaltungsgericht wies jedoch die Klage am 25. 2. 99 ab und machte u. a. folgendes geltend: Die fragliche Polizeiverordnung findet ihre Stütze in § 10 II 17 des Allgemeinen Landrechts und dem § 6 unter f des Gesetzes über die Polizeiverwaltung vom 11. März 1850. Das Gesetz, betreffend den Verkehr mit Nahrungsmitteln, Genußmitteln und Gebrauchsgegenständen vom 14. Mai 1879 enthält nichts, was ihr entgegenstände. Aehnliche Polizeiverordnungen sind auch anderweit erlassen und ihre Gültigkeit anerkannt worden. Der Kläger verkennt namentlich, daß das allgemeine Verbot der Verwendung nichtdestillirten Wassers noch nicht deshalb ungerechtfertigt sein kann, weil es Brunnenwasser giebt, dessen Verwendung im einzelnen Falle unschädlich ist. Die Möglichkeit einer Gesundheitsschädigung durch Verwendung nichtdestillirten Wassers genügt, um das letztere grundsätzlich zu verbieten Die Polizeiverordnung ist daher sowohl bezüglich der Bestimmung, daß Ausnahmen nur vom Regierungspräsidenten zugelassen werden können, als auch bezüglich des Verbotes des Feilbietens von Mineralwasser, rechtsgültig. Es geht insbesondere auch das Verbot des Feilbietens nicht über den verfolgten Zweck der Verhinderung von Gesundheitsbeschädigungen hinaus. Darauf, daß zu seinen Gunsten eine Ausnahme gemacht werde, hat der Kläger kein Recht.

c) Regierungbezirk Potsdam. Polizeiverordnung betreffend den Betrieb von Mineralwasserfabriken.

Auf Grund der §§ 137 und 139 des Gesetzes über die allgemeine Landesverwaltung vom 30. Juli 1883 und der §§ 6, 12 und 15 des Gesetzes über die Polizeiverwaltung vom 11. März 1850 wird mit Zustimmung des Bezirksausschusses für den Umfang des Regierungsbezirks Potsdam folgendes verordnet:

§ 1. Die Räume, in welchen künstliche Mineralwässer, Brauselimonaden und ähnliche kohlensäurehaltigen Getränke dargestellt werden, müssen geräumig, gut gelüftet und so hell sein, daß die darin aufgestellten Geräthe in allen Einzelheiten genau beobachtet werden können.

§ 2. Zur Herstellung der künstlichen Mineralwässer u. s. w. darf nur destillirtes Wasser verwendet werden. Wasser aus öffentlichen Wasserleitungen oder aus Tiefbrunnen und Quellen darf nur Verwendung finden, wenn die Anlagen vor jeder Oberflächenverunreinigung sicher geschützt sind und das Wasser bei der vorangegangenen chemischen und bakteriologischen Untersuchung durch geeignete Sachverständige als einwandfrei befunden ist. Diese Untersuchungen sind zu wiederholen, sofern und so oft der Verdacht auf stattgehabte Verunreinigung der Wasserquellen gerechtfertigt erscheint.

§ 3. Die bei der Bereitung von Mineralwässern u. s. w. zu verwendenden Salze müssen die im Arzneibuche für das Deutsche Reich vorgeschriebene Reinheit haben und von gesundheitsschädlichen Beimengungen frei sein.

§ 4. Alle Apparate, in denen ein den gewöhnlichen Luftdruck übersteigender Druck hervorgebracht wird, müssen aus gutem Kupferblech, welches innen stark verzinnt ist, oder einem anderen widerstandsfähigen Material hergestellt sein. Der Maximaldruck muß auf dem Apparate in unabnehmbarer Schrift deutlich angegeben sein.

Die nach Inkrafttreten der Polizeiverordnung aufgestellten Apparate müssen ausnahmslos ein unabnehmbar an ihnen befestigtes Messingschild tragen, das den Maximaldruck, den Namen des Fabrikanten und das Jahr der Herstellung aufgegossen oder eingravirt enthält.

§ 5. Diese Apparate — insbesondere die Mischgefäße und bei Verwendung von Expansionsgefäßen auch diese — müssen mit Manometer und Sicherheitsventil von genügender Durchgangsweite versehen sein, welche den im Apparate vorhandenen Druck genau angeben, beziehungsweise bei dessen Ueberschreitung abblasen Auch müssen sie eine Vorrichtung zum Anschrauben eines Kontrolmanometers haben. Die Sicherheitsventile dürfen nicht überlastet, nicht mit Gummiplatten versehen und nicht durch Festkeilen oder andere Handgriffe ungangbar gemacht werden.

§ 6. Bei den mit flüssiger Kohlensäure arbeitenden Anlagen muß zwischen dem Mischgefäß und der Kohlensäureflasche ein Expansionsgefäß von mindestens 100 l Rauminhalt eingeschaltet sein, wenn die Kohlensäureflasche nicht mit einem Reduktionsventil anerkannt guter Bauart versehen ist.

§ 7 Wo zur Erzeugung der Kohlensäure Magnesit, Kreide, Schwefelsäure oder Salzsäure benutzt werden, müssen wenigstens zwei Waschflaschen vorhanden sein, von denen die erste schwache Sodalösung, die zweite Wasser enthält. Der Inhalt dieser Flaschen ist von Zeit zu Zeit zu erneuern.

§ 8. Alle Verzinnungen und alle Verbindungsstücke an den Apparaten müssen den Vorschriften in §§ 1, 2 und 3 des Gesetzes über den Verkehr mit blei- und zinkhaltigen Gegenständen vom 25. Juni 1887 (Reichs-Gesetzbl. S. 273) entsprechen.

§ 9. Der Betrieb darf nicht eher beginnen, als bis die Prüfung der Betriebsstätte und der aufgestellten Apparate auf ihre Beschaffenheit und Zuverlässigkeit nach Maßgabe dieser Verordnung durch Sachverständige erfolgt, die darüber ausgestellte Bescheinigung der Ortspolizeibehörde vorgelegt und von dieser die Genehmigung des Betriebes erfolgt ist.

§ 10. Die Apparate müssen alle drei Jahre auf die Beschaffenheit ihrer Verzinnung und auf ihre Widerstandsfähigkeit durch einen Sachverständigen geprüft werden. Die Prüfung erfolgt durch eine Wasserdruckprobe, und zwar bei Apparaten welche für einen Arbeitsdruck (Maximaldruck) von nicht mehr als fünf Atmosphären bestimmt sind, mit dem zweifachen Betrage desselben, bei allen übrigen Apparaten mit einem Druck, welcher den Arbeitsdruck um fünf Atmosphären übersteigt. Die Prüfung der Verzinnung hat sich auch auf diejenigen metallenen Gefäße und Leitungen, in welchen die kohlensäurehaltigen Wässer zum Ausschank außerhalb der Fabrikationsstätte gelangen, sowie auf die Destillirapparate zu erstrecken. Der Nachweis der erfolgten Prüfung ist der Polizeiverwaltung oder deren Vertreter auf Erfordern durch eine Bescheinigung des Sachverständigen zu führen

§ 11 Die Hersteller von künstlichen Mineralwässern u. s. w. haben für die Reinhaltung der Verkaufs- und Versandflaschen, der Herstellungsapparate in allen ihren Theilen sowie der Aufbewahrungsgefäße zu sorgen. Zur Reinigung und Spülung der Flaschen und Apparate darf nur destillirtes oder einwandfreies Wasser im Sinne des § 2 dieser Verordnung verwendet werden. Flaschen, an deren Boden sich Niederschläge abgesetzt haben, sind von der Benutzung auszuschließen.

§ 12. Die Prüfung der Betriebsstätte und Apparate nach Maßgabe dieser Bestimmungen erfolgt auf Kosten der Fabrikanten Als Sachverständige für diese Prüfung werden die Gewerbeaufsichtsbeamten und diejenigen Ingenieure der Kesselüberwachungsvereine, welche die Berechtigung zur Vornahme von Wasserdruckproben haben, anerkannt.

§ 13 Zur thunlichsten Sicherheit der Arbeiter gegen Gefahren bei dem Verschließen der mit kohlensäurehaltigem Wasser gefüllten Flaschen sind letztere mit Sicherheitskörben aus starkem eingeflochtenen Draht zu umgeben; den Arbeitern sind geeignete Schutzbrillen und zum Schutze der Handgelenke Manschetten aus Leder oder starkem Zeug zur Verfügung zu stellen.

§ 14. Uebertretungen dieser Verordnungen werden, sofern nicht die Bestimmungen des § 147, 4 der Gewerbeordnung, des Reichsgesetzes vom 25. Juni 1887 Reichs-Gesetzbl. S. 273 ff oder des § 367, 6 Strafgesetzbuch Anwendung finden, mit Geldstrafe bis zu 30 Mark oder im Falle des Unvermögens mit entsprechender Haft bestraft

§ 15. Vorstehende Polizeiverordnung tritt für Neuanlagen sofort, im Uebrigen drei Monate nach der Veröffentlichung in Kraft. Diejenigen Mineralwasserapparate, welche überhaupt noch nicht von einem Sachverständigen geprüft worden sind, sind baldigst, spätestens innerhalb eines Monats nach der Veröffentlichung gegenwärtiger Verordnung, zu prüfen.

Potsdam, den 15. Dezember 1898.

Der Regierungspräsident.

Ausführungsanweisung zur Polizeiverordnung über den Betrieb von Mineralwasserfabriken vom 15. Dezember 1898.

Auf Grund der §§ 2, 5, 8 und 10 der Polizeiverordnung über den Betrieb von Mineralwasserfabriken vom 15. Dezember 1898 erlasse ich hiermit folgende Ausführungsanweisung:

Zu § 2. Die chemische und bakteriologische Prüfung des aus Brunnen oder Quellen zu verwendenden Wassers ist unter Beobachtung der für die Entnahme der Proben erforderlichen Vorsichtsmaßregeln in hygienischen Instituten durch Nahrungsmittelchemiker event. durch mit solchen Untersuchungen vertraute Medizinalbeamte oder Apotheker auszuführen.

Zu § 3. Ueber den erforderlichen Grad von Reinheit der zur Bereitung von Mineralwässern, Brauselimonaden u. s. w. zu verwendenden Salze und chemischen Präparate entscheidet das Urtheil des Sachverständigen (Chemikers, Apothekers).

Zu §§ 4 und 5. Der höchste zulässige Druck in den Apparaten ist, soweit dies ohne Schwächung der den Druck aushaltenden Gefäßwandungen geschehen kann, einzugraviren, andernfalls auf einem Metallschildchen anzubringen, das durch Vernietung oder Verlöthung mit dem Apparate fest zu verbinden ist

Zur Kontrole des richtigen Anzeigens der im Betriebe verwandten Manometer ist entweder in der gemeinsamen Rohrleitung oder an jedem Manometer selbst eine Vorrichtung mit Absperrhahn zur Befestigung des amtlichen Kontrolmanometers (sog Kontrolmanometerstutzen) vorzusehen

Die Angaben des Kontrolmanometers sind bei der Prüfung allein maßgebend.

Zu §§ 8 und 10. Die Prüfung der Apparate auf ihre Zuverlässigkeit und gute Verzinnung hat in folgender Weise zu geschehen:

a) Prüfung auf Zuverlässigkeit und Widerstandsfähigkeit.

Die Apparate sind für die Prüfung vom Betriebsunternehmer vollständig mit kaltem Wasser zu füllen, außer Verbindung mit Kohlensäurebehältern zu setzen, und an eine Wasserdruckpumpe anzuschließen. Mit Hilfe dieser Pumpe sind Apparate von nicht mehr als fünf Atmosphären bis zu dem zweifachen Maximalbetriebsdruck mit Wasser zu drücken, wobei die Sicherheitsventile auf irgend eine Weise außer Wirksamkeit zu setzen sind. Die Zuverlässigkeit und Widerstandsfähigkeit der Apparate ist anzunehmen, wenn dieselb.n, nachdem sie $1/4$ Stunde lang dem zweifachen Betriebsdruck ausgesetzt waren, keinerlei Undichtigkeiten und merkliche Formveränderungen zeigen Alle übrigen Apparate werden mit einem Druck geprüft, der den Arbeitsdruck um 5 Atmosphären übersteigt. Nach erfolgter Druckprobe sind die Sicherheitsventile wieder in Funktion zu setzen und unter Benutzung der Pumpe so einzustellen, daß sie eine Ueberschreitung des Maximaldruckes nicht gestatten.

Die Abmessungen der Hebelverhältnisse und des Durchmessers der Sicherheitsventile sind in der vom Sachverständigen auszustellenden Bescheinigung über die Prüfung event unter Beifügung einer Skizze zu vermerken.

Die an den Apparaten befindlichen Manometer sind mit dem Kontrolmanometer zu vergleichen und, sofern sie eine größere Abweichung als 0,3 Atm. zeigen, von der ferneren Benutzung bis zur erfolgten Reparatur bezw. Neuregulirung auszuschließen.

b) Prüfung auf gute Verzinnung.

Im Anschluß an die Druckprobe werden die Apparate mit zweiprozentiger Essigsäure gefüllt und nach Ablassen derselben mehrfach mit Wasser ausgespült. Sodann werden sie mit Mineralwasser soweit angefüllt, daß die Innenwandungen vollständig davon benetzt sind, und sodann von der Polizeiverwaltung nnter amtlichem Verschluß (etwa Schnur mit Plombe oder Siegel) genommen, wonach sie unter dem bei der Fabrikation üblichen Drucke 24 Stunden lang verbleiben In durchaus reine Flaschen werden alsdann von der Polizeiverwaltung mindestens 3 l Mineralwassen entnommen und unter amtlichem Siegel geeigneten Sachverständigen zur Vornahmeder chemischen Prüfung auf Kupfer und Bleigehalt übergeben.

Ueber die stattgehabte chemische Prüfung hat der Unternehmer eine Bescheinigung an die Polizeiverwaltung vor Wiederingebrauchnahme der Apparate einzureichen.

Sollte der etwa gefundene Blei oder Kupfergehalt die zulässige Grenze überschreiten, so ist der betreffende

Apparat außer Betrieb zu setzen und seine erneute Verzinnung zu veranlassen.

Alsdann ist die Prüfung auf die Güte der Verzinnung noch einmal zu wiederholen.

Potsdam, den 15. Dezember 1898

Der Regierungspräsident.

4. Milch.

Eine reichsgesetzliche Regelung des Verkehrs mit Milch erscheint wegen der durch örtliche Verhältnisse bedingten Schwankungen in der Zusammensetzung derselben unthunlich. In Preußen haben die betheiligten Minister durch Runderlaß v. 27. 5. 99 Grundsätze aufgestellt, nach welchen Ortspolizeiverordnungen zu erlassen sind.

a) Die durch den Runderlaß vom 28. Januar 1884 (Min.-Bl. f. d. i. V. S. 23) zur Regelung des Verkehrs mit Milch empfohlenen Grundsätze erscheinen nicht mehr in allen Einzelheiten zeitgemäß. Wir haben deshalb nach Anhörung von Sachverständigen, sowie von Interessenten der Landwirthschaft und des Handels die in der Anlage enthaltenen veränderten Grundsätze über den Verkehr mit Milch zusammenstellen lassen. Eine einheitliche Regelung der Sache für das gesammte Saatsgebiet scheint auch heute aus den in dem Erlaß v. 28. 1. 1884 erwähnten Gründen noch nicht zulässig. Wir ersuchen deshalb den Regierungs-Präsidenten (Zusatz für Brandenburg: und dem Herrn Polizei-Präsidenten hierselbst) je einen Abdruck der Grundsätze mit dem Auftrage zugehen zu lassen, daß der Verkehr mit Milch, wo sich ein Bedürfniß dazu herausstellt, unter Berucksichtigung der örtlichen Verhältnisse nach diesen Grundsätzen durch Polizei-

Verordnung oder sonstige polizeiliche Maßnahmen geregelt werde.

Der Minister d. geistlichen, Unterrichts- und Medizinal-Angelegenheiten
J. V.: Bartsch

Der Minister f. Landwirthschaft, Domänen u. Forsten.
J. V.: Sterneberg.

Der Minister des Innern.
J. A.: v. Bitter.

Der Minister für Handel und Gewerbe.
J. A.: Hoeter.

An die Herren Ober-Präsidenten.

b) Grundsätze für die Regelung des Verkehrs mit Kuhmilch.*)

I. Gesundheitliche Ueberwachung.

1. Der Verkehr mit frischer, abgekochter und sterilisirter Kuhmilch, saurer und Buttermilch ist der gesundheitspolizeilichen Ueberwachung zu unterstellen.

Zu dem Zwecke ist der Handel mit Milch der Ortspolizeibehörde anzumelden.

2. Frische Kuhmilch darf als Vollmilch, Halbmilch und Magermilch in den Verkehr gelangen. Soweit die örtlichen Verhältnisse es gestatten, ist die Halbmilch wegen der Schwankungen ihrer Eigenschaften (specifisches Gewicht, Fettgehalt) allmählich vom Verkehr auszuschließen.

a) Als Vollmilch ist eine nach dem Abmelken in keiner Weise entrahmte oder sonst veränderte Milch zu erachten, welche ein spec. Gewicht von mindestens 1,028 und einen Fettgehalt von mindestens 2,7 % hat.

---

*) Auf den Verkehr mit Schaf-, Ziegen- oder Eselsmilch können die Grundsätze insoweit Anwendung finden, als nicht Besonderheiten dieser Thiergattungen dagegen sprechen.

b) Halbmilch, welche durch Mischen von voller mit entrahmter Milch oder durch theilweise bewirktes Entrahmen hergestellt wird, soll ein spec. Gew. von mindestens 1,030 und einen Fettgehalt von 1,5 % haben

c) Magermilch, durch Abnehmen des durch längeres Stehen ausgeschiedenen Rahms oder mittelst Centrifugen entrahmte Vollmilch, soll ein spec. Gew. von mindestens 1,032 und einen Fettgehalt von mindestens 0,15 haben

3. Alle Bestimmungen des specifischen Gewichtes müssen bei einer Wärme der Milch von 15 ° C stattfinden oder auf diesen Wärmegrad zurückgeführt werden.

Die Umrechnung wird am zweckmäßigsten auf einer mit der Milchwaage verbundenen Tafel (Skala) angegeben oder durch Benutzung einer Umrechnungsübersicht ausgeführt.

Da das specifische Gewicht der Milch je nach dem Fettgehalt schwankt und zwar bei Vollmilch zwischen 1,028 und 1,034, bei Halbmilch zwischen 1,030 und 1,036, bei Magermilch zwischen 1,032 und 1,037, muß stets auch der Fettgehalt der untersuchten Milch festgestellt werden

Durch Stehen der Milch im Gefäß, Erschüttern beim Tragen, Fahren rc. steigt das leichtere Fett (der Rahm, die Sahne), nach oben Zur Vermeidung von Täuschungen ist deshalb die zu untersuchende Milch vor der Probeentnahme zur Gewichts- und Fettbestimmung durch Umrühren im Standgefäß oder durch Umgießen von Gefäß zu Gefäß sorgfältig zu mischen, um eine gleichmäßige Vertheilung des Rahms herbeizuführen

Die so gewonnene Probe wird im Aufnahmegefäße der Milchwaage (Aräometer) zuerst grobsinnlich auf Farbe, Geruch und Geschmack untersucht. Zeigt sich dabei eine außergewöhnliche Farbe, ungewöhnlicher, namentlich fauliger Geruch oder Geschmack, so ist die Milch aus dem Verkehr zu ziehen und ohne Säumen chemisch und bakteriologisch zu untersuchen. Zu diesem Zwecke werden Proben der zweifelhaften Milch in zuverlässig reine Flaschen von $^1/_2$ l Inhalt gefüllt, welche mit einem neuen Korken verschlossen, mit dem Dienstsiegel versehen und entsprechend bezeichnet ohne Säumen einem geprüften Nahrungsmittelchemiker zuzustellen sind. Die chemische und bakteriologische Untersuchung muß schleunigst ausgeführt und beendet werden, damit polizeilich beanstandete Milch eventuell vor dem Verderben freigegeben werden kann

4. Angesäuerte Milch kann nur durch den Geschmack und daran erkannt werden, daß bei der Prüfung des specifischen Gewichts der in der Probe geronnene Käsestoff an der Milchwaagen-Spindel als unregelmäßiger krümlicher Belag hängen bleibt.

Nach der grobsinnlichen Prüfung ist die Milchwaage langsam und vorsichtig in die entnommene Milchprobe einzusenken und mindestens zwei Minuten darin zu belassen, bevor das specifische Gewicht abgelesen wird. Während des Ablesens muß die Quecksilberkugel der Milchwaage vollständig unter der Milchoberfläche verbleiben

5. In allen zweifelhaften Fällen auch letzterer Art ist die chemische Untersuchung der Milch durch einen geprüften Nahrungsmittelchemiker vorzunehmen.

6. Der Fettgehalt der Sahne soll den örtlichen Verhältnissen entsprechen; es kann ein Mindestfettgehalt nicht über 10 % vorgeschrieben werden

Der Fettgehalt der Milch, sowie der Sahne, wird am besten nach Gerbers acidobutyrometrischer Methode ermittelt, kann aber wegen der Schwierigkeit der Untersuchung nur geprüften Chemikern oder erprobten Marktpolizeibeamten überlassen werden

7. Abgekochte und sterilisirte Milch sind nur unter dieser Bezeichnung in den Verkehr zu bringen.

Lediglich abgekochte Milch darf nicht als sterilisirte Milch bezeichnet werden Als abgekocht gilt diejenige Milch, welche bis auf 100 ° C. erhitzt oder einer Temperatur von 90 ° durch mindestens 15 Minuten ausgesetzt worden ist

Als sterilisirt darf solche Milch bezeichnet werden, welche sofort nach dem Melken von Schmutztheilen befreit und spätestens 12 Stunden nach dem Melken in von geeigneten Sachverständigen als wirksam anerkannten Apparaten ordnungsmäßig behandelt und während des Erhitzens mit luftdichtem Verschluß versehen worden ist, welcher bis zur Abgabe der Milch an den Konsumenten unversehrt bleiben muß.

8 Vom Verkehr auszuschliessen ist:

a) Milch, die wenige Tage vor dem Abkalbetermin und bis zum sechsten Tage nach dem Abkalben abgemolken ist

b) Milch von Kühen, welche an Milzbrand, Lungenseuche, Rauschbrand, Tollwuth, Pocken, Krankheiten mit Gelbsucht, Ruhr, Euterentzündungen, Blutvergiftung, namentlich Pyämie, Septizaemie, fauliger Gebärmutterentzündung oder anderen fieberhaften Erkrankungen leiden, sowie von Kühen, bei deren die Nachgeburt nicht abgegangen ist, oder bei denen krankhafter Ausfluß aus den Geschlechtstheilen besteht.

c) Milch von Kühen, die mit giftigen Arzneimitteln, welche in die Milch übergehen (Arsen, Brechweinstein, Nießwurz, Opium, Eserin, Pilokarpin und anderen Alkaloiden) behandelt werden.

d) Milch von Kühen, welche an Eutertuberkulose oder an mit starker Abmagerung oder Durchfällen verbundener Tuberkulose leiden.

e) Milch, welche fremdartige Stoffe, wie Eis, insbesondere irgend welche chemische Konservirungsmittel enthält;

f) welche blau, roth oder gelb gefärbt, mit Schimmelpilzen besetzt, bitter, faulig, schleimig oder sonstwie verdorben ist, Blutreste oder Blutgerinsel enthält.

9. Milch von Kühen, welche an Maul- und Klauenseuche, oder an Tuberkulose, welche nicht unter Ziffer 8a fällt, erkrankt sind, darf nur abgekocht oder sterilisirt in Verkehr gebracht werden.

10. Saure und Buttermilch darf nicht aus Milch der unter Ziffer 8a bis f bezeichneten Herkunft bereitet, und nur unter richtiger Bezeichnung in den Verkehr gebracht werden.

Kindermilch.

Besondere Gewinnungs- und Verkaufsstätten für Kindermilch, welche in neuerer Zeit sich mehren und verschiedene Bezeichnungen, wie Sanitätsmolkereien, Verkauf von Gesundheitsmilch, Kindermilch, Vorzugsmilch u. dergl. führen, sind gesundheitspolizeilich besonders sorgfältig zu überwachen. Der Betrieb, die Reinhaltung der Stallräume, sowie der Aufbewahrungsräume und Gefäße, der Gesundheitszustand, die Fütterung und die Haltung der Kühe, sind in Städten der thierärztlichen Ueberwachung zu unterwerfen

Die Stallräume sollen geräumig, hell, luftig sein, mit undurchlässigen, leicht zu reinigenden Fußböden und ebensolchen Krippen, mit Wasserspülung und guten Abflußvorrichtungen versehen sein. In dem Stalle dürfen nur Kindermilchkühe aufgestellt werden, welche als solche in unauslöschlicher Weise bezeichnet werden müssen.

Eine Fütterungsvorschrift für das Milchvieh zu erlassen, empfiehlt sich nicht; wohl aber kann auf die erwiesenen Nachtheile einzelner Futtermittel für die mit so gewonnener Milch genährten Kinder hingewiesen werden.

Allgemein zu verbieten ist die Fütterung mit Molkerei-Rückständen, welche die Verbreitung der Tuberkulose durch ihren Bazillengehalt wesentlich begünstigen.

Der Gesundheitszustand von Kühen für Kindermilchgewinnung ist vor ihrer Einstellung durch einen für das Deutsche Reich approbirten Thierarzt zu untersuchen. Die Untersuchung ist nach je drei Monaten zu wiederholen.

Ueber die Untersuchungen ist Buch zu führen. Der zur Ueberwachung zuständige Beamte ist befugt, jederzeit Einsicht in das Buch zu nehmen.

Jede Erkrankung von Kühen einer Sondermolkerei an den in Ziffer 8 und 9 genannten Krankheiten ist, unbeschadet der zur Bekämpfung der Viehseuchen vorgeschriebenen Anzeige an die Polizeibehörde, dem zuständigen beamteten Thierarzt anzuzeigen Derartige Kühe, sowie an Verdauungsstörungen, an Durchfall und Lecksucht erkrankte oder der Tuberkulose verdächtige Kühe sind sofort aus dem Stalle bis zur Entscheidung des beamteten Thierarztes zu entfernen.

Die Milch von solchen Kühen darf nicht als Vorzugsmilch 2c verwerthet werden.

Die Benutzung von Bett- oder sonst gebrauchtem Stroh und Abfallstoffen als Streumaterial in solchen Stallungen ist zu untersagen.

Die Kindermilch-Kühe sollen besonders sauber gehalten, die Euter vor dem Melken sorgfältig gereinigt werden. Die melkenden Personen haben sich größter Sauberkeit zu befleißigen, also vor dem Melken Hände und Arme mit Seife zu waschen und saubere Schürzen anzulegen. Mit Ausschlägen behaftete oder an ansteckenden Krankheiten leidende Personen dürfen nicht melken.

Wird die Milch für solche Sondergeschäfte von auswärts bezogen, so ist zu fordern, daß die Milch in den Fördergefäßen keine höhere Temperatur als 10° C und beim Abgeben an die Konsumenten keinen höheren Säuregrad als 2—4° nach Soxhlet hat.

II. Behandlung der Milch nach dem Abmelken bis zur Abgabe an die Konsumenten

1. Gefäße aus Kupfer, Messing, Zink, gebranntem Thon mit schlechter oder schadhafter Glasur, Eisen mit bleihaltigem, rissigem oder bruchigem Email oder verrostete Gefäße eignen sich weder als Transport- noch als Standgefäße zur Aufnahme von Milch, weil die Milch aus solchen Gefäßen gesundheitsschädliche Stoffe aufnehmen kann. Standgefäße sollen mit einem Deckel versehen sein

2. Kindermilch soll nur in ungefärbten (weißen oder halbweißen) Glasgefäßen in den Verkehr gebracht werden.

3. Milchgefäße von 2 l und mehr Inhalt sollen eine so weite Oeffnung haben, daß die Hand eines Erwachsenen behufs Reinigung bequem eingeführt werden kann.

Die zum Ausmessen der Milch dienenden Gefäße müssen ebenfalls aus einwandfreiem Material (Ziffer 1) bestehen und mit einer geeigneten Handhabe versehen sein, so daß die Hand des Messenden mit der Milch nicht in Berührung kommen kann

4. Lappen, Papier u dergl sind als Verschluß- und Dichtungsmittel bei Milchgefäßen auszuschließen; Stroh ist für diese Zwecke zu vermeiden und wo es, wie oft bei hölzernen Gefäßen, nicht zu entbehren ist, nur in reinem Zustande und nicht öfter als einmal zu verwenden. Gummiringe als Dichtungsmaterial sollen kein Blei enthalten Gesetz vom 25. Juni 1887, § 2 (R.G.-Bl. S. 273).

Hölzerne Milchgefäße sind nach einer nicht zu kurz bemessenen Uebergangsfrist außer Gebrauch zu setzen

Sämmtliche Milch- und Milchmaßgefäße sind peinlich sauber zu halten; kaltes Wasser und Sodalösung sind bei der Reinigung der Gefäße nicht zu verwenden

5. Die aus Milchgefäßen und aus geschlossenen Milchwagen führenden Zapfhähne sollen nur aus einwand-

freiem Material bestehen (Ziffer 1) oder gut verzinnt sein und inwendig stets sauber gehalten werden.

6 Die Transport- und Standgefäße der Milch sollen mit deutlichen und abnehmbaren Bezeichnungen, welche dem Inhalt entsprechen, versehen sein. Aufgeklebte und angebundene Zettel sind nicht zulässig. Die Erfüllung dieser Vorschrift ist für Transport- und Verkaufsgefäße unbedingt zu fordern.

Standgefäße müssen in den Verkaufsstätten so aufgestellt sein, daß der Käufer die Bezeichnung lesen kann. Gefäße, in denen Milch auf Bestellung an Einzelkunden ausgetragen wird, können mit abnehmbarer Bezeichnung versehen werden.

Bei geschlossenen Milchwagen werden die Bezeichnungen nebst Preisangaben am zweckmäßigsten auf der Wagenwand und zwar unmittelbar über der betreffenden Auslaßöffnung angebracht.

7. Die Verwendung von Milchgefäßen jeder Art zu anderen Zwecken ist bei Strafe zu untersagen.

Beim Melken in den Stallungen, wie auf der Weide, bei Beförderung der Milch in Wagen, wie mittelst der Eisenbahn, ist die größte Sauberkeit geboten. Unterlassungen sind von der zuständigen Behörde zu rügen und im Wiederholungsfalle zu bestrafen.

8. Die für den Verkauf bestimmte Milch soll in Räumen aufbewahrt werden, welche stets sauber und ordentlich, insbesondere möglichst staubfrei gehalten, täglich ohne Ausnahme ausgiebig gelüftet und kühl gehalten, nicht als Schlaf- oder Krankenzimmer benutzt werden, mit solchen auch nicht in offener Verbindung stehen.

Eine zwischen Verkaufs- und Schlaf- oder Krankenzimmer vorhandene Thür muß verschlossen gehalten werden.

Inwieweit Erkrankungen, namentlich an ansteckenden Krankheiten in der Haushaltung des Milchgewinners oder Verkäufers gesundheitspolizeiliche Maßregeln erfordern, muß von dem zuständigen beamteten Arzt im Einzelfalle bestimmt, durch die berufenen Ausführungsbehörden angeordnet und die Ausführung der Maßregeln überwacht werden

III. Die Stallprobe

Die Stallprobe tritt ein, wenn behauptet wird, daß die beanstandete Milch dieselbe Beschaffenheit habe, wie sie vom Gewinnungsort entnommen sei. Zu dem Zwecke sind spätestens innerhalb dreier Tage nach der Beanstandung einer Handelsmilch die Kühe, welche die fragliche Milch geliefert haben, zu der gleichen Zeit, zu welcher die beanstandete Milch gewonnen wurde, in Gegenwart der beanstandenden Beamten zu melken. Es kann sich immer nur um Vollmilch handeln. Ob Milch von einer oder mehreren Kühen in Frage kommt, muß zunächst ermittelt werden.

Die Milch von denjenigen Kühen, welche die beanstandete Milch geliefert haben, muß in ein einziges Gefäß sorgfältig ausgemolken, gut gemischt, vollständig abgekühlt und schaumfrei werden, um Irrthümer zu vermeiden, bevor die wiederholte Prüfung im Stalle stattfindet.

Der Entlastungsbeweis der Stallprobe kann als mißlungen gelten, wenn

1. seit dem Melken der beanstandeten Probe nachweislich zu einer Fütterungsmethode übergegangen worden ist, welche notorisch eine Verschlechterung der Milch zur Folge hat, und wenn

2. zwischen der Beschaffenheit der beanstandeten und der aus dem Stalle genommenen Probe Differenzen in der Weise sich ergeben, daß das specifische Gewicht der Stallprobe um 2 Grade von demjenigen der beanstandeten Probe abweicht und wenn

3. der Fettgehalt der Stallprobe um mehr als 0,3 %, die Trockensubstanz derselben um mehr als 1 % höher

gefunden wird, als in der beanstandeten Probe.

In zweifelhaften Fällen kann eine wiederholte Ausführung der Stallprobe für nothwendig erachtet werden.

Die Bestrafungen für Verfehlungen gegen die erlassenen Bestimmungen zu veröffentlichen, erscheint nur geboten, wenn der Richter dahin erkannt hat.

Von den zahlreichen Ortspolizeiverordnungen mag die in Berlin allerdings schon vor obigem Runderlaß ergangene, aber mit ihm übereinstimmende hier folgen.

c) Polizei-Verordnung, betreffend den Verkehr mit Kuhmilch v. 23. 8. 98.

Auf Grund der §§ 143 und 144 des Gesetzes über die allgemeine Landesverwaltung vom 30 Juli 1883 (G.-S. S 195 ff) und der §§ 5 ff. des Gesetzes über die Polizei-Verwaltung vom 11. März 1850 (G.-S. S 265) wird hierdurch unter Zustimmung des Gemeindevorstandes für den Verkehr mit Kuhmilch im Stadtkreise Berlin folgendes verordnet:

§ 1. Wer in Berlin gewerbsmäßig Milch einführen, feilhalten oder verkaufen oder wer Milchkühe zum Zwecke des Erwerbes halten will, hat dies dem Polizei-Präsidium unter Angabe der Bezugsquelle bezw. der Zahl der Milchkühe vorher anzuzeigen.

Ebenso hat derselbe jede örtliche Verlegung des Geschäfts bezw. Stalles, sowie die Eröffnung eines Zweiggeschäfts in Berlin anzuzeigen

§ 2. Wer in Berlin gewerbsmäßig Milch einführt, feilhält oder verkauft, hat die Milchgefäße, in denen die Milch zum Verkauf gestellt wird, in deutlicher, nicht abnehmbarer Schrift mit genauer Bezeichnung der in denselben enthaltenen Milchsorten zu versehen. Gefäße, in denen Milch auf Bestellung an Einzelkunden ausgetragen wird, dürfen abnehmbare Bezeichnung tragen.

Bei geschlossenen Milchwagen sind diese Bezeichnungen nebst Preisangaben auf der Wagenwand und zwar unmittelbar über den betreffenden Auslaßöffnungen, beim Vertriebe der Milch in Flaschen, jedoch ohne daß es der Preisangabe bedarf, auf den Flaschen selbst anzubringen.

In den Läden sind die Verkaufsgefäße so aufzustellen, daß die Bezeichnung der Milchsorten nicht verdeckt, sondern dem Publikum sichtbar ist

§ 3. Frische Milch darf nur unter folgenden Bezeichnungen eingeführt, feilgehalten oder verkauft werden:

Als „Vollmilch“ darf nur Milch bezeichnet werden, welcher kein Milchbestandtheil entnommen und nichts hinzugesetzt ist und welche einen Fettgehalt von wenigstens 2,7 % und ein spezifisches Gewicht von mindestens 1,028 = 14° des polizeilichen Milchprobers bei 15° C. hat.

Als „Halbmilch“ darf nur Milch bezeichnet werden, welche einen Fettgehalt von mindestens 1,5 % und ein spezifisches Gewicht von mindestens 1,030 entsprechend 15° des polizeilichen Milchprobers bei 15° C hat

Als „Magermilch“ darf nur entfettete Milch bezeichnet werden, deren spezifisches Gewicht wenigstens 1,032 entsprechend 16° des polizeilichen Milchprobers bei 15° C. beträgt

Als „Kindermilch“, „Säuglingsmilch“, „Sanitätsmilch“, oder mit ähnlichen Namen, durch welche der Glaube erweckt wird, die Milch sei in gesundheitlicher Beziehung der Vollmilch vorzuziehen, darf nur Vollmilch bezeichnet werden, welche unmittelbar nach dem Melken bis auf + 10° C abgekühlt ist und sich in einem Zustande befindet, daß sie das Abkochen oder die Alkoholprobe (Mischung von siebzigprozentigem [Volumenprozent] Alkohol und ebensoviel Wasser) aushält, und von Milchkühen genommen ist, welche hinsichtlich ihres Gesundheitszustandes und ihrer Pflege den Anforderungen in § 10 genügen.

§ 4. Gefrorene, abgekochte oder sterilisirte Voll-, Halb-, Mager- oder Kindermilch ist als solche besonders zu bezeichnen. Als „abgekocht" gilt diejenige Milch, welche auf eine Temperatur von 100 ° C. gebracht, oder wenigstens 1—4 Stunden lang einer Temperatur von 90 ° C ausgesetzt worden ist.

Als „sterilisirte" Milch ist diejenige zu bezeichnen, welche, nachdem sie sofort nach dem Melken von Schmutztheilen befreit worden, spätestens in zwölf Stunden in entsprechenden, vom Polizeipräsidium als leistungsfähig anerkannten Apparaten ordnungsmäßig behandelt und während des Erhitzens mit luftdichtem Verschluß, der erst vom Konsumenten gelöst wird, versehen ist.

Andere Bezeichnungen für unpräparirte Milch sind verboten.

§ 5. Künstliche Milchpräparate dürfen nur unter ausdrücklicher Bezeichnung ihrer Zusammensetzung auf den Verkaufsgefäßen eingeführt, feilgehalten oder verkauft werden.

Buttermilch und saure Milch muß beim Verkaufe als solche bezeichnet werden.

§ 6 Vom Verkehr ausgeschlossen ist solche Milch, welche

a) blau, roth oder gelb gefärbt, mit Schimmelpilzen besetzt, bitter, schleimig oder sonst verdorben ist, Blutstreifen oder Blutgerinsel enthält,
b) bis zum fünften Tage einschließlich nach dem Abkalben gewonnen ist,
c) von Kühen stammt, welche an Milzbrand, Rauschbrand, Tollwuth, Pocken, Gelbsucht, Ruhr, Eutererkrankungen, Pyämie (Septicaemie), fauliger Gebärmutterentzündung oder Vergiftung leiden,

d) überhaupt nach Ursprung und Beschaffenheit, ingleichen nach ihrer Behandlung bis zum Verkauf Gefahr für die Gesundheit der Konsumenten birgt,
e) irgendwie fremdartige Stoffe, insbesondere auch Wasser oder Eis oder sogenannte Konservirungsmittel irgend welcher Art enthält.

Nur in abgekochtem oder sterilisirtem Zustande darf eingeführt, feilgehalten und verkauft werden Milch von Kühen, die an Maul- und Klauenseuche oder derart an Tuberkulose leiden, daß das Euter bereits erkrankt oder daß hochgradige Abmagerung eingetreten ist.

§ 7. Gefäße, aus welchen die Milch fremdartige Stoffe aufnehmen kann, wie Gefäße aus Kupfer, Messing, Zink, Thongefäße mit schlechter oder schadhafter Glasur, eiserne Gefäße mit bleihaltigen oder rissig oder brüchig gewordenem Email versehen oder verrostete Gefäße sind als Milchgefäße unzulässig.

Kindermilch darf nur in ungefärbten (weißen oder halbweißen) Glasgefäßen in den Verkehr gebracht werden.

Die Gefäße müssen gehörig reingehalten, Standgefäße mit festschließendem Deckel verschlossen, die aus geschlossenen Milchwagen leitenden Auslaßvorrichtungen gut verzinnt sein und im Innern reingehalten werden.

Gefäße, in denen Milch gewerbsmäßig in Berlin eingeführt wird, müssen plombirt sein.

Die Verwendung von Papier, bleihaltigem Gummi, Lappen oder gebrauchtem Stroh zur Abdichtung der Deckel ist verboten.

Die zum Ausmessen der Milch dienenden Gefäße müssen hinsichtlich des Materials und Sauberkeit denselben Anforderungen wie die Milchgefäße genügen und mit einer geeigneten Handhabe versehen sein, sodaß eine Berührung der Milch mit der Hand beim Schöpfen ausgeschlossen ist.

§ 8. Die für den Verkauf bestimmte Milch darf nur in Räumen aufbewahrt werden, welche stets (auch Sonntags) sorgfältig gelüftet sind, sowie rein und kühl gehalten werden, wobei zu diesem Zwecke auch Sonntags dieselben Maßnahmen zu treffen sind, wie Werktags, und welche auch nicht als Schlaf- oder Krankenzimmer benutzt werden. Stoßen die Milchräume unmittelbar an Schlaf- oder Krankenzimmer, so darf eine Verbindung zwischen beiden höchstens in einer Thür bestehen. Diese muß aber verschließbar sein und stets eingeklinkt gehalten werden. Erkrankt eine Person, welche zum Hausstande eines Milchhändlers oder Milchproduzenten gehört, an Cholera, Typhus, Ruhr, Diptherie, Scharlach oder Mundseuche, so hat der Haushaltungsvorstand dies der I. Abtheilung des Polizeipräsidiums zu melden und alle Personen, welche mit dem Erkrankten in Berührung kommen, aus seinem Laden bezw. Stalle zu entfernen.

§ 9 Die Besitzer von Milchkühen in Berlin müssen sich jederzeit die Besichtigung und Untersuchung ihres Viehstandes durch den Departementsthierarzt oder seine Vertretung gefallen lassen.

§ 10 Wer in Berlin seine Milchwirthschaft als „Sanitätsmolkerei“ bezeichnen will, hat dies dem Polizeipräsidium anzuzeigen Die von ihm eingeführte, feilgehaltene oder verkaufte Kindermilch (§ 3 Abs. 5) muß in nachstehender Art gewonnen sein:

a) Die Kühe sind in einem mit gutem Steinpflaster oder einem anderen undurchlässigen Fußboden versehenen, geräumigen, hellen und in Berlin mit Wasserspülung versehenen Stalle räumlich getrennt von andern nicht zur Gewinnung von Kindermilch dienenden Kühen aufzustellen und als „Kindermilchkühe“ besonders zu bezeichnen.

b) Ihr Gesundheitszustand ist durch den zuständigen Kreisthierarzt bezw einen mit dessen Vertretung beauftragten Polizeithierarzt derartig zu überwachen, daß vor Einstellung einer Kuh deren Gesundheitszustand durch ein Attest bescheinigt wird und mindestens dreimonatlich einmal revidirt wird.

Ueber die Revisionen ist Buch zu führen, in welches dem zuständigen beamteten Thierarzt jederzeit Einsicht gewährt werden muß. Jede Erkrankung der Milchkuh in einem Stalle mit Kindermilchkühen oder einer Sanitätsmolkerei an einer der im § 6c. genannten Krankheiten ist dem zuständigen beamteten Thierarzte anzuzeigen.

Derartig, sowie an Verdauungsstörungen, Durchfall und Lecksucht erkrankte oder der Tuberkulose verdächtige Kühe sind sofort aus dem Stalle zu entfernen.

c) Die Kühe sind nur trocken zu füttern. Das Polizeipräsidium veröffentlicht jährlich in Uebereinstimmung mit dem Gemeindevorstande mindestens einmal die Namen der Futtermittel, welche an Kindermilchkühe nicht verabfolgt werden dürfen.

d) Die Benutzung von gebrauchtem Bettstroh und anderen gebrauchten Abfallstoffen als Streumaterial ist verboten

e) Vor dem Melken ist das Euter der Kuh zu reinigen. Die mit dem Melken beschäftigten Personen haben saubere waschbare Schürzen beim Melken zu tragen und sich vor dem Melken die Hände und Arme mit Seifenwasser zu reinigen.

Personen, welche an ansteckenden Krankheiten oder Geschwüren oder Ausschlag an den Händen oder im Gesicht leiden, dürfen mit Melken nicht beschäftigt werden

Die erste Milch ist aus den Zitzen zu streifen und nicht in den Kübel zu melken.

f) Die Milch ist sofort nach dem Melken von Schmutztheilen durch Seihen oder Zentrifuge zu reinigen.

g) Die Bestimmungen von c) bis f) sind an der Stallthür anzuschlagen.

§ 11. Wer wissentlich oder fahrlässig dieser Verordnung zuwiderhandelt, wird, falls nach den Strafgesetzen nicht höhere Strafen Platz greifen, mit Geldstrafen bis zu 30 Mark oder entsprechender Haft bestraft.

Auch kann die vorschriftswidrige Milch, sofern zugleich gegen § 367 Nr. 7 des Strafgesetzbuches oder gegen § 8, 10, 11, 12 bis 15 des Gesetzes, betreffend den Verkehr mit Nahrungsmitteln 2c. vom 14. Mai 1879 verstoßen wird, beschlagnahmt und vernichtet werden.

§ 12. Alle dieser Verordnung entgegenstehenden früheren Bestimmungen, insbesondere die Polizeiverordnung vom 6. Juli 1887, betreffend den Verkehr mit frischer Kuhmilch, werden aufgehoben

Diese Verordnung tritt mit dem 1. April 1899 in Kraft.

Berlin, den 23. August 1898.

Der Polizeipräsident.

5. Mehl.

Maßregeln zur Verhütung gesundheitlicher Nachtheile durch Genuß des im Roggen enthaltenen Mutterkorns. Runderlaß an die Ober-Präsidenten vom 30. August 1882. (Min.-Bl. S. 255.)

Wir sehen uns veranlaßt, auf das häufige Vorkommen von Mutterkorn in dem aus den Häfen des Schwarzen Meeres kommenden vorjährigen Roggen aufmerksam zu machen und auf die Nothwendigkeit einer sehr sorgfältigen Reinigung desselben hinzuweisen, um den gesundheitsschädlichen Folgen, die sich an den Konsum des durch Vermahlen eines derartigen Roggens gewonnenen Mehls knüpfen, zeitig entgegenzuwirken Nur das Vermahlen eines mittelst der neuern, allen Anforderungen entsprechenden Reinigungsmaschinen vollkommen gereinigten Roggens vermag ein in gesundheitlicher Beziehung unbedenkliches Mehl zu liefern. Da indeß erfahrungsgemäß auch ein minderwerthiges, Mutterkorn enthaltendes Mehl noch Käufer findet und durch Vermischen mit gutem Korn eine Waare liefert, welche den sofortigen Konsum verlangt, wenn sie nicht durch längeres Aufbewahren eine graue Farbe und einen bittern Geschmack annehmen soll, so haben die Polizeibehörden über das etwaige Vorkommen eines derartigen Mehles im Handel zu wachen.

In Anbetracht, daß der Genuß eines mit Mutterkorn behafteten Mehles immer gesundheitsschädlich und um so gefährlicher ist, je länger er fortgesetzt wird, sind auf Grund des Reichsgesetzes vom 14. Mai 1879 (R.-G.-Bl Nr. 145) umfassende und sorgfältigst vorzunehmende polizeiliche Untersuchungen der Mühlenprodukte geboten, damit eintretenden Falles das darnach zulässige Strafverfahren eingeleitet werde.

Mit dem durch Mutterkorn verunreinigten Roggen hängt noch ein im veterinärpolizeilichen Interesse wichtiger Umstand insofern zusammen, als die bei der Reinigung eines derartigen Roggens entstehenden Abfälle für das Vieh gefährlich werden können, wenn sie dem Futter zugesetzt werden Der erste durch die Reinigungsmaschine bewirkte Abgang stellt dann ein Gemisch dar, welches neben unschädlichen Samen viel Mutterkorn und nicht selten auch die betäubend wirkenden Samen des Taumellolchs enthält; ebenso wird im zweiten Abgange noch Mutterkorn angetroffen.

Werden diese Abgänge in geschrotetem Zustande der Kleie zugesetzt und mit verfüttert, so können bedeutende Schädigungen des Viehstandes hierdurch veranlaßt werden. Die Viehbesitzer haben daher auf die Gefahr, welche auf diese Weise dem Vieh droht, zu achten und alle Abgänge der genannten Art als Zusatz zum Viehfutter zu vermeiden.

Ew. 2c. ersuchen wir ganz ergebenst, hiernach das weiter Erforderliche gefälligst an die unterstellten Behörden zu verfügen

6. Kakao, Kaffee.

Wegen Kaffee vgl. die Seite 69 abgedruckte Kaiserliche Verordnung vom 1. 2. 91 und das Sachregister.

Betreffs Kakao erging in Preußen folgender Runderlaß der Minister für Handel und Gewerbe und der u. s. w. Medizinalangelegenheiten an die Regierungspräsidenten vom 6. 1. 94.

Von dem Verbande deutscher Chokolade-Fabrikanten wird über die Zunahme von Fälschungen auf dem Gebiete der Kakao- und Chokoladen-Industrie lebhaft Klage geführt. Zur Begründung wird behauptet, neben vegetabilischen Zusätzen, die wie Mehl aus Getreide, Mais, Reis, Erbsen, Bohnen, Eicheln, Kastanien auch Kleie und Schiffszwieback eine nachtheilige Wirkung auf die Gesundheit in der Regel nicht äußern, würden in dem bezeichneten Fabrikationszweige auch andere, besonders animalische Stoffe verwendet, die ihrer Beschaffenheit nach von schädlichem Einfluß sein könnten, so z. B. Schwerspath, Gyps, Kalk, Sand, rother Bolus, Ocker, Ziegelmehl, selbst Zinnober. Auch würde häufig bei Herstellung von Chokoladenwaaren dem Rohprodukte das Kakaofett entzogen und durch wohlfeilere Stoffe (Rinder- oder Hammeltalg, Schweinefett, ferner Sesam-, Oliven- oder Kokusnußöl) ersetzt.

Zur Abstellung dieser Mißstände reichen angeblich die Bestimmungen des Reichsgesetzes vom 14. Mai 1879, betreffend den Verkehr mit Nahrungsmitteln, Genußmitteln und Gebrauchsgegenständen nicht aus, weil auf dessen Grund gerichtliche Verurtheilungen in der Regel nur beim Nachweise gesundheitsschädlicher Beimischungen in Kakao- und Chokoladen-Erzeugnissen stattfanden, in allen übrigen Fällen dagegen, auch wenn der objektive Thatbestand einer Verfälschung oder Nachahmung als gegeben erachtet wurde, zumeist Freisprechung wegen Verneinung eines subjektiven Verschuldens der zur Rechenschaft gezogenen Person erfolge.

Um den Fälschungen auf dem in Rede stehenden Produktionsgebiete wirksam entgegen zu treten und zugleich die Weiterentwickelung der Kakao- und Chokoladen-Industrie auf solider Grundlage zu fördern, hat der Verband deutscher Chokoladenfabrikanten um Herbeiführung eines Reichsgesetzes gebeten, durch welches in ähnlicher Weise, wie das durch das Gesetz über den Verkehr mit Wein, weinhaltigen und weinähnlichen Getränken vom 20 April 1892 auf anderen Gebieten geschehen sei, bestimmte Stoffe von der Verwendung in der Kakao- und Chokoladen-Industrie völlig ausgeschlossen, andere nur unter gewissen Voraussetzungen zur Beimischung zugelassen und Grundsätze darüber aufgestellt werden sollen, welche Waaren ausschließlich als Kakao- und Chokoladenprodukte bestimmter Art feilgeboten und verkauft werden dürften Abschrift eines bezüglichen Gesetzentwurfs, der in Interessentenkreisen ausgearbeitet worden ist, fügen wir bei.

Ob in der That eine Regelung des Verkehrs mit Kakao- und Chokoladenwaaren auf dem Wege der Sondergesetzgebung vom Gesichtspunkte der allgemeinen wirthschaftlichen Interessen aus erwünscht ist, scheint durch die erwähnten Anführungen noch nicht außer Zweifel gestellt zu sein Besonders scheint es fraglich, ob eine Zunahme des Verbrauchs oder der Produktion eintreten und Folge dessen auch den weniger bemittelten Volksschichten zugängliche Erzeugnisse erzeugt wird. Auch würde nach Erlassung eines Kakao- oder Chokoladengesetzes voraussichtlich eine Reihe weiterer Industrieller mit der Forderung nach ähnlichen Sonderbestimmungen für ihre Produktionszweige auftreten und die Grenze, bis zu welcher derartigen Ansprüchen Folge gegeben werden soll, schwer zu finden sein. Auch bedarf die Behauptung der Unzulänglichkeit des Nahrungsmittelgesetzes vom 14. Mai 1879 zur Beseitigung der obwaltenden Mißstände noch des näheren Nachweises.

Ew. 2c. ersuchen wir ergebenst, sich über die Angelegenheit im Allgemeinen und namentlich auch darüber zu äußern, inwieweit nach den im dortigen Bezirke gemachten Wahrnehmungen ein gesetzgeberisches Eingreifen auf dem Gebiete der Kakao- und der Chokoladen-Industrie etwa als nothwendig oder zweckmäßig zu erachten ist, und ob besonders die bisherigen Ergebnisse der Rechtsprechung einen verstärkten Schutz der in Betracht kommenden Industriekreise geboten erscheinen lassen.

7. Früchte.

Rundschreiben des Reichskanzlers an die Bundesregierungen, betr amerikanische Aepfelschnitte. Vom 16. April 1894. (V. d. KGA. S 490.)

Es ist die Wahrnehmung gemacht worden, daß mehrfach getrocknete Aepfel, insbesondere solche amerikanischen Ursprungs (evaporated apples) feilgeboten werden, welche in höherem oder geringerem Grade zinkhaltig sind. Diese Eigenschaft der Waare wird gemeinhin in erster Linie auf die in Amerika gebräuchliche Trocknungsweise zurückgeführt, wonach dort die Aepfelschnitte nicht, wie bei uns auf Holzhürden oder Rohrgeflecht, sondern auf

Zinkplatten und Zinkdrahtnetzen gelagert werden. Ob nicht vielleicht auch eine absichtliche Bestäubung mit Zinkoxyd stattfindet, um den Aepfeln ein besseres Aussehen zu geben, oder ob jener Zinkgehalt in vereinzelten Fällen darauf zurückgeführt werden kann, daß das Obst auf zinkhaltigem Boden gewachsen ist, mag dahingestellt bleiben. Jedenfalls ist in dem bezeichneten Handelsartikel wiederholt ein so hoher Prozentsatz von äpfelsaurem Zink vorgefunden worden, daß in Folge des Genusses der Waare laut gutachtlicher Aeußerung der Sachverständigen unzweifelhaft Schädigungen der menschlichen Gesundheit eintreten können, zumal da in Betracht zu ziehen ist, daß die aus getrockneten Aepfeln bereiteten Speisen sehr häufig für körperlich weniger widerstandsfähige Personen, wie beispielsweise für Kinder und Rekonvaleszenten, bestimmt sind.

Um der beregten Gefahr entgegenzuwirken, bietet bereits die gegenwärtige Gesetzgebung eine geeignete Handhabe, insofern auf Grund der §§ 12, 14 und 15 des Nahrungsmittelgesetzes vom 14. Mai 1879 eingeschritten werden kann, sobald der Zinkgehalt der Aepfel eine solche Höhe erreicht, daß dieselben als gesundheitsschädlich zu betrachten sind Thatsächlich ist bereits auf Grund der bezeichneten Bestimmungen, wie aus den „Veröffentlichungen des Kaiserlichen Gesundheitsamts“ Jahrg. 1890 S. 658, Jahrg 1893 Anlagen S. 115 hervorgeht, gegen Verkäufer von zinkhaltigen Aepfeln mit Erfolg vorgegangen oder wenigstens auf Einziehung der gesundheitsschädlichen Waare erkannt worden

Zum Schutz der Bevölkerung gegen sanitäre Gefahren auf dem bezeichneten Nahrungsmittelgebiet empfiehlt es sich deshalb, daß die mit der Ausübung der Gesundheitspolizei betrauten Beamten und Behörden dem Vertrieb getrockneter Aepfel ihre besondere Aufmerksamkeit zuwenden, von Zeit zu Zeit Proben der

Waare durch Nahrungsmittelchemiker untersuchen lassen und gegebenen Falls Strafanzeige gegen die Verkäufer gesundheitswidriger Waare erstatten.

Ew. ꝛc. (Dem ꝛc) ...... beehre ich mich zur gefälligen Erwägung anheimzustellen, inwieweit hiernach die für das dortseitige Staatsgebiet in Betracht kommenden Behörden mit Weisung zu versehen sein möchten. Für den Fall, daß belangreiche Wahrnehmungen in der beregten Angelegenheit dortseits gemacht werden, darf ich um gefällige Mittheilung hierüber ergebenst bitten, um erforderlichen Falls auf Herbeiführung eines verstärkten Schutzes, etwa durch ein Verbot des gewerbsmäßigen Vertriebes zinkhaltiger Aepfel im Sinne des § 5 Nr. 2 des Nahrungsmittelgesetzes, Bedacht nehmen zu können.

In Folge dieser Anregung erging in Preußen der Runderlaß des Medizinalministers an die Regierungspräsidenten vom 7. Mai 1894:

Es werden mehrfach getrocknete Aepfel, besonders solche amerikanischen Ursprungs feilgeboten, welche in höherem oder geringerem Grade zinkhaltig sind.

Diese Eigenschaft der Waare wird gemeinhin in erster Linie auf die in Amerika gebräuchliche Trocknungsweise zurückgeführt, wonach dort die Aepfelschnitte nicht wie bei uns, auf Holzhürden und Rohrgeflecht, sondern auf Zinkplatten und Zinkdrahtnetze gelagert werden. Ob nicht vielleicht auch eine absichtliche Bestäubung mit Zinkoxyd stattfindet, um den Aepfeln ein besseres Aussehen zu geben oder ob jener Zinkgehalt in vereinzelten Fällen darauf zurückgeführt werden kann, daß das Obst auf zinkhaltigem Boden gewachsen ist, mag dahingestellt bleiben. Jedenfalls ist in dem bezeichneten Handelsartikel wiederholt ein so hoher Prozentsatz von äpfelsaurem Zink vorgefunden worden, daß in Folge des Genusses der Waare laut gutachtlicher Aeußerung der

Sachverständigen unzweifelhaft Schädigungen der menschlichen Gesundheit eintreten können, zumal da in Betracht zu ziehen ist, daß die aus getrockneten Aepfeln bereiteten Speisen sehr häufig für körperlich weniger widerstandsfähige Personen, beispielsweise für Kinder und Rekonvaleszenten, bestimmt sind.

Um der beregten Gefahr entgegenzuwirken, bietet bereits die gegenwärtige Gesetzgebung eine geeignete Handhabe, insofern auf Grund der §§ 12, 14 und 15 des Nahrungsmittel-Gesetzes vom 14. Mai 1879 eingeschritten werden kann, sobald der Zinkgehalt der Aepfel eine solche Höhe erreicht, daß dieselben als gesundheitsschädlich zu betrachten sind Thatsächlich ist bereits auf Grund der bezeichneten Bestimmungen, wie aus den „Veröffentlichungen des Kaiserliches Gesundheitsamtes", Jahrg. 1890, S. 658, Jahrg. 1893, Anlagen S. 115, hervorgeht, gegen Verkäufer von zinkhaltigen Aepfeln mit Erfolg vorgegangen oder wenigstens auf Einziehung der gesundheitsschädlichen Waare erkannt worden.

Zum Schutz der Bevölkerung gegen sanitäre Gefahren auf dem bezeichneten Nahrungsmittelgebiet empfiehlt es sich deshalb, daß die mit der Ausübung der Gesundheitspolizei betrauten Beamten und Behörden dem Vertrieb getrockneter Aepfel ihre besondere Achtsamkeit zuwenden, von Zeit zu Zeit Proben der Waare durch Nahrungsmittel-Chemiker untersuchen lassen und gegebenen Falls Strafanzeige gegen die Verkäufer gesundheitswidriger Waare erstatten.

Ew. rc. ersuche ich hiernach ergebenst, die in Betracht kommenden Behörden gefälligst mit Weisung zu versehen. Für den Fall, daß belangreiche Wahrnehmungen in der beregten Angelegenheit dortseits gemacht werden sollten, sehe ich bis zum Schluß künftigen Jahres eingehenderen gefälligem Bericht, andernfalls einer kurzen Vakatanzeige ergebenst entgegen.

Feilhalten und Verkauf unreifer Aepfel ist strafbar. RG. v. 4. 6. 81, E IV, 274.

Bemerkenswerth ist auch das folgende Reichsgerichts-Urtheil vom 13. Juni 1895 (Veröffentl. Kaiserl. Gesundh. 1898, Beihefte 4, 136.)

Anläßlich der Verurtheilung eines Kaufmannes wegen Verkaufs amerikanischer Aepfelringe aus § 14 NMG. führte das Reichsgericht aus, das angefochtene Urtheil habe richtig erwogen, daß sich derjenige einer Fahrlässigkeit schuldig mache, welcher Kenntniß davon habe, daß ein von ihm verkauftes Nahrungsmittel gefährliche Bestandtheile habe, ohne sich zu vergewissern, daß dieselben nicht gesundheitsschädlich wirkten. Angeklagter habe erklärt, gewußt zu haben, daß die amerikanischen Aepfelringe Zinkgehalt hätten. Er habe sich aber damit vertheidigt, daß er solche seit 20 Jahren ohne schädlichen Erfolg führe und mit seiner Familie genieße und daß sie weder bei der Einfuhr, noch bei Detailhändlern behördlich beanstandet seien. Diese Thatsachen seien nicht widerlegt. Es hätte aber begründet werden müssen, weshalb trotz dieser Umstände Angeklagter veranlaßt gewesen sei, einen Zinkgehalt der Aepfelringe von 0,025 % oder wie viel ihm bewußt gewesen sei, für möglicherweise gesundheitsschädlich zu halten. Nur unter dieser Voraussetzung sei er verpflichtet gewesen, vor dem Verkaufe sich genauer über die Gesundheitsschädlichkeit oder Unschädlichkeit zu unterrichten. Dabei gewinne das Gutachten des Sachverständigen, welches die Möglichkeit offen lasse, daß nicht einmal die Sachverständigen über die Frage einig seien, erhöhte Bedeutung. In der vor dem Landgerichte Essen am 17. September 1895 erneuten Verhandlung erfolgte Freisprechung des Angeklagten.

8. Honig.

Rund-Erlaß der Minister für Handel, der Medizinalangelegenheiten und für Landwirthschaft an die Regierungspräsidenten vom 15. Juli 1895.

Der Vorsitzende des Deutschen Centralverbandes für Bienenzucht, Hauptpastor H. Petersen zu Eddelack in Holstein, hat bei dem Herrn Reichskanzler über die Zunahme des Vertriebs minderwerthigen, gefälschten und vielfach gesundheitsschädlichen Honigs Klage geführt und um geeignete Abwehrmaßnahmen gebeten. Insbesondere hat derselbe in Anregung gebracht, den Verkauf derartiger Zubereitungen unter der Bezeichnung als „Honig" zu verbieten.

Wir halten es für angezeigt, zunächst den Versuch zu machen, mit den schon jetzt durch das Nahrungsmittelgesetz gebotenen Handhaben den beregten Mißständen entgegenzutreten.

Daß auf diesem Wege mit Erfolg vorgegangen werden kann, geht aus den Verurtheilungen hervor, welche wegen Honigfälschungen bereits stattgefunden haben (vergl. die als Beilage zu den „Veröffentlichungen des Kaiserlichen Gesundheitsamts" erschienenen Auszüge aus gerichtlichen Entscheidungen zum Nahrungsmittelgesetz, Band II, S. 122 und Band III, S. 67.

Ew. ꝛc. wollen gefälligst Vorsorge treffen, daß dem Handel mit Honig eine erhöhte Aufmerksamkeit durch die Polizeibehörden zugewendet und daß gegen etwa vorkommende Zuwiderhandlungen strafrechtlich eingeschritten wird.

Sollten in dem Ew. ꝛc. unterstellten Verwaltungsbezirk dahingehende Maßregeln schon bestehen, so sehen wir der gefälligen Mittheilung derselben, sowie einer Aeußerung darüber ergebenst entgegen, ob nach den gemachten Erfahrungen die gegenwärtig bestehenden Bestimmungen sich als unzureichend erwiesen haben und das Bedürfniß nach weiteren Abwehrmaßnahmen hervorgetreten ist.

Künstlich hergestellter Honig ist einer Verfälschung gleich zu achten: Entscheidung des Reichsgerichts vom 13. Mai 1893. V. d. KGA., Beilagen Bd. III, S. 67.

In Mecklenburg-Schwerin ist durch Allerhöchste Verordnungen vom 19. 6. 96 u. 21. 6. 97 eine bezügliche Verordnung ergangen.

Sachregister.

(Die Zahlen bedeuten die Seiten.)

C.

D.

G.

H.

J.

K.

S.

Druck von Otto Walter, Berlin S.

Guttentag'sche Sammlung

Deutscher Reichsgesetze.

Text-Ausgaben mit Anmerkungen. Taschenformat.

1. **Verfassung** des Deutschen Reichs. Von Dr. **L. von Rönne.** Achte neubearbeitete Auflage. 1 M. 60 Pf.

2. **Strafgesetzbuch** für das Deutsche Reich. Nebst den gebräuchlichsten Reichs-Strafgesetzen. Von Dr. **H. Rüdorff.** Neunzehnte Auflage von Dr. **H. Appelius,** Staatsanwaltschaftsrath. Geb. 1 M. 20 Pf.

3. **Militärstrafgerichtsordnung** nebst Einführungsgesetz und Gesetz, betr. die Dienstvergehen der richterlichen Militärjustizbeamten und die unfreiwillige Versetzung derselben in eine andere Stelle oder in den Ruhestand. Nebst den erlassenen Ausführungs-Verordnungen. Von Dr. **P. Herz,** Geh. Admiralitätsrath. Zweite Auflage. Geb. Im Druck.

4. **Handelsgesetzbuch vom 10. Mai 1897** unter Ausschluß des Seerechts. Mit den ergänzenden Vorschriften des Bürgerlichen Gesetzbuchs und Erläuterungen herausgegeben von **F. Litthauer,** Justizrath. Elfte unveränderte Auflage. 2 M. 25 Pf.

5. Allgemeine Deutsche **Wechselordnung.** Siebente Auflage von Dr. **E. Ball,** Rechtsanwalt, und das **Reichsgesetz über die Wechselstempelsteuer.** Sechste Auflage von Reg.-Assessor **P. Loeck.** 2 M.

6. **Reichs-Gewerbe-Ordnung** nebst Ausführungsbestimmungen, den Bestimmungen über den **Arbeiterschutz**, der Organisation des Handwerks **und** des Lehrlingswesens. Von Dr. **Wilhelmi**, Geh. Ober-Regierungsrath. Fünfzehnte Auflage. 2 M. 80 Pf.

7. Die deutsche **Post- und Telegraphen-Gesetzgebung.** Von Dr. **P. D. Fischer**, Unterstaatssekretär im Reichs-Postamt. Vierte Auflage. 2 M. 60 Pf.

8. Die Reichsgesetze über den **Unterstützungswohnsitz**, die **Freizügigkeit**, den **Erwerb** und **Verlust** der **Bundes- und Staatsangehörigkeit**, nebst allen landesgesetzlichen Bestimmungen. Von Geheimrath Dr. **J. Krech.** Vierte Auflage. 2 M. 25 Pf.

9a. Sammlung **kleinerer privatrechtlicher Reichsgesetze.** Von **F. Vierhaus**, Geh. Ober-Justizrath. Zweite Auflage in Vorbereitung.

9b. Sammlung **kleinerer strafrechtlicher Reichsgesetze.** Von **M. Werner**, Geh. Ober-Regierungsrath. Zweite Auflage im Druck.

10. Das **Reichsbeamtengesetz** vom 31. März 1873 und seine Ergänzungen. Erläutert von **J. Pieper**, Geh. Ober-Regierungsrath. 3 M. 30 Pf.

11. **Civilprozeßordnung mit Einführungsgesetzen,** Nebengesetzen und Ergänzungen in der Fassung des Gesetzes vom 17. Mai 1898. Unter besonderer Be-

rücksichtigung der Entscheidungen des Reichsgerichts herausgegeben mit Anmerkungen von **R. Sydow**, Direktor im Reichs-Postamt und **L. Busch**, Kammergerichtsrath. Achte Auflage. 8°. Geb. 4 M.

Dieser Band ist in größerem Format erschienen!

12. **Strafprozeßordnung nebst Gerichtsverfassungsgesetz** in der vom 1. Januar 1900 ab geltenden Fassung, nebst dem **Gesetz, betreffend die Entschädigung der im Wiederaufnahmeverfahren freigesprochenen Personen.** Von **A. Hellweg**, Reichsgerichtsrath. Zehnte Auflage. Geb. in ganz Leinen 2 M.

13. **Konkursordnung und Anfechtungsgesetz** mit Einführungsgesetz, Nebengesetzen und Ergänzungen. Unter besonderer Berücksichtigung der Entscheidungen des Reichsgerichts herausgegeben mit Anmerkungen von **R. Sydow** und **L. Busch.** Achte Auflage. Geb. 1 M. 80 Pf.

14. **Gerichtsverfassungsgesetz** mit Einführungsgesetz und Nebengesetzen. Herausgegeben von **R. Sydow** und **L. Busch.** Achte Auflage. 1 M. 20 Pf.

15. **Gerichtskostengesetz und Gebührenordnung für Gerichtsvollzieher, Gebührenordnung für Zeugen und Sachverständige.** Mit Kostentabellen. Von **R. Sydow** und **L. Busch.** Sechste Auflage in Vorbereitung.

16. **Rechtsanwaltsordnung** für das Deutsche Reich. Von **R. Sydow.** Vierte Auflage bearbeitet von Gerichtsassessor Dr. **Mosler.**

17. Die **deutsche Gebührenordnung für Rechtsanwälte und das preußische Gebührengesetz** vom 27. September/6. October 1899. Herausgegeben mit Kostentabellen von **R. Sydow** und **L. Busch.** Sechste erweiterte Auflage. Geb. 1 M. 50 Pf.

18. **Reichsstempelgesetz (Börsensteuergesetz)** mit Ausführungsvorschriften, Tabellen, den Entscheidungen der Verwaltungsbehörden und des Reichsgerichts. Siebente Auflage von **P. Loeck,** Regierungs-Assessor. 3 M. 30 Pf.

19. Die **Seegesetzgebung.** Nebst den Entscheidungen des Reichsoberhandelsgerichts, des Reichsgerichts und der Seeämter. Von Dr. **W. E. Knitschky,** Landgerichtsrath. Zweite Auflage. 3 M. 80 Pf.

20. **Krankenversicherungsgesetz** vom 10. April 1892. Von Dr. **E. von Woedtke,** Direktor im Reichsamt des Innern. Siebente Auflage. 2 M.

21. Die **Konsulargesetzgebung** des Deutschen Reiches. Von Professor Dr. **Ph. Zorn.** Vergriffen.

22a. **Patentgesetz. Gesetz, betreffend den Schutz von Gebrauchsmustern. Gesetz, betreffend das Urheberrecht an Mustern und Modellen.** Nebst Ausführungsbestimmungen. Unter Berücksichtigung der Rechtsprechung des Reichsgerichts und der Praxis des Patentamts. Von Dr. **R. Stephan,** Geh. Regierungsrath, Abtheilungs-Vorsitzenden des Kaiserlichen Patentamts. Fünfte vermehrte Auflage. Geb. 2 M.

22b. **Gesetz zum Schutz der Waarenbezeichnungen.** Nebst Ausführungsbestimmungen. Von Dr. **R. Stephan,** Regierungsrath. Vierte vermehrte Auflage. 1 M.

23. **Unfallversicherungsgesetz** und Gesetz über die Ausdehnung der Unfall- und Krankenversicherung. Von Dr. **E. von Woedtke,** Direktor im Reichsamt des Innern. Fünfte Auflage. 2 M.

24. **Aktiengesellschaft und Kommanditgesellschaften auf Aktien.** Mit erläuternden Anmerkungen von Geh. Justizrath **Hugo Keyßner** und Rechtsanwalt Dr. **H. Veit Simon.** Fünfte Auflage. Handelsgesetzbuch. II. Buch, Abschnitt 3 und 4 bearbeitet von Dr. **Hugo Keyssner** u. **L. Keyssner.** Geb. 2 M. 25 Pf.

25. Reichsgesetz wegen **Erhebung der Brausteuer** vom 31. Mai 1872 mit Ausführungsvorschriften. Von **E. Bertho,** Regierungsrath. 1 M. 60 Pf.

26. Die Reichsgesetzgebung über **Münz- und Notenbankwesen,** Papiergeld, Prämienpapiere und Reichsanleihen. Von Dr. jur. **R. Koch,** Präsident des Reichsbankdirektoriums. Dritte Auflage. 2 M. 80 Pf.

27. Reichsgesetzgebung, betr. das **Gesundheitswesen** für Behörden, Aerzte 2c. Von Dr. jur. **C. Goesch** und Dr. med. **J. Karsten.** 1 M. 60 Pf.

28. Reichsgesetz, betr. die **Unfallversicherung der bei Bauten beschäftigten Personen.** Zweite Auflage. Unter Berücksichtigung der Rechtsprechung des Reichs-Versicherungsamts bearbeitet von **R. Chrzescinski,** Kaiserl. Regierungsrath. 1 M. 60 Pf.

29. Reichsgesetz, betr. die **Erwerbs- und Wirthschaftsgenossenschaften.** In der vom 1. Januar 1900 ab geltenden Fassung. Von **L. Parisius** und Dr. **H. Crüger.** Achte Auflage. Geb. 1 M. 50 Pf.
30. **Invalidenversicherungsgesetz** in der Fassung vom 19. Juli 1899. Nebst Ausführungsbestimmungen. Von Dr. **E. v. Woedtke,** Director im Reichsamt des Innern. Siebente Auflage. Geb. 2 M. 50 Pf.
31. Reichsgesetz, betr. die **Gewerbegerichte.** Von **L. Mugdan.** Vierte Auflage. Bearbeitet von **Cuno,** Stadtrath und stellvertretender Vorsitzender des Gewerbegerichts zu Königsberg i. Pr. 1 M. 80 Pf.
32. Reichsgesetz, betr. die **Gesellschaften mit beschränkter Haftung.** In der vom 1. Januar 1900 ab geltenden Fassung. Von **L. Parisius** und Dr. **H. Crüger.** Vierte vermehrte und verbesserte Auflage. 1 M.
33. **Das Vereins- und Versammlungsrecht** in Deutschland. Von Dr. **E. Ball,** Rechtsanwalt. 2 M. 25 Pf.
34. Reichsgesetz, betreffend die **Abzahlungsgeschäfte.** Vom 16. Mai 1894. Von **J. Hoffmann,** Geheimer Regierungsrath. 95 Pf.
35. Die **Reichs-Eisenbahngesetzgebung.** Von **W. Coermann,** Kaiserl. Amtsrichter. 2 M. 25 Pf.
36. Gesetze, betr. die **privatrechtlichen Verhältnisse der Binnenschiffahrt und der Flößerei.** Nach den Materialien erläutert von **H. Makower.** Unter Berücksichtigung der am 1. Januar 1900 in Kraft tretenden Reichsgesetze bearbeitet von **E. Löwe,** Landgerichtsrath. Zweite veränderte Auflage. 2 M.

37. **Gesetz zur Bekämpfung des unlauteren Wettbewerbes.** Vom 27. Mai 1896. Von Dr. **R. Stephan**, Regierungsrath. Zweite Auflage. 80 Pf.

38/39. **Bürgerliches Gesetzbuch nebst Einführungsgesetz.** In Verbindung mit Professor Dr. **André**, Amtsgerichtsrath **Greiff**, Amtsrichter **Ritgen**, Landgerichtsrath Dr. **Unzner** herausgegeben von Reichsgerichtsrath Dr. **A. Achilles.** Zweite vermehrte Auflage. 8°. Geb. 5 M. 50 Pf.

Dieser Band ist in größerem Format erschienen!

40. **Gesetz**, betr. die **Pflichten der Kaufleute bei Aufbewahrung fremder Werthpapiere (Depotgesetz).** Mit Erläuterungen, Einleitung und Sachregister. Von **F. Lusensky**, Geh. Regierungsrath. 90 Pf.

41. **Börsengesetz.** Vom 22. Juni 1896. Nebst den dazu erlassenen Ausführungsbestimmungen. Unter Mitwirkung des Geh. Ober-Regierungsrathes **A. Wermuth** bearbeitet von **H. Brendel**, Gerichts-Assessor, Hülfsarbeiter im Reichsamt des Innern. 1 M. 50 Pf.

42. **Grundbuchordnung** für das Deutsche Reich nebst den preußischen Ausführungsbestimmungen. Mit Einleitung von Professor Dr. **O. Fischer.** Zweite Auflage. Geb. 1 M. 80 Pf.

43. Die Gesetzgebung, betr. die **Zwangsvollstreckung in das unbewegliche Vermögen** im Reiche und in Preußen. Mit Einleitung, Kosten- und Gebührentabellen. Von Dr. **J. Krech**, Kaiserl. Geh. Regierungsrath und Professor Dr. **O. Fischer.** Zweite vermehrte Auflage. Geb. 2 M.

44. Das Reichsgesetz über das **Auswanderungswesen** vom 9. Juni 1897 nebst Ausführungsverordnungen und Anlagen. Nach den Materialien und unter Benutzung amtlicher Quellen erläutert von Professor Dr. **Felix Stoerk.** 2 M. 25 Pf.

45. **Das Entmündigungsrecht** unter Mitberücksichtigung der für Preußen geltenden Vorschriften (nebst der preußischen Justiz-Ministerial-Verfügung vom 28. November 1899). Text der civil- und prozeßrechtlichen Bestimmungen und Erläuterungen von Landrichter Dr. **P. Koll** in Cöln. Geb. 1 M. 50 Pf.

46. Die Gesetze des Reichs und Preußens über die **freiwillige Gerichtsbarkeit.** Mit Einleitung und Erläuterungen von **Herm. Jastrow,** Amtsgerichtsrath. Zweite erweiterte Ausgabe. Im Druck.

47. Das **deutsche Vormundschaftsrecht** und das preuß. Gesetz, betr. die Unterbringung verwahrloster Kinder vom 13. März 1878 nebst den dazu gehörigen Nebengesetzen und allgemeinen Verfügungen. Mit Einleitung und Erläuterungen von **Max Schultzenstein,** Oberverwaltungsgerichtsrath und Amtsgerichtsrath Dr. **Paul Köhne.** 2 M. 80 Pf.

48. Gesetze und Verordnungen, betreffend den **Drogen-, Gift- und Farbenhandel** außerhalb der Apotheken unter besonderer Berücksichtigung des Königreichs Preußen. Von Dr. **Broh,** Rechtsanwalt. 1 M. 25 Pf.

49. Die **Kolonialgesetzgebung.** Von Prof. Dr. **Philipp Zorn.** In Vorbereitung.

50. **Der Viehkauf** (Viehgewährschaft) nach dem Bürgerlichen Gesetzbuche von Rechtsanwalt Dr. **Hans Stölzle.** Nebst Anhang: Verordn. betr. Hauptmängel und Gewährsfristen beim Viehhandel. Erläutert von Kreisthierarzt **H. Weiskopf.** Zweite Auflage. Geb. 2 M.

51. **Hypothekenbankgesetz** vom 18. Juli 1899. Von **Dr. Heinrich Göppert,** Gerichts-Assessor. Geb. in ganz Leinen 1 M. 80 Pf.

52. Gesetz, betreffend die gemeinsamen **Rechte der Besitzer von Schuldverschreibungen.** Vom 4. Dezember 1899. Von Dr. **Heinrich Göppert.** In Vorbereitung.

53. **Reichspreßgesetz** vom 7. Mai 1874 nebst den einschlägigen Bestimmungen des Reichsstrafgesetzbuchs, der Gewerbeordnung u. s. w. Kommentar von **A. Born,** Polizeiassessor. Geb. 1 M. 50 Pf.

54. Die Reichsgesetzgebung über den Verkehr mit **Nahrungsmitteln, Genußmitteln** und **Gebrauchsgegenständen.** Von Dr. **Lebin,** Nahrungsmittelchemiker. In Vorbereitung.

Preußische Gesetze.

1. **Verfassungs-Urkunde** für den Preußischen Staat nebst Ergänzungs- und Ausführungs-Gesetzen. Mit Einleitung und Kommentar von Prof. Dr. **Adolf Arndt.** Dritte Auflage. 2 M. 25 Pf.

2. **Preußische Beamten-Gesetzgebung.** Enthaltend die wichtigsten Beamtengesetze in Preußen. Von **C. Pfafferoth.** Dritte Auflage. 1 M. 50 Pf.

3. **Die Zwangsvollstreckung in das unbewegliche Vermögen.** Von Geh. Rath Dr. **J. Krech,** und Prof. Dr. **O. Fischer.** » Siehe Reichsgesetz Nr. 43. «

4. Die **Gebührenordnung** für **Notare** vom 25. Juni 1895 nebst den einschlägigen Vorschriften des preuß. Gerichtskostenges. in der Fassung der Bekanntmachung vom 6. Oktober 1899. Von **R. Sydow.** Zweite Auflage bearb. von Gerichtsassessor Dr. **E. Mosler.** Gebunden 1 M. 50 Pf.

5. Gesetz vom **24. April 1854 (betr. die außereheliche Schwängerung).** Von Dr. **Schulze.** 75 Pf.

6. Die Preußischen **Ausführungsgesetze und Verordnungen zu den Reichs-Justizgesetzen.** Von **R. Sydow.** Dritte vermehrte Auflage. 2 M. 40 Pf.

7. **Allg. Gerichtsordnung** und Preuß. **Konkursordnung.** Von **F. Vierhaus.** Vergriffen.

8. **Vormundschaftsordnung** vom 5. Juli 1875, nebst allen Nebengesetzen. Von Oberverwaltungsgerichtsrath **Schultzenstein.** » Siehe Reichsgesetz Nr. 47. «

9. Die Preußische **Grundbuchgesetzgebung.** Von Prof. Dr. **Fischer.** » Siehe Reichsgesetz Nr. 42. «

10. **Einkommensteuergesetz.** Vom 24. Juni 1891. Von Geheimrath **Meitzen.** Vierte vermehrte Auflage von **A. Fernow,** Ober-Regierungsrath. 1 M. 50 Pf.

11. **Gewerbesteuergesetz.** Vom 24. Juni 1891. Von **A. Fernow,** Ober-Regierungsrath. Dritte vermehrte Auflage. 1 M. 25 Pf.

12. **Allgemeines Berggesetz** Von **E. Engels,** Ober-Bergrath. Zweite Auflage. 1 M. 60 Pf.

13. **Ergänzungssteuergesetz** (Vermögenssteuergesetz). Vom 14. Juli 1893. Von **A. Fernow,** Ober-Regierungsrath. Zweite vermehrte Auflage. 1 M.

14. **Kommunalabgabengesetz.** Vom 14. Juli 1893, und Gesetz wegen Aufhebung direkter Staatssteuern. Vom 14. Juli 1893. Von **F. Adickes,** Oberbürgermeister. Zweite Auflage. 1 M. 25 Pf.

15. Die **Kreisordnungen** für den Preußischen Staat. Von **O. Kolisch,** Landgerichtsrath. 4 M.

16. Preuß. Ausführungs-Anweisung zu §§. 16 u. ff. der Reichs-Gewerbe-Ordnung, betr. **Genehmigung gewerblicher Anlagen.** Von Dr. **von Rüdiger,** Regierungs- und Gewerberath. 1 M. 50 Pf.

17. Preußisches **Gerichtskostengesetz.** In der Fassung der Bekanntmachung vom 6. Oktober 1899. Mit Kostentabellen. Von Dr. **P. Siméon,** Landrichter. Dritte Auflage. Geb. in ganz Leinen. 1 M. 80 Pf.

18. Preußisches **Stempelsteuergesetz.** Vom 31. Juli 1895. Nebst den Ausführungsbestimmungen und ausführlichen Tabellen. Von **B. Gaupp,** Geh. Regierungsrath und Regierungsassessor **P. Loeck.** Vierte Auflage. 3 M. 30 Pf.

19. **Jagdscheingesetz.** Vom 31. Juli 1895. Mit ausführlichen Erläuterungen. Von **F. Kunze,** Wirkl. Geh. Ober-Reg.-Rath. Zweite Auflage. Geb. 2 M.

20. **Gesetz,** betr. die **Erbschaftssteuer.** Vom 19./24. Mai 1891 unter Berücksichtigung der Novelle vom 31. Juli 1895. Mit ausführlichen Erläuterungen von **P. Loeck,** Regierungsassessor. 1 M. 80 Pf.

21. Gesetz über die **Handelskammern.** Vom 19. August 1897. Mit Erläuterungen, geschichtlicher Einleitung sowie einer Uebersicht des Bestandes der kaufmännischen Vertretungen. Von **F. Lusensky,** Geh. Regierungsrath. 3 M.

22. Gesetz, betr. **Anstellung und Versorgung der Kommunalbeamten.** Vom 30. Juli 1899. Mit einem Anhang, enthaltend die Ministerialanweisung vom 12. October 1899. Von Dr. **W. Ledermann,** Magistratsassessor zu Berlin. 1 M. 25 Pf.

23. **Ausführungsgesetz zum Bürgerlichen Gesetzbuche.** Von Landrichter Dr. **P. Siméon.** 1 M. 60 Pf.

24. Die **Hinterlegungsordnung** vom 14. März 1879 in der Fassung des preußischen Ausführungsgesetzes zum Bürgerlichen Gesetzbuch vom 20. September 1899. Nebst Ausführungsbestimmungen. Unter Benutzung der amtlichen Entscheidungen und Erlasse des Finanzministers. Von Regierungsassessor Dr. **Georg Bartels.** Im Druck.

FSC
www.fsc.org
MIX
Papier | Fördert
gute Waldnutzung
FSC® C083411

Kolibri 360 GmbH
Ferdinand-Jühlke-Straße 7
99095 Erfurt, Deutschland
produktsicherheit@kolibri360.de